别惹我

普京新传

曲铮 编著

国家就是我的信仰

人民东方出版传媒
東方出版社

2012 年 6 月 12 日是“俄罗斯日”，普京出席克里姆林宫表彰大会。他就站在那里，不需要说什么，气场就已经格外强大了。

2012年6月14日，普京视察某空军基地时，一大群人跟随左右，整个场景仿佛好莱坞大片。在这次视察中，普京表示，俄罗斯希望美国改变在欧洲部署反导系统的计划，如果美欧一意孤行，俄罗斯有足够的能力对此采取相应反制措施。

普京热爱运动，体格强壮，孔武有力，柔道是他的拿手绝活。他不费吹灰之力就将对手击倒在地，身手十分了得。

在莫斯科以东的阿尔泰地区，普京戴着帽子和墨镜，骑着马悠闲地散步，享受短暂的假期。

普京在克里姆林宫广场亲切地与儿童握手交谈，表现出其极为亲民、温和的一面，这与平日里他给人的铁腕硬汉形象大为不同。

2015年9月2日，北京，天朗气清，风和日丽，俄罗斯总统普京抵达首都机场，款款走下舷梯。普京此次来华，是应邀出席中国“抗日战争暨世界反法西斯战争胜利70周年”纪念活动。

2015 年 7 月 25 日，普京出席 2018 年俄罗斯世界杯预选赛抽签仪式，发表了热情洋溢的讲话。也许正应了“人逢喜事精神爽”那句话，普京整个人精神抖擞，神采奕奕，对即将到来的 2018 年世界杯充满期待。

2015 年 12 月 3 日，俄罗斯总统普京在克里姆林宫声色俱厉地发表 2015 年年度国情咨文，痛斥叙利亚武装装分子和土耳其对俄罗斯的敌对行为。

目　录

序言

王者归来

在在当今世界政坛上，普京绝对是一位举世无双的神奇人物。在俄罗斯国内，普京形象已经被谱写成流行歌曲广为传唱。俄罗斯有一个著名的三人和声组合，录制了一首俄罗斯人非常喜欢的歌曲，歌曲的名字叫作《做人要做普京这样的人》，其中的歌词大意是要像普京那样精力充沛，要像普京那样不嗜烟酒，要像普京那样不说脏话，要像普京那样毫不退缩。一句话，普京是姑娘们心中的白马王子，是所有俄罗斯人的希望。

无疑，普京已经征服了俄罗斯民众，成为俄罗斯人心目中的铁腕救世主。他所创造的奇迹，不仅让俄罗斯人感到荣光，更让全世界感到震惊。2007 年 12 月，普京被美国《时代》周刊评为 2007 年“年度人物”，称他在 8 年执政期间带领俄罗斯重新崛起，回归世界强国之列。2011 年 11 月，在美国《福布斯》杂志发布的 2011 年全球最具影响力人物排行榜中，第二次出任俄罗斯总理的普京列美国总统奥巴马之后排名第二位；2012 年，普京列美国总统奥巴马和德国总理默克尔之后排名第三位；2013 年，普京超过连续两年占据第一位的美国总统奥巴马升至榜首；2014 年，普京仍居第一位，美国总统奥巴马继续排名第二位；2015 年，普京第三次被选为“全球最具影响力人物”。《福布斯》称，尽管在乌克兰危机后，俄罗斯面临西方制裁、经济出现下滑的窘境，但普京在俄罗斯国内的支持率飙升至 89%。另外，普京还重新构建了俄罗斯的国际影响力，派遣空军轰炸叙利亚的“伊斯兰国”组织，使美国和北约在这一地区的行动显得软弱无力。

2012 年，当初因无法违背宪法规定连任三届总统的普京终于第三次入主克里姆林宫。其实，普京任总理之时，我们还是认为，俄罗斯依旧是普京时代。也因此，普京此次大选胜出，毫无悬念，王者归来是意料之中。英国《经济学人》报道称："一个从未离开的人又回来了。"更进一步说，普京"从未离开"是他不能离开，俄罗斯需要普京，俄罗斯还有更好的选择吗？

数年前，普京许下承诺："给我20年，还你们一个奇迹的俄罗斯。"俄罗斯的民众也始终牢记这一承诺，再次给了普京以信任和支持。根据修改后的俄罗斯宪法，相比之前总统四年一任，普京此次宣誓就职，任期六年。也就是说，如果仅从普京2000年当选总统开始算起，普京治理俄罗斯将长达18年，那么普京兑现了他的诺言吗？

在第六届总统选举投票后的民众集会上，普京和梅德韦杰夫一起出席，普京发表讲话。一向以"硬汉"形象著称的普京在超过10万名支持者面前流下了感动的眼泪。普京说："这不仅是一次俄罗斯总统选举，还是对全体俄罗斯人民一次非常重要的测试，是对政治成熟程度和独立性的测试。"在12年的制度稳定和政策延续之间，国外的舆论批评自不待言，而国内民众对他的指责、抱怨亦不曾停歇，特别是"王车易位"被指独裁、霸道，缺乏民主，杜马选举被指舞弊，执政党得票率大幅下滑，但真正面临理智、冷静的选择时，哪怕是那些曾经要求普京下台的民众，哪怕是竞争对手，都不得不承认，硬汉子普京拥有着"天时、地利、人和"，他的位置无人能替。同为总统候选人的普罗霍罗夫也宣称："无论谁喜欢还是不喜欢，普京目前都是能够在某种程度上管理这个效率不高的国家机器的不二人选。"

普京的胜利首先源于其得天独厚的政治资源。

1999年12月31日晚，叶利钦突然宣布辞职，时任总理的普京根据俄罗斯宪法规定出任代总统。这位饱受争议的总统曾频换总理，这次也总算选对了。精明能干的普京接手了一个经济危机、民生凋敝的国家，在他任总统八年间，奉行反恐怖、反分裂、反寡头、反贫困和反腐败的"五反"政策，致力于在稳定中有所变革，复兴俄罗斯。政治、经济、军事实力都有大幅度的提升，对内政局稳定，国人摆脱困顿、恢复尊严和自信；对外，在国际舞台上恢复了敢于对美国说不的世界性强国地位，其铁腕连政敌也被折服。2014年11月5日，普京连续第二年登上《福布斯》权力人物排行榜榜首，同时也是第二次战胜美国总统奥巴马登顶。

在苏联解体的历史性大转折中，普京顺势而上，如果说叶利钦在苏联解体中起核心作用，并将俄罗斯带入数百年来最困难的一个历史时期，那么普京则带领俄罗斯走出失落的谷底。前苏联异议作家和诺贝尔文学奖得主索尔仁尼琴在2000年称：“叶利钦时代的结果是，我们的政治、经济、文化和道德生活等所有基础领域都被摧毁或洗劫……我们还要继续洗劫和摧毁俄罗斯，直到一切荡然无存吗?”普京在接班时也不得不承认：“俄罗斯正处于数百年来最困难的一个历史时期。大概这是俄罗斯二三百年来首次真正面临沦为世界二流国家，抑或三流国家的危险。”他表示了沉重的忧虑：“目前俄罗斯民族的忍耐力、生存能力和建设能力都已处于枯竭的边缘。”

再看普京上台以后，他不仅没有辜负叶利钦的厚望，力挽狂澜，而且还得到来自叶利钦政敌的支持，保护了俄罗斯不被分裂。叶利钦在任期间实行的政治多元化和经济私有化的市场化制度转轨政策，以开放价格和国企大规模私有化形式，导致国有资产大量流失，寡头实力膨胀，贫富分化严重，并且车臣战争事件成为最大的战略失误，成为他心中最大的痛。而普京的威望最早便是从车臣战争的胜利中树立起来的，他上台后，顶住外界对俄在车臣问题上“人权问题”的批评，对车臣采取了强硬措施，在很短时间内几乎将车臣非法武装剿灭殆尽。普京无力阻止苏联解体，但成功制止车臣独立出俄罗斯。车臣连接着俄罗斯同南高加索三个共和国的石油管道和铁路干线，有着极其重要的战略地位。因为战争，因为制止国家分裂，普京获得了极高的民众支持率——这也是叶利钦以及其他政党对手前所未有的政治资源。2014年3月20日，普京更是批准了克里米亚加入俄罗斯联邦的条约。克里米亚脱离乌克兰独立，并入俄罗斯，在普京时代，俄罗斯迎来了一次重大的领土变动事件。

普京上台后还开始兑现打击寡头的竞选承诺，扭转经济颓势，强化国有资本的控制力，俄罗斯国家经济的快速增长也得益于俄罗斯寡头时代的终结。在叶利钦时代，七大寡头利用垄断机制和私有化，大肆攫取了本应属于国家的利益，深为民众厌恶。他们基本上控制了国家的油气、动力、冶金业和金融业，并在一定程度上操纵了舆论，还挖空心思进行政治投机。俄罗斯前任副总理叶戈尔·盖达尔曾说：

“在最厉害的时候，俄罗斯政府被7~10个商人左右，他们甚至可以随心所欲地撤换总理。”普京总统上台伊始，就定下一条规则，即不剥夺寡头已有的财产，但寡头要合法经营，不得干政。谁破坏了游戏规则，谁就要付出代价。可钱与权是对亲姐妹，已经富可敌国的寡头都想在政治上有所作为。而在普京的铁腕之下，七大寡头如今安在？别列佐夫斯基曾是俄罗斯第一亿万富翁，号称“普京的头号敌人”，开启了俄罗斯寡头政治时代，是寡头中的教父角色，他甚至自豪地宣称自己为俄罗斯选择了叶利钦、普京两位总统，最终不得不逃亡到英国，2013年3月23日离奇身亡；传媒大亨古辛斯基受到全球通缉，流亡以色列；俄罗斯前首富，石油和银行业寡头霍多尔科夫斯基锒铛入狱，2013年12月20日才获普京准释，出狱后便直奔德国，声称远离政治，不返商界。

寡头们低估了普京的政治手腕，也因此注定了要颠沛流离；竞选对手若低估普京的实力，则注定了无缘于克里姆林宫。2012年的总统竞选，四位候选人中久加诺夫曾三次参选总统，得票率均列第二，论政治资格比普京还老，他曾在一次新闻发布会上预言，2012年普京竞选总统将彻底败北。在竞选前，久加诺夫高调指责统俄党选举舞弊，引发了反对党成员的游行示威，但普京应对得力，及时让各方对舞弊现象展开彻底调查，缓和了危机。

除了拥有无可比拟的政治资源优势，普京的魅力还在于其真正显示了作为领导人所必有的卓越的理政、治国能力，他的竞选纲领非常清晰。2012年1月12日，时任总理的普京启动了其竞选门户网站，栏目除了个人简介、阅历、兴趣爱好、大事件以及民意等，还发表竞选纲领，并且此后从1月16日至2月27日又分别在七家报纸上就政治、经济、民族、社会、军事、外交政策等发表了七篇纲领性文章，以其执政体验如实地指出了俄罗斯的现状、存在的问题，并提出了解决问题的方针、思路，网民可在“共同改变俄罗斯”专栏向候选人普京留下个人建议。这样明朗的态度，无疑赢得了选民的好感，也消除了一部分人对普京“专制”“独裁”“缺乏民主”的不满。

其实自普京执政的第三期也即担任总理期间，面前之路已经变得坎坷难行。普京长期执政，在民主、极权方面不断遭受争议，滋生了新的政治腐败，在世界经济局势的整体不理想下，俄罗斯经济衰退明显，民生渐趋凋敝。普京的受欢迎度已大不如前了，对其个人崇拜的现象也广招批评。

旧的七大寡头倒下了，新寡头又崛起了。2008 年 3 月，根据《福布斯》杂志的统计，阿布拉莫维奇的资产约有 250 亿美元，已经数次成为俄罗斯首富，也是当年的全世界排名第 15 位的富豪。从别列佐夫斯基寡头时代，阿布拉莫维奇就曾联手以私有化交易购得国有的西伯利亚石油公司，他也一直被视为克里姆林宫的“钱袋子”。俄罗斯国内也曾一度有相关周刊如《俄罗斯商业咨询》《对话者》的报道，普京总统的“密友”季姆琴科才是真正的首富。这位芬兰籍俄裔富豪，以一个外国人的身份控制俄罗斯约三分之一石油产品的出口，与克里姆林宫有着极深的渊源，对俄罗斯高层的影响力也不言而喻。

对西方媒体和国内舆论来说，普京最受攻击的是因他“阻碍”了俄罗斯民主的发展，最突出的体现即是国家选举上。2011 年 11 月 27 日，“统一俄罗斯党”的代表们一致推举普京为该党总统候选人，梅德韦杰夫则领衔“统一俄罗斯党”的杜马选举，普京和“统一俄罗斯党”都信心满满地认为，“统一俄罗斯党”还会保持议会中一党独大的局面，普京宣布参选总统会是“统一俄罗斯党”的得分之举，结果却出人意料，“统一俄罗斯党”得票率竟然未过半。“统一俄罗斯党”的支持率的明显下降，表明民众反感一党长期独大的局面，对普京长期垄断权力有所不满，并希望政治领域能有竞争和活力。有了民主意识的民众希望议会中有反对派能够制约“统一俄罗斯党”和普京。此外，中产阶级和知识分子对当局没能扭转经济危机、腐败成风不满，他们要打好自己手中选票这张牌，以此表达自己的担忧，随后又在街头抗议中表明了自己的要求。

更严重的情况即是：2011 年 12 月 5 日选举结果公布后，5、6 日两天，一系列城市举行了未获批准的抗议活动，抗议选举不公，警方抓捕了数百人。这些示威主要是由未能进入议会的政党发起的，但在长期积累的社会矛盾下，很快地在全国蔓延开来，随后，政府的强硬政策更是招致了民众更大规模的抗议。之后，当局不得不改变了政策，允许民众举行经过批准的集会。于是，在莫斯科出现了 12 月 10 日、24 日两次规模达 3 万人的集会，反对党还声称在 2012 年总统选举前再次举行规模更大的集会。虽然梅德韦杰夫是总统，但很显然，集会所针对的是任总理的普京。此时的普京总理同时还兼任“统一俄罗斯党”的主席，实际上成为最有权势的总理。普京时期所实行的严格政党登记手续，如提高政党进入议会的门槛，取消地方行政长官的直选，加强舆论控制等措施，虽然有利于整顿社会秩序，但也使一些小党失去了对社会施加影响的能力。同时，在一党独大的背景下，行政权力也失去了制约，腐败现象日趋严重。

2014 年 3 月，克里米亚“回家”，成为俄罗斯的一部分，由于引发了美国与欧盟对俄罗斯实行迄今为止最严厉的经济制裁，涉及金融、军事、石油等领域，俄罗斯因此资本外逃、货币贬值。普京面临执掌大权 15 年来最严峻的经济挑战，但至今不悔此棋，立场异常坚定，在专访时，他指出，西方国家一直试图把俄罗斯塑造成“恶人”，即便没有乌克兰危机和克里米亚并入俄罗斯这样的“借口”，他们也会寻找其他理由，这是西方“惯用的手段”。金融危机也暴露了俄罗斯经济发展中的脆弱性和对能源材料的依赖性。

在保障政治稳定、高度集中的行政权威起重要作用的框架下，发展市场经济和民主政治。这一政策在克服叶利钦留下的混乱局面时起了很大作用，时至今日，面对俄国民众对民主和腐败问题的抱怨、抗议，普京也坦承政府的质量已经落后于公民社会的发展，也开始强调有必要更新民主机制，使之能容纳日益增长的社会活力，让民众不只是可以选择而且有可能不断影响当权者及其决策。普京继任需要面对的不仅是经济结构、人口、腐败、社会分化等问题，还有不断变化中的世界问题等挑战。

不过还应如实指出，2012 年的总统选举，反对派所提出的竞选口号“一个没有普京的俄罗斯”恰恰帮助了普京。他们提不出可与普京抗衡的人选，反而令广大民众对没有普京的俄罗斯所面临的风险更加担忧。相比之下，支持普京者的口号“我们支持有普京的稳定和变化”令选民放心。

2012 年，俄罗斯民众选择了普京，这是世界政坛前所未有的奇迹。普京两度担任总理，3 次当选总统。根据 2008 年修改后的俄罗斯宪法，总统任期由 4 年延至 6 年，最多可连任两届。由此算来，普京总统任期将到 2018 年结束，然而普京在 2018 年的总统大选中再获连任，任期将到2024年。也就是说，普京已担任两任共四届俄罗斯总统。这一事实，无疑创造了当今世界的一个政治神话。在总统制国家任期历史上，只有美国的第32任总统罗斯福，因为“二战”期间不便展开选举等特殊原因实现了4次连任，成为任期最长的美国总统。而普京的总统任期加起来，将达到整整20年，将远远打破罗斯福一直保持的总统任期12年的神话。这个神话，还不包括他两度担任总理的年限。

毫无疑问，普京在俄罗斯的政治生活中，占有极其特殊的地位。他既是俄罗斯当今政治体系的创立者，又是忠实的守护者。他的思想、他的主张、他的处事原则，都将对当今和未来20年间的俄罗斯政治领袖产生重大影响，就像中国的邓小平、南非的曼德拉、古巴的卡斯特罗等世界级政治领袖人物一样。普京的身上，有着政治家应当具备的优秀品德和健康思维。普京总能站在世界尤其是国家政权的高度来诠释政治家的义务和责任。普京有着强烈的服务公众的意识和责任，这也恰恰符合俄罗斯民众心目中的政治家标准。普京说“公众对我的支持率越高，我就越感到责任重大，要做的工作就越多。”这样的表白，容易赢得俄罗斯民众的支持和信任。

普京的心里，时刻都在想着国家和民众利益。他知道当下的俄罗斯人最需要他做什么，就不遗余力地按照人民的需要去做，也有足够的信心做得更好。他在第一次就任俄罗斯总统时说“给我20年，还你一个奇迹般的俄罗斯!”他登上俄罗斯政权的巅峰的这些年来，强力发展了自叶利钦以来俄罗斯一蹶不振的经济，对内致力于打击腐败，消除贫富两极分化，对车臣分裂主义施以重拳，毫不妥协他对外采取强硬政策，强势应对格鲁吉亚冲突、乌克兰危机等重大问题，有力地恢复了俄罗斯的民族信心，让俄罗斯重返世界大国舞台，满足了这个民族的大国自尊。普京说“如果上苍赐予我为自己的国家和人民工作的机会，那就是对我最大的奖赏。”

2012年至2018年，是普京的第三个总统任期，普京已经成为俄罗斯民众的偶像，成为俄罗斯国家的符号。他用自己卓著的政绩，以及强硬、霸气、坚韧、冷静、正直的个人魅力赢得了全俄罗斯人的爱戴和尊重。2018年时，普京如愿地再次获得连任，在他连续12年的任期内，俄罗斯民众有足够理由相信他能给自己的诺言画一个更加完美的句号。

但是，一些西方国家却极力反对普京。他们害怕俄罗斯过度依赖普京，形成普京专政的局面。在普京的领导下，俄罗斯已逐渐成为一个能够跟西方抗衡的大国，这是日益衰落的西方国家所不愿意看到的。在西方国家看来，普京的执政就意味着俄罗斯与西方的对抗。普京再次就任俄罗斯总统后，给美国为首的西方国家带来更为严峻的挑战，但西方国家恰恰还没完全准备好。普京的总统任期可能要一直延续到2024年，他施政的目标就是要打造继苏联后的俄罗斯005第三帝国，还要和其他独联体国家建立类似苏联的欧亚联盟，这更让西方国家忧心忡忡。普京对以美国为首的西方国家采取强硬的政策，不听美国的话，不买美国的账，让以美国为首的西方国家难以容忍，却又无可奈何。

普京是一个奇迹。从政治影响力的角度说，他完全超越了奥巴马等当代政治人物，成为新世纪的一个独领风骚的传奇人物。他反对个人崇拜，始终保持真挚、自然、深得民心的平民心态。他说话幽默风趣，不打官腔，极富人格魅力。他可以身穿柔道服摔跤，身穿海员服出海，驾驶战斗机上天，甚至想当一名出租车司机。他的平民情结，让《做人要做普京这样的人》这首歌唱响整个俄罗斯。

2012年2月，俄罗斯舆论研究中心就百年内最杰出的俄罗斯本土政治家进行了一次民意调查，调查显示的对俄罗斯本土政治家的支持率排名依次为：普京61%；梅德韦杰夫54%；勃列日涅夫39%；尼古拉二世31%；列宁28%；斯大林28%；赫鲁晓夫24%；叶利钦17%；戈尔巴乔夫14%。由于普京的超高与支持率，普京毫无悬念地赢得了2018年大选。

“硬汉”普京，开启第四任期，引领俄罗斯步入“普京”时代。

一个崭新的俄罗斯，正沿着普京绘制的蓝图，走向辉煌。

第一章 独特环境中走出的冷面孔

1 家境贫困的童年生活

普京如今是官运亨通、平步青云，回顾这个在当今世界政治舞台上浓墨重彩的人物脱颖而出的人生轨迹，你会有很多惊奇。

1952 年出生的普京来自平凡的家庭。

普京的爷爷斯彼勒道恩是一位不平凡的“手工业者”——能烹饪出美食的厨师，“我爷爷是位技艺精湛的名厨，且有不寻常的经历。第一次世界大战后，他应邀到莫斯科郊区哥尔克镇工作。为当时住在那里的列宁及其家人做饭。列宁逝世后，爷爷被调往斯大林的一个别墅，在那里又工作了很长时间。退休后，他在莫斯科市委伊林斯科耶休养所又当了好多年厨师”。普京的奶奶奥利娅则出生于一个很普通的家庭，为了躲避惨痛的“一战”所带来的人心惶惶与动乱浩劫，斯彼勒道恩一家人避居到小城特维尔附近，以图安稳。在那里，奥利娅生下了弗拉基米尔·斯彼里多诺维奇，也即普京的父亲，后来被人亲切地喊为老普京。

在列宁格勒被围期间已夭折了两位孩子的母亲玛利亚在 41 岁那年生下了普京这位“迟到的孩子”，不苟言笑、看似冷淡的老普京以及舐犊情深的母亲都把普京这位独子当成了“掌上明珠”，并给予了莫大的希望。据普京自己说，“这辈子除了我，母亲没有其他任何追求”。至于父亲，因严肃寡言，对小普京的性格有着很大的影响，父子俩都不喜欢毫无意义的闲聊，沉默冷静，坚毅果敢，都能够在瞬间决定自己的意志。善良、规矩的父母对孩子深沉的爱影响了普京一辈子。普京懂事后回想起说：“我比许多同龄人都幸运，因为我能亲身感受到父母对我的关怀和呵护。这一点对我至关重要，因为这使我能够健康成长。”

除了赋予孩子善良的品质外，平凡的家庭并未给普京任何实质性的财富、权势上的助力。老普京在卫国战争中受过伤，战争结束后复员，来到叶戈罗夫车辆制造厂当了一名工长。工厂很快就给此后一直是模范工人的他分了一间房子，房子位于列宁格勒市中心巴斯科夫胡同的一个大杂院。这是一个幸福的小家庭，父母谦虚朴实，待人热情。家里总是准备着热汤，供来看他们的人喝。父亲从厂里回来，脱下工装的第一件事就是把小普京拉到怀里，拌着鬼脸逗小家伙玩。房间里生着炉子，暖烘烘的，母亲系着围裙，欢快地在屋里忙来忙去。

普京的童年时光就是在这大杂院里度过的。20 世纪 50 年代，经历了战争浩劫的国家刚刚开始重建，所以，列宁格勒的生活条件还很艰苦，居住环境也很差，普遍面临清贫与窘困。普京一家其实正是那个贫穷年代的缩影。那时候，楼道里还经常有老鼠出没。为了不让老鼠溜到自己家，普京经常和邻居家的孩子们在楼道里展开“人鼠大战”。普京在自述中回忆：

> 我家居住的楼道里经常有好多老鼠出没。我和我的小朋友们常常用棍子驱赶它们。在这楼梯上发生的一次惊心动魄的“人鼠大战”迄今还深深烙在我的记忆深处。有一次我看见了一只大老鼠就开始追捕它，直到把它赶到了一个角落里。它无处可逃了。这老鼠气急败坏，猛地掉转身，全力向我迎面扑来。这来得太突然，我害怕极了。现在是老鼠在后边追我了。只见它飞快地越过一个个台阶，转瞬就跳进了我家那一层的楼道。好在我跑得更快一些，我以最快的速度推开我家房门，又砰的一声关闭。就这样，我硬是将这老鼠挡在了我家门外。

普京饶有兴趣地回忆“人鼠大战”，似乎还乐不可支，给我们描绘出一位机灵、好斗的小英雄形象。其实不独普京，对于很多男孩子来说，拥有自由、无拘的幸福感远甚于财富、美食所能带来的。普京说：那时，虽然生活清苦，但我从未觉得生不逢时。其实，家境清寒、生计窘迫的何止我们一家，差不多家家都这样。在列宁格勒市内，家家户户住的大都是公房。居住条件有的好些，有的差些，但各家的生活水平大致都不相上下。有一年，我到科米自治共和国一个建筑队参加了一次义务劳动。回来后，我才买了第一件新大衣。此前，我连一件像样的衣服也没有。

可以说，正是童年贫苦的小城生活塑造了普京的禀性和气质，过往的清苦生活成为他今后人生一笔极为重要的“财富”，所谓念念不忘，必有回响。细看普京为我们详述其家庭，没有炫耀或自惭，平淡的流年给他以永恒的记忆：

> 我家住在大院一幢五层的楼里，这楼很简陋，没有热水，没有洗澡间，厨房很小，还是公用的。我的父母对于当时达到的生活水平感到十分自豪。但那算什么水平啊！但他们觉得，这差不多就是最高理想了。
>
> 那时我看见一个个家庭走向破裂、解体，其中许多是因为男主人毫无节制的酗酒而酿成的。我亲眼目睹这种悲剧，最初是在我们那栋有众多住户的大杂院里，而后则是在学校里。
>
> 我从未上过幼儿园。我是父母亲的最后一个孩子，他们总是为我担惊受怕，因此对我倍加关爱。为了能专门和我在一起，妈妈甚至有一段时间都没有去工作。后来，她当过一段时间的清洁工，再后来还换过其他的工作。总之，都是为了能腾出更多时间照顾我。
>
> 早在上小学时我就想，将来上了大学，我可能不会尽力去炫耀我父母都是工人，母亲甚至还做过杂工。我想，如果在大学一年级我就能说我父亲是教授，母亲哪怕是副教授呢，那我当然会更高兴的。我不刻意强调父母的工种，但我从不因为他们的职业而感到羞愧。我一向敬重父母，一向亲切地对待父母。我清楚地知道，我的一切都是父母给我的。我也清楚地知道，作为普通人，父母已经尽了最大的努力。他们所做的一切都是为了使我生活得更好。正是有了他们，我才能有一个良好的人生开端。

普京对一名记者提问的回答也充分表露了他对童年和家庭的深厚情感：

问：您有过艰难的童年。您是在一个不大的住房里和自己的家庭一起成长的，那里甚至有老鼠，您不得不经常去打老鼠。您的童年对您、对您今天的地位有什么样的影响呢？

普京：您要知道，您说我有过艰难的童年，我甚至觉得奇怪。对于生活富足、能够享受当代文明的所有福利的人们来说，它看上去是这样的。我的童年的确没有享受当代的福利，但是我不感觉自己是穷困的和不幸的。我有过的童年是成百万的苏联公民和今天的俄罗斯公民曾有过的，可能甚至在某些方面还要更好些。但是最主要的不是我曾在其中生活过的那些物质条件，最主要的是精神条件。而基本的一点是人们非常爱我，父母非常爱我，我也总有这种感觉。我为这一点非常感谢他们。这种爱的感觉，它可能就是形成我的性格的基本成分。

许多年以后，普京回忆起自己的童年和家庭一直是充满了自豪和幸福感。“我的家就是我的一座堡垒。可以说，这是我最大的优势。当时虽然我还没有清楚地认识到这一点。很显然，在父母心目中，最为珍贵的是我。所以，即使我口头上什么也不说，但只消朝四下里看一看，我就有充分理由认为，我所处的家庭环境是最好的。对我来说，这是非常重要的，非常重要！”

普京的母亲因患肠癌于1998年过世，一年之后父亲也因癌症命归西天。他虽然没有看到普京进驻克里姆林宫，但他死前已称呼儿子“总统先生”了。普京的童年与我们绝大多数人并无二样。

2 顽皮捣蛋的故事

俄罗斯总统当然是一个了不起的人物。然而再伟大的领袖也是人，也有每个人都经历过的童年。据俄罗斯权威报纸《共青团真理报》的报道，普京的学生时代并不安分。《共青团真理报》曾报道说，他们报社派出的记者曾到过普京童年居住过的小木屋。在小木屋布满灰尘的阁楼里，发现了一本普京当年上学时候的学生手册，上面清楚地记录了1963—1964年普京在学校时的顽皮模样。一位老师在他的手册上面写道："今天普京在上课前把黑板擦往同学身上砸去。"其他老师写的评语还包括"回家没有做数学作业""上课时大声说话"，等等。普京还很淘气，在考试中曾被抓住与别的同学交换字条。根据这个手册所记录的内容，普京当时的学习成绩也都算不上优秀，在苏联时代的五分制学习成绩中，他的算术和自然课只得了三分，而绘画则只得了两分。他唯一拿到五分的课程是历史。

根据记录，在1963—1964年，普京与物理课老师关系很僵，因为忘记穿校服，普京曾被物理老师赶出教室。普京甚至与别的同学打架，他的父亲因此而被老师叫到了学校。该手册还记录了普京在那一年中经常和学校的体育老师打架这一情况，尽管他后来成为了俄罗斯柔道冠军，但是那个时候肯定不是老师的对手。

普京小时候的故事让许多人兴奋不已，因为一个成绩平平、调皮捣蛋、爱打架的普京一下子拉近了与普通人的距离，让人觉得特别自然、亲切。习惯了完美领袖形象的俄罗斯人突然发现，原来总统的童年与他们小时候没有什么两样。畅销的《共青团真理报》报道："总统是我们中的一员，在我们中间长大，这给了我们希望。"

在普京52岁生日时，普京的一位小学老师德米特里耶芙娜撰写了一本回忆录，讲述学生沃洛佳（普京的爱称）小时候一些顽皮捣蛋的故事。这本书毫无疑问是普京生日那天收到的最为特殊的礼物。这位老师很惊讶，自己的学生、一个普普通通的孩子，居然当上了国家领导人。

德米特里耶芙娜在书中说普京在做作业时爱"偷看"，"在学校时，沃洛佳总是能够成功地从邻桌的练习本上看到些什么，或左或右，有时还回头看看后面的同学的练习。他还会经常钻到桌子底下，不是钢笔没了就是铅笔掉到地上。课间休息的时候，他会到各个楼层转上一圈"。

在五年级的时候，普京进入了薇拉·德米特里耶芙娜主持的德语学习小组。但是，很快他就改变了主意，宣布说：德国人使他的父亲受了重伤，杀死了他的祖母和两个叔叔。薇拉·德米特里耶芙娜回忆说："我和沃洛佳谈了很久，他最终还是同意继续学习德语。"

"上四年级时，他得了两个两分——绘画和唱歌都不及格，因为这个，普京升上五年级还费了一番周折的。"这是因为沃洛佳和一群街头小流氓有交往，那些孩子抽烟、说脏话，甚至还喝啤酒。"普京解释说，听他们说话很有意思。不过，沃洛佳很快就对那伙玩伴感到失望。"

在八年级时，普京参加了一次毕业晚会，并且打赌要吃下20块馅饼。德米特里耶芙娜回忆说："当时，我们的英雄撑得不能跳舞了。"

德米特里耶芙娜在书中说，儿时的普京曾坚决地说："我不请恶棍吃东西。"事情是这样的：一年夏天，德米特里耶芙娜老师一家到南方去。她带上了普京。他们租了房间住下来。第二天早晨，房东家的母猫下了一窝猫崽儿。德米特里耶芙娜写道："女主人把小猫扔进泔水桶里。我女儿去找沃洛佳，让他把小猫都给捞了出来。结果有两只已经死了，还有三只被救了下来。他什么也没对女主人说，甚至还帮助她从商店里拿东西回家。但是，有一次，沃洛佳给老师全家买来一根香肠。女主人看见他在吃香肠，就用乌克兰语说：‘我多么想吃香肠啊！’但沃洛佳拒绝与女主人分享香肠，事后他说：‘我不会请恶棍吃东西。’听完这番话，我也没得可说了。”

普京自己在回忆童年时，也表示他“是个不听话的孩子。不用说，学校制定的那些规章制度我是不怎么遵守的。而学校是有组织的集体，它有明确的行为准则和严密的纪律”。然而，“当一个从小长在深山老林里的人乍一到了这种有组织、有纪律的环境里，他一定还会按原先的规则生活。而学校就像是在他周围拉起的一道护栏，圈在护栏里受约束，很不舒服。于是，我就开始想要挪开这道墙”。

“我不大愿意上学，我更喜欢跟小朋友们整天在我们大院里玩，但又不得不走进校门。我在第193学校上学时，这学校就在我们家住的那条胡同里，我到校只有七分钟路程。起初，第一堂课我差不多都要迟到，所以冬天我根本就来不及好好穿衣服，原因是：穿衣，气喘吁吁地往学校跑，再脱衣——这都需要好多时间。后来为节省时间，我想了个‘妙招’：干脆不穿外套，飞也似的往学校跑，从此我便能准时坐到自己课桌旁了。”

这样“爱自由”、“不安分”，理所当然地要引起老师们的干预，调皮的学生不喜欢老师们这么做，便常常要做点什么反抗的表示；这样“爱自由”、“不安分”，调皮的学生之间也不免要发生冲突，于是，打架斗殴的事便接连不断。

3　上大学的曲折

普京的家教纯朴而严厉。普京的父母文化程度都不高，普京又是父母“老来得子”的“独苗”，因此全家都对他寄予厚望。1970年中学毕业后普京以优异的成绩考入列宁格勒大学国际法专业学习，成为家庭的希望。列宁格勒大学法律系位于涅瓦河对岸的瓦西里耶夫斯基岛上，久负盛名。普京在这里结识了日后引导他走上政治舞台的恩师阿纳托利·索布恰克，当时他作为经济法教授经常为法律系的大学生们主持课堂讨论，普京经常参加。那时他还不知道瓦西里耶夫斯基岛上的这段师生缘将决定他一生的命运。

普京在大学期间是公认的好学生，在毕业鉴定中普京得到了绝对诚实、正派、有强烈责任感的良好评价。作为一名大学生，普京非常关心国家形势，具有高度的责任感。他的系主任在接受记者采访时说，当年普京选择“国际法中最惠民族原则”这一敏感问题作为毕业论文的题目，选题本身就表明了他善于思考，勇于探索。要知道，20世纪70年代的苏联，思想封闭，观念保守，而普京却在论文中大胆提出了各民族相互尊重和相互平等的观点。关于普京上大学还有一段颇为曲折的过程，普京回忆中写道：

在小学时，我的家人就有明确的暗示：日后我必须上大学。也许是为时尚早，这事还没提到“议事日程”，因此，谁也没有天天把这挂在嘴上，他们也没有在一起商量我应该报考什么大学，学什么专业。

上大学是谁也不愿轻易放弃的最低标准。严格讲，我父母自己大概也搞不清将来我到底应当去考什么大学，但有一点他们是铁定无疑的，那就是我必须接受高等教育。

十年级中期，当我同父母说我准备考大学以后，他们自然没有什么疑义。从此，他们对我的学习也随之抓得更紧了。

但是就在普京准备参加大学的入学考试时，发生了一个变故。

从十岁起，我就开始学柔道，教练一直是拉赫林。我这位教练对我考大学的志向不以为然，反倒力主我去报考大专。具体说，就是列宁格勒金属工厂附属高等技术学校。当时我是在该厂体育俱乐部练柔道。教练们很容易地能将其所有成员顺利转入这一学校，从而可使他们免除服兵役。

有鉴于此，拉赫林就特意约见我父母并当面对他们说，根据我的成绩，实际上我可以被保送到上述高等技术学校，根本不用考试。他还对我父母说，这学校不错，放弃这个大好机会，就是做天大的傻事。考大学本科是一种冒险，万一考不上，我就得马上参军入伍。

听拉赫林这么一讲之后，父亲自然也就有些动心，原先一定要我考大学的想法也有些动摇。于是，他也开始做我的工作，要我按拉赫林教练说的去做。

这样，我便陷入“两面夹击”的境地：训练场上，拉赫林劝我；回到家，父母压我。说来说去，都是叫我放弃报考大学。

但我说：“我就是要考大学，就这么定了……”

“那你就得去当兵。”人们众口一词地说。

“没什么可怕的，”我坚定地回答，“当兵就当兵。”

不言而喻，服兵役将会推迟我进克格勃。但总的说来，这并不妨碍我去实现我的既定计划。耽搁几年时间，当然不是什么好事。但原则上说，这对我并没有什么太大的影响。

这是我人生的一个重要关头。它要求我“孤注一掷”，做出抉择：要么现在一切我都自己做，一切我都自己定，从而走向下一个我所期望的人生新阶段；要么我认输，听别人摆布，既定计划全部落空。

后来，我如愿以偿地考上列宁格勒大学法律系，我的人生由此跨入一个决定性的新阶段……

普京的这些想法可不是一时的心血来潮，而是他深思熟虑的决定。普京的队友和朋友——瓦西里·舍斯塔科夫的回忆可以印证这一点：

关于他要考大学的事儿，我是在十年级毕业后，也就是五六月份时才知道的。我们当时正在列宁格勒市郊的托科索沃集训。训练间隙，沃洛佳一直在看书，他在认真备考。不过，在此之前，我们也曾讨论过对未来的打算。他说他准备考大学，念法律系，因为他大学毕业后想去当侦察员。

当时，我们面临一个尖锐的问题：上大学还是搞体育。尽管沃洛佳是一个很有前途的运动员，可他还是毫不犹豫地做出了选择：要把学习摆在第一位。

沃洛佳在上大学期间以及开始工作后还一直坚持训练。他还参加过一些比赛。不过，这已经不是他一丝不苟的职业，而只是业余爱好而已。体育当然要练，但这只能安排在完成基本的学习和工作之后。

普京说，上大学之前，他已经明白，要想达到一定目的必须给自己确定一个明确的目标。“我为什么去了克格勃的接待处，后来又去了法律系？为了明确自己的目标，为了知道自己真的想要什么。我需要明确，该要怎样的‘人力和物力’，该有哪些必要的‘工具’，才能达到想要达到的顶峰。当然，坚持不懈和系统地学习是非常重要的。”“我深知：我没有谁可以依靠，也没有什么可指望的，一切完全只能靠我自己；否则，身处那时的情况我还能怎么办呢？只有坐下来学习，日夜不停地‘啃’这些书本——重要的是已经知道需要学习什么了。我明白，父母为了帮我受到教育已经尽了最大努力。我深知，在确定未来学习目标这件事上我不能依靠他们。如此一来，除了一条路——那就是靠自己去考，我没有任何其他机会！”

4 运动健将

据普京的同学们介绍，他学习期间的生活就是两点一线：学习——运动，运动队——大学。20 世纪 70 年代的苏联大学校园里，文化生活丰富多彩。各系经常组织各种晚会或其他文娱活动。然而普京却很少参加各种各样的晚会。每当这时，他总是躲在图书馆里看书，因而同学们总是能在图书馆碰到他。看着他在图书馆读书时十分专注的神情，任何人都会不忍心打扰他或拉他去参加什么晚会。就这样，普京的学习成绩始终名列前茅。普京的大学同学介绍说："我们大家当时都想成为侦察员，到民警局工作，所以更重视刑法和民法等课程。只有沃洛佳与众不同。他各门课程学得都很好。我们至今也无法理解，苏联克格勃为何单单相中了普京？或许只有他那样的人才会入选克格勃：学习成绩优秀，不显山不露水……"

除了学习，普京也喜欢运动。在他的记忆中，大学体育场是一个故事最多的地方，普京课外的大多数时间也都花到了体育场上。那时，普京非常喜欢当时在俄罗斯还非常时髦的两项运动：桑勃式摔跤和柔道。摔跤是普京的强项。1973 年春天，列宁格勒市举行了高校桑勃式摔跤锦标赛。列宁格勒大学也组建桑勃式摔跤队，参加比赛。不幸的是，比赛中出现了意外，普京的一个很要好的同学脖子受伤，几天后在医院不治身亡。这对普京是一次沉重的打击。他始终认为自己对同学的死负有责任，很久都没有从痛苦的阴影中脱身。

普京的教练拉赫林一直认为普京可以成为欧洲的冠军。普京上大学后，拉赫林就已明白，"学习对于沃洛佳来说是第一位的事，而体育是第二位的”。但作为教练，拉赫林感到很可惜：正是在大学期间，普京取得了一个接一个的好成绩。1971年，普京参加了列宁格勒青年桑勃式摔跤锦标赛。1972年，他又参加了世界青少年柔道循环赛，同时继续坚持桑勃式摔跤训练。20世纪70年代初，普京的其他战绩有：波罗的海地区青年锦标赛——第一名；列宁格勒市青年锦标赛——第三名；列宁格勒市成人冠军杯赛——第五名；列宁格勒市高校冠军杯赛——第一名；1973年，获得桑勃式摔跤这一项目的“体育健将”称号。当时，获得一枚“体育健将”的徽章是一件非常荣耀的事。

拉赫林教练回忆说，在1973年的比赛中，普京就已达到了柔道项目的体育健将候选人资格。当时，柔道项目的竞争很激烈，而普京在柔道中表现出了自己的最好成绩。普京更喜欢柔道这个项目，所以，成立柔道联合会后，普京开始练习柔道。普京认为，柔道——不仅仅是运动，这是一门哲学。这是对老人、对敌人的尊敬，在那里没有弱者。柔道中，两个对手来到地毯上，相互鞠躬、致意……而不是立刻给对手的额头一击。从它的仪式到一些小的细节都蕴涵着一种教育因素。1975年，普京参加了列宁格勒个人赛，获得了第三名，这一成绩使他获得了柔道项目的“体育健将”的称号。这样，普京在23岁时已经是桑勃式摔跤和柔道两个运动项目的体育健将了。

拉赫林很惋惜普京没有继续体育生涯，据拉赫林的记忆，普京大约在1978年或1979年时，停止了训练。他认为，普京的运动前途是无可限量的，而“当沃洛佳渐渐地不来参加训练和比赛时，我的内心很不好受”。

“沃洛佳的耐力极好，假如他继续练柔道，我坚信，他不仅可以成为全苏联的冠军，还可以成为整个欧洲的冠军。”

5 百里挑一的“克格勃”

“克格勃”有过辉煌的历史。“KGB”（克格勃）是苏联国家安全委员会的缩写，该机构的历史可追溯到1917年12月。当时，为了保卫新兴的苏维埃政权，捷尔任斯基等人成立了全俄肃反委员会。在此后长达70余年的时间里，该机构曾多次改名换姓，最终以“克格勃”的名字走进了历史。二战期间，以佐尔格为代表的“克格勃”特工曾长期打入敌人心脏，为苏联最高统帅部战略决策提供了有价值的情报。冷战时期，“克格勃”与美国中央情报局等西方情报机构相抗衡，从而确立了在世界情报领域中不可动摇的地位。在苏联国内，“克格勃”甚至具有凌驾于苏联国家机关之上的特权，就连苏联党政军领导人也惧怕它几分。可以说，“克格勃”曾遍布全球，呼风唤雨。至今这些“百里挑一”的克格勃的聪明才智和出众的职业素质仍令人敬佩不已。

1975年从列宁格勒大学法律系毕业后，普京被分配到国家安全委员会（克格勃）工作，从此开始了他的“克格勃”生涯。

经过莫斯科克格勃高等学校的培训，普京来到第一总局（对外情报总局）从事谍报工作。

“沃洛佳是我们的一位上级领导向我推荐的，”时任特工科科长的谢尔盖·彼得罗夫上校深情地回忆道，“我第一次同沃洛佳谈话时就发现，他有出色的分析思维能力。虽说他知识广博、善于交往，但他很谦逊随和。”“他头脑机敏、气度不凡，有出色的分析能力。情报工作最需要智商高、视野宽的人。我眼前的这位青年军官正是这样的人。因此，我们没谈几句，我就深深地喜欢上普京了。”

关于普京的特别之处，普京的学友、现为红旗学院系主任的科贝洛夫上校说："他喜欢戴宽边礼帽，穿长大衣，拿一把长长的雨伞当手杖。他的打扮完全是欧式的，显得很有绅士派头，很有教养。"

科贝洛夫还记起毕业考试时关于普京的一件特别的事："当时天热得要命，同学们就都穿得很随便，只有普京穿了三件套西服正装。我对他说，你这身打扮可太不像德国人了，德国人，哪怕是德国的公务员，在这种天肯定是怎么舒服怎么穿。普京却说，他遵照的是学校纪律。"

普京加入克格勃颇为曲折，他回忆道：

> 早在中学毕业前我就有一个愿望要到情报局工作，尽管这看上去遥不可及。等读了一些书并看了不少电影后，又特别想当一个海员。但后来又想做一个特工。最初也曾想做一个飞行员。列宁格勒有一个民航学院。我特别认真地准备了一段时间。后来又看了一些文学作品和一些杂志，像《剑与盾》这样的书籍和电影看多了，什么民航学院之类的再也引不起我的兴趣了。我自己做出了选择。
>
> 我想大概是类似于《盾和剑》这样的书和影片起了作用。使我感到震惊的是，一个人的微薄之力怎么能干成连整个军队都无能为力的事情？一个特工就能决定几千人的命运？

为了弄明白怎样才能成为一名情报人员，在九年级初的时候普京去了一趟克格勃的接待室。

"我想到你们这里工作。"普京对负责接待的同志说。

"很好，小伙子，但是还需要一些条件。"

"什么条件？"

"首先，我们不接受毛遂自荐的人。其次，我们只接受当过兵的或者是高校毕业生。"

普京自然十分感兴趣："上过什么大学？"

普京回忆："他当时态度很认真，并且严肃地告诉我，首先，只有退伍军人和大学毕业生才有资格申请加入。显然，他们认为一个在校学生并不适合进克格勃工作。”

普京的决心没有丝毫动摇。他急切地向这位接待同志询问：“具备哪些特殊条件的学生可以提前被克格勃录取？”

“法律专业的学生。”

“我当时的高兴心情简直无以言表。”普京回忆说。从那时起，普京就着手准备到列宁格勒大学法律系读书，再也没有人能阻止他。

大约在普京上大学四年级的时候，列宁格勒克格勃干部局的一位工作人员真的来见普京了。就是这次谈话，使普京终于实现了少年时期的理想——加入克格勃。

当时克格勃在大学生中招募未来的情报人员是非常普遍的。克格勃尽一切努力吸收那些有胆有识、意志坚强的优秀人才。克格勃得到学校当局的支持和配合，可以先阅读学生的档案，同时由特别调查部进行多方面的调查，而所有这些都是考察对象所不知道的。之后再和可能的人选个别谈话，当面考察，再向上汇报，决定是否录用。据报道，克格勃招募情报官员的标准是：具有强烈的爱国主义和献身精神、机智勇敢、身体健康，年龄不超过 25 岁。主要从受过良好教育的公民和应届大学毕业生当中招募。被录用者还需要经过半年至五年的专门训练和培养。这种招募和训练方式，使克格勃能够长期维持一支素质较高的职业情报人员队伍。显然，普京早已成为预选对象，经过严格的审查之后被认为是合格的。

来人很有礼貌地介绍了自己的身份——列宁格勒克格勃的官员。他和普京交谈，简单介绍了克格勃的工作，向普京问了一些有关他家庭、学业等方面的问题以及今后有什么打算。当然，来人已经通过档案以及学校当局了解了普京的基本情况。当面交谈的结果是克格勃官员显然已经很满意普京的情况，他直截了当地对普京说：“关于您未来的分配，我想与您谈一下。如果建议你去克格勃工作，你什么态度？”

普京后来回忆说：“我立刻就同意了。”

他毫不犹豫地做出了决定，因为这本来就是他的理想。普京的家庭出身和从小受到的教育以及苏联歌颂隐蔽战线无名英雄的文学作品和电影，使他对克格勃有好感。他在大学也已经听说过克格勃招募高年级同学的事，“这在那个年代是非常普遍的”。从此普京开始了他 15 年的谍报生涯，也最终圆了他的少年梦。

当年负责招募克格勃的德米特里·甘采罗夫回忆说：“从 80~120 名大学生中，我们通常会录取 8~10 人。第一次见面非常重要，很多人在这次见面之后就落选了。对于那些我们认为合适的人选，我们则加大工作力度。我是从 1974 年 1 月开始和普京接触的。初次见面，我就喜欢上他了。我之所以这么说，并不是因为他现在是我们的总统。绝对不是这个原因！他不太活泼，但充满活力，动作敏捷，有勇气。最主要的是——他善于同人打交道，能很快地和别人打成一片。没有这个本事就无法在克格勃开展工作，更别说搞情报工作了。”

普京应该是在这个时期加入苏共的，这是成为克格勃的必要条件。在“克格勃”的海外谍报学院，普京接受了完整的训练。

6 “克格勃”间谍生涯

1984年普京再次受训，这次是在莫斯科的安德罗波夫红旗学院，该学院是克格勃专门培养对外情报官员的地方。学院的特点是，学员要在将要前往的国家的模拟环境中进行生活和学习。普京所在专业是用德语教学的，生活环境也模拟德国。普京当然明白，结业之后，他将被派到德国。对克格勃许多青年军官来说，这可是梦寐以求的事。红旗学院就是现在的巴拉什哈对外情报学院，而附近村民和外界还误以为这是国防部下属的一个保密的科研所。

有一项训练是让学员在没有壕沟掩护的公路上，钻到全速驶来的坦克的两条履带之间。学员要不差毫厘地趴下，不然就会被碾成肉泥。在忍耐力训练中，这还不是最难的。普京的另一名学友诺维科夫少将回忆道：“最可怕的是从超高处往下跳。我是在高台上第一次看到普京的。我俩先后跳下，按规定，一着地就得相互格斗。那是刚割过的玉米地，留着尖茬。我一把抓住普京，没抓牢，反被普京抓住，他一个背挎，我在空中急转身，幸好两人都没倒下，否则身上会添几个窟窿……我们就这样相互认识了，我俩都迷恋柔道，都曾是本市冠军。不过，当时相互都不知道对方的真实姓名。”

当时所有队员都用化名，普京化名普拉托夫。起先，不少人由于不习惯，一不小心就暴露了真名。但是，普京从不失误。

1985年，普京从安德罗波夫红旗学院受训后，即由克格勃第一总管理局第四处派遣到德意志民主共和国工作。他以这里为基地，以整个中欧的德语地区（民主德国、联邦德国、奥地利和瑞士）为舞台，度过了他克格勃生涯最有成效的五年时间。克格勃在德国活动的大本营是东柏林郊区的卡尔肖斯特。据路透社报道，克格勃在民主德国活动的全盛时期，有 2500 多名特工分布各地。柏林以南接近捷克的古城德累斯顿，则是克格勃的又一个重要基地。普京在德国的五年，即以此为基地，从事谍报活动。安格利卡大街离苏军德累斯顿基地只有几分钟的路程，柳德米拉经常到基地商店购买苏联商品，普京夫妇还经常到基地看苏联电影，普京在闲时也到基地参加一些体育活动。普京后来回忆说，他刚到德国的时候，东德的商店物品丰富，各种商品琳琅满目，应有尽有，和苏联形成鲜明对照，苏联什么都缺，到处都要排队。这对初次出国的普京是一种震撼。

普京在选举前夕曾谈到自己在德国的工作，当然他不可能透露详细内容。他只是说："我是政治间谍，获取政治家的消息、敌人的计划等。我们负责东德境内的，与我们有关的政治路线的任何一个消息以及主要敌人的任何情况。这里的主要敌人是指北约。"当时的"工作包括发展线人，获取信息，加工信息并发到中心。信息包括政党的动态，内部的趋势，他们现在的和有潜力的领导人。重要的是掌握谁在做什么事情，是怎样做的，注意与我们有关的国家的外交部在发表什么言论，他们在世界各地是怎样用不同的说法来表达自己的政策。还要注意我们的谈判对手的立场，例如关于裁军的立场等。当然，为了获取这些情报，必须有线人，发展线人和获得情报是同样重要的、并列的两件事情，此外就是分析和加工信息"。

曾与普京在前民主德国德累斯顿克格勃分部共事长达五年之久的苏联克格勃少校尤索尔泽夫在他的一本新书中，首次向世人披露了普京间谍生涯中鲜为人知的一幕。

弗拉基米尔·尤索尔泽夫生于西伯利亚，在大学里读的是物理科学，当他于 20 世纪 70 年代被克格勃招为间谍后，先在苏联克拉斯诺亚尔斯克和明斯克市工作过一段时间，后来才被派遣到前民主德国德累斯顿克格勃分部；也正是在那里，他认识了现在的俄罗斯总统普京。据尤索尔泽夫称，当时他只有 37 岁，是苏联情报局少校。尤索尔泽夫称他的工作不是特别的有意思，但 1985 年戈尔巴乔夫上台后，一切又变得非常忙碌起来。

1985年8月，普京来到德累斯顿市克格勃分部成为他的新同事后，尤索尔泽夫和普京两人分在了同一个办公室，因此尤索尔泽夫每天都有机会从桌子对面观察这位新来的同事。

据尤索尔泽夫称，他们的工作地点是前民主德国秘密情报机构“斯塔西”的高级军官住宅区——德累斯顿市安吉利卡斯特拉西大街上的一幢两层小楼房，离“斯塔西”大楼仅100米之遥，克格勃德累斯顿分部共有六个人。

据尤索尔泽夫称，克格勃德累斯顿分部并不是一个令人羡慕的工作地方，尤索尔泽夫说：“在德累斯顿市，我们的间谍生涯可说是与世隔绝的，我们感到自己就像生活在太空中的宇航员一样。”他还称，与波恩和汉堡的克格勃分部相比，德累斯顿分部显然寒酸多了，薪水待遇也比波恩和汉堡分部相差一大截。

对于莫斯科来说，这个前民主德国最遥远省份的克格勃分部仍是它的一只重要耳朵，克里姆林宫非常关注当时美军特种部队“绿色贝雷帽”驻扎在前联邦德国威德弗来肯地区的军事基地，而普京当时的工作之一正是收集有关北约和美军部队的军事情报。

尤索尔泽夫称，当时派驻前民主德国的克格勃间谍根本无法直接渗入这些前联邦德国境内的北约军事基地，他们只能通过招募前联邦德国线人的方法收集情报。尤索尔泽夫说：“我们分部当年在前联邦德国境内发展的间谍不超过20个，因为我们付给他们的报酬太少了，常常只有50马克；其中一些人还是双重间谍，他们同时领着前联邦德国情报机构的薪水。所以当时我们处在极大的压力中，我们一直不停地招募新的间谍和线人，因为只有扩大间谍网络，我们才有机会获得提升。”

当普京招募到外国线人后，就会将其交给另外两名身份保密的克格勃间谍进行联系，这两名身份保密的克格勃间谍名义上都是前民主德国警察局犯罪调查部的雇员，但事实上他们只为克格勃服务。为了防止这两名克格勃隐藏间谍身份暴露，普京一般都要开车到德累斯顿遥远的乡下地区与两人会面。

在谈到对克格勃同事普京给他的私人印象时，尤索尔泽夫称，普京在工作中表现出很有干劲，并且有礼貌。与领导共事时，他会给领导一个听话的印象。尤索尔泽夫说，普京是一个具有出色分析思维能力的“实用主义者”，同时他也是一个一丝不苟的人。性格坚定、临危不乱、一定要将事情做到底的普京立的第一个大功就是挽救了克格勃接触的所有案卷，当时这些资料放在德累斯顿情报局大楼。尤索尔泽夫回忆说，当 1989 年 11 月柏林墙倒塌时，在前民主德国的克格勃陷入了一片混乱，但在离开德累斯顿前的最后一分钟，普京仍没有忘了将德累斯顿斯塔西分部的所有克格勃线人档案全部取走，从而避免了它们落入西方情报机构的手中。

普京接受俄罗斯《生意人报》采访时，也曾向记者透露了这段鲜为人知的往事。1989 年，东欧剧变。柏林墙倒塌后，前东德局势一片混乱。在德累斯顿，情绪高涨的前东德群众捣毁了前东德情报机构在该地的办公室，这时候，人群中有人高喊：“现在让我们去冲击俄国人的秘密警察总部吧，它离这儿并不远!”于是一群人向当地克格勃办公室进发，情况万分紧急。

“当时确实面临着非常严重的威胁，”普京回忆说，“办公室里有很多材料，有不少是机密文件。”

“许多人聚集在我们情报小组工作的地方。德国人解散了德国的国家安全部也就罢了，这是他们的内部事务，而我们就不是他们的内部事务了。威胁是非常严峻的，我们准备自救。”

当人们重新聚集起来时，普京来到人群中间。向他们解释说，“这里是苏联军事机构”。

人群中有人问：“那为什么院子里放着德国牌照的车？你们在这里搞什么？”

普京回答说：“根据协议，允许我们使用德国牌照。”

德国人又喊道：“你是干什么的？怎么德语说得这么好？”

普京说：“我是翻译。”

情急之下，普京立即向附近的苏联军事基地打电话，请求援助。而他们回答说：“没有莫斯科的命令，我们不能干预。”

“根本没有人来援助我们，我们只能靠自己，我们必须做好一切准备以防不测。”普京回忆道。

普京用流利的德语向人群发出警告：“我希望你们不要试图闯

入这一地区。我的部下拥有武器，并已得到许可，可以对外来闯入者开枪。”普京满脸严肃的表情和他斩钉截铁的话语，起到了威慑作用。又过了几个小时，苏军救援分队赶到了，人群也散了。

“当时我真感觉到这个国家没有了。”普京对这件往事有着深切的记忆。

尤索尔泽夫认为，在普京表面的文雅和谦恭背后，隐藏着巨大的个人能量，因此当年身在克格勃的普京给上级和同事留下了非常深刻的印象，大家都认为他是个值得信赖的人。

普京和他的小组在当时直属克格勃第一总管理局的弗拉基米尔·谢罗库夫将军指挥下，卓有成效地展开了工作。一位参与和普京合作的前斯塔西军官说：“克格勃的整个行动计划都装在普京的脑子里，他是一个很聪明的人，有高度的自制力，行动十分小心谨慎。他总是在幕后指挥，从来不让别人注意到自己。他很聪明，从不夸耀自己，但是成效不凡。”

英国《星期日泰晤士报》刊登了一位曾在20世纪80年代受普京控制、直接为他提供情报的前民主德国特工（代号为M）的文章，披露了普京在德国从事间谍工作时的一些鲜为人知的内幕。

M特工的公开身份是前民主德国刑事警察的督察官。当M被调到普京手下工作时，M特工已经为克格勃工作了十年。

1985年，M特工在德累斯顿的一间公寓里与普京接头。普京给M特工留下了并不满意的第一印象。

M特工回忆说：“普京的前任，也就是我的前上司克格勃情报处官员介绍我们相识。由于普京是新手，我就向他详细介绍了在德国从事间谍活动的注意事项。很显然，他没有什么经验。这是他第一次在海外从事这样的工作。他虽然对间谍理论了如指掌，却不了解具体操作时的规则。”

很快，普京就出了个大差错——

普京像许多俄罗斯人一样，不怎么守时。一次，M特工安排了与普京的接头，但普京却没有按时赴约，M特工大发雷霆：“要知道忘记与你负责的特工接头就等于犯了有可能危及那名特工生命安全的大错误。”“我警告普京说，除非他克服掉不良行为，否则我就立即不干了。”普京一向敬佩德国人严谨、务实的工作作风，不久，普京的工作作风就变得很严谨了。

尽管普京初涉间谍领域时的表现令人不满意，但M特工说，他渐渐地成为非常有效的自我控制者。“普京越干越出色，”他说，“他变得雷厉风行，总是竭力地控制自己。我越来越了解他了。几乎没有事能够难倒他，也几乎没有事可以归罪他。”

“他不饮酒，也不吸烟。他不贪财，也不好色。他总是在控制着自己的感情，他总是将秘密藏在心头。他想必也有弱点，可我就是不知道这个弱点是什么。”

看来，普京在前东德的事，只能让他自己讲述了。弄清普京的这段历史谈何容易，人们也只能在这个过程中再次感受到普京的神秘。

曾在德国活动多年的克格勃中校普京成为俄罗斯总理之后，西方媒体对普京当年的情况产生了浓厚的兴趣，德国记者们各显神通，探访了普京在德累斯顿等地活动时与他有接触的有关人士。普京活动的范围相当广泛，接触的人包括两德的各阶层，特别是政府和企业官员。但是，毕竟普京从事的是秘密行动，无档案可查。普京自己透露，他在德国的情报活动，是以北约为主要目标，搜集的情报都直接报送莫斯科的克格勃总部。为此需要招募当地人。德国媒体透露，已知普京在德国期间最大的活动，是组织和开展了代号为“日出”的行动计划。关于这个计划的细节都还不甚了解，德国记者只打听到，这个计划是在两个德国建立一个间谍网，主要是搜集苏联所需要的经济和科技情报。为了执行这个计划，普京以德累斯顿为基地，经常到莱比锡，还持外交护照往来西柏林、联邦德国首都波恩、德国最大的港口城市汉堡，这都是有记录可查的。此外他的足迹还到过奥地利首都维也纳和瑞士最大的城市苏黎世。

对于在克格勃工作的历史，普京认为是以个人的良知捍卫正义的事业。普京说：“我可以肯定，我那时捍卫正义的事业：我诚实地为我的国家工作，为我的祖国工作，从早到晚，从不替自己着想。我知道，我是在为我的人民做有益的事情。”对于克格勃的经历，普京一点也不后悔，他认为这“没有什么要害羞的”，“我总是在努力对什么也不懊恼，一般来说我是对什么都不懊恼的。应该说，对这件事我也是不懊恼的。如果正如人们在这种情况下常说的，让一切都倒转回去，那我还是要做同样的事。我对我过去的生活没有什么要害羞的。我曾是一个相当成功的情报军官，而且一直就是在为我的祖国利益工作。……我们工作的性质更多的是运用智力——搜集、加工各种性质的情报，首先是政治性质的”。

普京的工作多次受到嘉奖，1987 年，前东德在德累斯顿秘密警察总部召开十月革命 70 周年纪念大会，普京在会上被授予金质奖章，以表彰他对事业坚定的信仰以及对“社会主义国家做出的杰出贡献”。1990 年 10 月，两德实现统一，新德国称德意志联邦共和国，是北大西洋公约组织的成员，苏联官方的情报机构克格勃就不可能在德国公开活动，在前东德地区的克格勃人员，也就必须分批撤出。整个欧洲的形势发生了不利于苏联的变化，苏联自身也处于风雨飘摇的危机之中。1990 年，当时的苏联总统戈尔巴乔夫和联邦德国总理达成了从民主德国撤出苏军的协议。就在这一年，普京主动要求转入预备役，悄然回国，回到列宁格勒。

第二章

从政之路的潜伏期

1 遇导师索布恰克

1990年年初，普京返回故乡列宁格勒。他在母校列宁格勒大学谋到了一份工作，任校长的外事助理。在列宁格勒任职的这段经历是普京政治生涯的起步。当时，学校开办了一些合资企业。为管理这些企业，普京经常到处奔忙，这使他在市场经济中经受了锻炼。

不久，普京就离开列宁格勒大学，当上了列宁格勒市长阿纳托利·索布恰克的外事助理，负责对外经济关系。索布恰克曾是普京的大学老师。市长助理之职为普京走上权力之路铺平了第一道台阶。

普京与索布恰克是偶然重逢，这次重逢改变了普京的生活。1990年初某一天，索布恰克从市苏维埃回到列宁格勒大学办事，在办公楼的走廊遇见普京。普京向老师问候，彼此很自然地先是寒暄，然后谈起现状。索布恰克正忙于过去他所不熟悉的各种事务工作，看到这位学生，他立即萌生了一个念头：这不是一个现成的助手人选吗？当年在学校是优等生，为人显得干练，不嚣张跋扈。索布恰克单刀直入，问普京愿不愿意到市苏维埃工作。普京爽快地答应。这几分钟的谈话，决定了普京的后半生。

然后，普京与索布恰克在索布恰克的办公室见了面，普京向他谈了自己的愿望。普京还说："我应该告诉您，我不仅仅是校长助理，还是克格勃的现役军官。"这对索布恰克来说是一个意外，他想了很长时间说："不管它。"就这样，普京随即辞去了在列宁格勒大学的工作，跟随导师来到了市苏维埃，开始了他在列宁格勒市六年的行政官员的生活。

索布恰克是一个有自由主义思想的法学家，对勃列日涅夫时代的体制和停滞不前的社会现状早已不满。索布恰克曾写道："大凡进入官名录的人，尽可以放心地接二连三办错事。所有沾上这一体制光的人，是不会轻易从官名录中除名的。除非你犯了'天条'，破坏了体制的内在道德标准。如果'某一位负责人'的行为不是大逆不道的话，那么当权的朋友就会为他撑腰，甚至让他免于法律追究。犯了错误的人也可以平级调动，去担任次要的职务。"这段话道出了索布恰克对当时体制的不满。

政治改革的风云，将这位教授推上了政治舞台。1988 年年底，苏联开始建立新的国家权力机构——人民代表大会。索布恰克就是经由选举成为苏联人民代表的。这次选举改变了他的命运，使他的人生道路发生了重大转折。他成为 20 世纪 80 年代末期和 90 年代初期苏联最有声望的政治活动家之一。1990 年春夏之交，列宁格勒举行了第一次市苏维埃主席的选举，索布恰克依仗他在人民代表选举和人代会振臂一呼的余威，顺利当选，从一个议政的人民代表进而成为一个大城市的行政长官。他在电视上发表的竞选演说中，提出了应该修改苏联宪法第六条（该条宪法规定苏共为唯一执政党），主张实行多党制。这在当时是非常激进的观点。索布恰克后来回忆说："我在这两个月的选举期间经历的事情，是我 50 年的生涯中从未见过的。"在 20 世纪 80 年代末和 90 年代初，索布恰克是苏联反对派的一面旗帜。波波夫后来当选莫斯科市长，叶利钦则统治俄罗斯近十年之久，索布恰克则在圣彼得堡主政六年，三人均在当代俄罗斯历史上留下了自己的印记。

索布恰克将普京引入政坛后，普京开始了平步青云的政坛生涯。从以下经历可以看到普京迅速蹿升的历程。1990 年普京辞去了在列宁格勒大学的工作，跟随索布恰克来到了市苏维埃，开始了他在列宁格勒市六年的行政官员的生涯。一开始普京担任列宁格勒市苏维埃主席索布恰克的顾问。1991 年 6 月列宁格勒取消了苏维埃，举行市长选举，索布恰克当选首任市长，他任命普京为市政府的对外联络委员会主席。1994 年起他们同时任圣彼得堡市长和第一副市长。在圣彼得堡，普京的权力可以说仅在索布恰克之下。普京利用自己在德国工作多年的经验和关系，在任时同德国公司及其他西方企业签订了大量的经济合同，特别是促成了德国德累斯顿银行和美国可口可乐公司来圣彼得堡投资，为索布恰克在圣彼得堡发展市场经济打下了基础。索布恰克将管理经济的大权交给了年轻的副市长，普京也忠心耿耿地为索布恰克服务，并成为这个大城市的重要官员。

普京成了索布恰克忠实的助手，他表现出自己在处理圣彼得堡事务中的不可或缺，甚至有人称他是索布恰克的“守护天使”。普京性格坚强，行事果断，他的组织能力受到了同事们的肯定，用他当时一位同事的话说：“他主持地方政府会议的效率之高，甚至可以胜任总理一职。”索布恰克对普京极为信任。索布恰克在接受记者采访时说：“我和普京共同经历了两次政变，一次在 1991 年，一次在 1993 年。我知道他在这些考验面前的表现。他是一个值得信赖的有胆有识的人，他决不会坑蒙拐骗。”对此索布恰克是心怀感激的，他说：“我们共同工作了六年，普京从不向我伸手要荣誉、地位和奖金。”

据说，在 1991 年 8 月，苏联强硬派发动政变时，普京在索布恰克身边扮演了重要角色。当时，克留奇科夫下令捉拿叶利钦，而叶利钦正在莫斯科郊外的阿尔汉格尔斯科那别墅里度假，手中既无军队，也无舆论工具。叶利钦化装后乘车潜回莫斯科，进入俄罗斯议会大厦——白宫。恰巧索布恰克也在莫斯科，他发誓保卫叶利钦。普京向他建议马上回到列宁格勒，确保列宁格勒支持叶利钦，反对政变。于是，索布恰克冒险连夜飞回列宁格勒。当时克格勃总部已向列宁格勒克格勃发出命令，在机场逮捕索布恰克。情况万分紧急。情急之下与当地安全部门保持着良好关系的普京不顾当时情况复杂，亲自带着武装警卫赶到列宁格勒机场迎接索布恰克，为索布恰克提供安全保护。当时，机场上布满了克格勃，普京下令，将汽车直接开到索布恰克飞机的舷梯旁。克格勃的人见对方携带武器，气势汹汹，没敢对索布恰克采取行动，使得他安全地返回市府，并发动当地群众反对政变声援叶利钦。

“8·19 事件”，无论对索布恰克还是对普京来说，都经历了一次严峻的考验，并上交了一份合格的答卷。所不同的是索布恰克从此名声大振，而普京依然默默无闻。其实普京在整个事件中所做的一切，索布恰克当时一无所知，还是事后从别人嘴里了解到普京从中担当的重要角色。后来索布恰克回忆此事时还在说：“普京就是这样从不愿宣扬自己的成绩，他身上透着一股可靠、忠诚和自信的精神。”

经过“8·19 事件”的洗礼，普京与索布恰克的关系也更加密切。普京一直在默默地支持索布恰克的工作，成为其麾下得力助手，为圣彼得堡的经济复苏立下汗马功劳。但他仍不事张扬，小心翼翼地保持低调，尽量不与索布恰克抢风头。普京勇于任事，而又不居功的特点，深得索布恰克的信任和喜爱。

普京地位的迅速上升引起了俄罗斯新闻界的兴趣。当时曾有记者问索布恰克：“您为什么要重用一个克格勃？”索布恰克的回答是：“他不是克格勃，他是我的学生。”

普京担任圣彼得堡第一副市长期间，全力推动该市引进外资、外商和设立圣彼得堡自由经济区。他领导有关部门建立了外汇交易所，以方便外商、游客和市民兑换外币；他批准了著名的顾问公司 KPMG 在圣彼得堡设立分公司，使外国投资者可以通过这个顾问公司了解在圣彼得堡投资的各种具体问题。在吸引外资方面，普京的工作重点是德国和北欧的公司。实际上，德国和北欧公司在历史上就是圣彼得堡的主要外资来源。德累斯顿银行财团就是在普京的劝说下决定在圣彼得堡投资的。

在圣彼得堡工作期间，普京积累了可贵的政治、行政和管理经验，包括和媒体打交道的经验以及处理外交事务的经验。他过去一直服役于克格勃，长期在隐蔽战线，对国内的事务并不熟悉，更是从来没有做过行政方面的工作，没有管理经济的经验，所以圣彼得堡的经验大大有益于他后来能够很快在莫斯科打开局面。

普京还由于担任这个职务，和俄罗斯正在崛起的青年一代政治精英之一的丘拜斯（当时担任索布恰克的经济顾问）建立了联系。俄罗斯在“休克疗法”和私有化之后，原来的计划经济体制基本被破除了，但是经济的发展仍未走上一条稳定持续发展的道路。圣彼得堡在这几年里，市场经济有了一定的发展，特别是外资的引进在俄罗斯居前列。丘拜斯在领导实施私有化时，多次和负责圣彼得堡经济的普京打交道。丘拜斯后来回忆说，普京虽然不是学经济的，但是对复杂的经济问题领悟得很快。

1996 年 5 月，圣彼得堡市长选举的结果以索布恰克的失败告终。尽管新市长雅科夫列夫邀请普京留任，但是普京认为这是对恩师的背叛，所以谢绝了他的提议。索布恰克不但失去了市长的职务，1997 年又陷于困境。俄罗斯总检察长指控索布恰克在任内滥用职权，为自己的亲属安排好的住房。索布恰克在警方盘问时心脏病发作，官司缠身，心情恶劣之极，乃潜逃出境，一走了之，隐居巴黎。1999 年普京成为总理以后，对索布恰克的指控被撤销了，人们认为这和普京有关。

普京成为代总统后，索布恰克自然是最高兴的人之一。不料 2000 年 2 月 20 日，索布恰克在加里宁格勒一家宾馆的房间里突发心脏病，在送往医院的路上停止了呼吸。索布恰克去世时，正是普京忙于竞选之时。21 日，索布恰克的遗体被运回圣彼得堡市。市政府准备于 24 日以首任市长的规格在著名的亚历山大—涅瓦公墓为索布恰克举行隆重的安葬仪式。普京对索布恰克的猝逝极为悲痛，他说："索布恰克不仅是我的老师，教我民法和国际法，他还是更广义的老师。"普京决定参加葬礼。然而，23 日中午，俄罗斯 RTR 国家电视台传出了"车臣恐怖分子准备在葬礼上暗杀代总统普京"的消息。车臣匪徒头目巴萨耶夫通过互联网向散落在俄罗斯各地的车臣恐怖分子发出对普京的"追杀令"，声称："罪犯普京被判处死刑。车臣人的血债要用普京的血来偿还。""追杀令"还注明了赏金 250 万美元。

2 月 24 日，普京不顾车臣叛乱武装针对自己发出的追杀令，仍然在极其严密的保护下，从莫斯科来到圣彼得堡的塔夫里切斯基宫参加索布恰克的遗体告别仪式，并在亚历山大—涅瓦大寺院的尼古垃墓地为索布恰克下葬。就在这异乎寻常的气氛中，普京出席了索布恰克的葬礼，并安然无恙地返回了莫斯科。

2　离开“克格勃”

很长时间以来，普京一直没有向外界透露他的“克格勃”身份，自从1990年夏秋之交，“民主派”要求改革，“克格勃”遭到攻击，普京就开始考虑离开“克格勃”。1991年8月20日由“紧急状态委员会”发动“政变”，软禁了戈尔巴乔夫。虽然这场苏俄保守派针对戈尔巴乔夫发动的短命政变最后以失败告终，但当时俄罗斯的政局迫使普京或者继续将自己的真实身份保密，或者离开“克格勃”，继续与索布恰克等人合作。在“8·19”政变后，即1991年8月20日这天，普京最终选择离开了“克格勃”。

普京承认，他过去在“克格勃”任职的“历史”后来给他带来不少麻烦。苏联解体后，他在圣彼得堡市府出任后苏联时代著名民主派人士索布恰克的助手时，就曾因其克格勃背景而一度招致谗言。“那时有人敲诈我，要我替某某人的公司解决问题，不然就披露我过去的经历，等等。”据普京说，他当时受到索布恰克的重用，但他不愿意因自己的克格勃“身世”影响索布恰克的政治声誉。

当时俄罗斯进入新时代之后，揭露克格勃残暴内幕的风潮正盛行，凡有克格勃身世的人都显得很可疑。普京很快察觉到，有人已开始公开进行讹诈，因为普京的真实身份已经泄露给了某些商业机构。于是，就有那么一些人乘机找上门来，要求普京为某些商业机构的利益解决这样或那样的问题。有人当面威胁说，如果普京不照他们的要求办，那么普京的真实身份就将彻底暴露。比如某天，一位“代表”跨进普京办公室，颐指气使地说：“知道吗？你应该去帮某某人，你不能只做这做那。”普京应付了几句，把他支走了。但这人不死心，第二次他来，还是以命令的口气说话。普京照旧不听他的。第三次他来，软硬兼施地说："你要知道，现在坏人和各种敌人很多。他们已打探出，你实际上是安全机关官员。这可得赶快采取措施，严密封锁消息。在这方面我愿帮你，但你也得帮我一把。"

这是赤裸裸的讹诈！更糟糕的是，这不过仅仅是开始！今后肯定还会有人这样做，这样普京将永远不得安宁。普京讨厌这种无耻的讹诈。从这时起，普京便更加认真地考虑，往下该怎么办？当时的处境使普京清楚地意识到，必须尽快决断：要么离开列宁格勒市，再不被人讹诈；要么继续留在那里，但要完全开始过一种全新的生活，这就意味着要退出克格勃。

俄罗斯著名记者奥列格·布洛茨基在他的《弗拉基米尔·普京：走向权力之路》一书中，发表了普京亲自讲述的他离开"克格勃"的缘由：

> 我在索布恰克那里任职，这个职务虽不是关键性的，但却有权去解决相当多的涉及各类商业机构利益的问题。而我从来不允许自己按照有利于某些集团或者公司利益的方式去做，我觉得，我是在尽力为圣彼得堡和国家的利益工作。为了不损害索布恰克的名声，我不得不在工作的初期隐瞒了我的真实身份。这段时期顺顺当当过来了，因为我是从列宁格勒大学这个"屋顶"下来到列宁格勒苏维埃的。索布恰克本人也来自这所大学。而且所有的人都清楚，他为自己挑选的都是这所大学的人。但是，当时就已经有人想对我进行讹诈，因为社会上已经出现了一些有关我真实身份的传言。泄露情报的是那些当时已经被解职的"克格勃"人员。有些人对我说，"如果你做不到我们指定的事情，就还会有情报泄露出来。你瞧着办吧。"
>
> 当时，我接近于做出决定的临界点：或者离开列宁格勒苏维埃，不受讹诈，或者留在那里，但是，必须彻底地开始新生活，这就意味着要告别"克格勃"。也就是说，我面临着两种相互对立的选择。考虑到当时安全机构本身处于悬而未决的状态，许多事情完全不明确（作为一个组织它是否会继续存在下

去，如果继续存在的话，那又是什么样的形式），所以我开始倾向于离开“克格勃”。而就在这时政变开始了。如果我不执行命令，就将违背誓言。

如果我执行命令，就会违背道德责任，而这些责任是我来列宁格勒苏维埃工作时承担的，当然是自愿的。在这一时刻，我的出发点仅仅是：道德的责任高于形式的责任。最终，这一点加上其他一些因素使我做出了离开安全机构的决定。

要知道我的辞职报告是在政变当天——即于 1991 年 8 月 20 日写成的，为什么这样做？因为我面临危险。在这种情况下，我可能被利用，来解决某些国内的政治问题。我是来为祖国和人民服务的，我有自己的神圣使命，而不是让人利用来进行国内政治斗争的。

那时，我十分现实地考虑了所有情况。比方说，“克格勃”列宁格勒局的领导会更换。在这种情况下，什么事都可能发生，我也就有可能被要求参与他们的特别行动。当我被置于道德和责任之间时，我索性先跨出了预防性的一步，做出了有利于道德的选择。但实际上我什么也未能改变，我也没有退出共产党。苏联共产党停止活动了，我成了无党派人士。实质上，一切都崩溃了。

我记得我是在离退休还有一年多的时候离开“克格勃”的。所以，我没有服役到退休，住房也没有。在那些日子里，没有人能知道对抗会怎样结束。而我有妻子、孩子。正因为如此，做出决定才十分困难。坦率地讲，我当时甚至想过：如果政变以政变分子的胜利而结束，并且我也没有被关进牢房的话，那在今后该怎样养活全家？说句老实话，我甚至想过：去开出租车，好在我还从德国开回一辆“伏尔加”。因为我知道，如果政变分子胜利了，我就没有地方可工作了。我对这一点了解得十分清楚。我唯一要操心的事——孩子怎么办，怎么来保证她们的未来……

如今已是俄罗斯总统的普京回忆说：“那时候，多数人都处于迷茫之中，不知道明天会发生什么。”

“如果我没有工作，我唯一的顾虑就是我的孩子们。我担心她们该怎么办。我拿什么来保证她们的未来。”普京说。然而情况并没有普京想象得那样糟糕。

后来，当有人暗示普京过去如何如何时，普京就会立刻回敬一句：“够了，这没什么意思。这是大家都知道的。”

3　莫斯科的辉煌坦途

普京在圣彼得堡经历了苏联解体、苏共解散等惊心动魄的变化，经历了计划经济体制向民主政治和市场经济的转变，这一过程中积累的大量经验对普京后来到莫斯科工作都是很有益的。1996年，普京被提拔到莫斯科工作，从此以后他就开始一路高升，一直到成为克里姆林宫的主人。

1996年8月，在副总理丘拜斯的推荐下，普京调到莫斯科工作，丘拜斯之所以能将普京调到克宫，是因为1996年7月叶利钦竞选成功连任总统之后，他就出任了总统办公厅主任。起初，普京担任俄罗斯联邦总统事务管理局局长帕维尔·博罗金的副手，这是一个非常有实权的部门，负责管理叶利钦总统府庞大的资产。不到一年时间，即1997年3月，普京进入了叶利钦的行政班子，任总统办公厅副主任兼总统监察总局局长，负责克里姆林宫与俄罗斯89个地区的关系。据传，普京此时开始受到叶利钦的器重。

丘拜斯与普京相识于列宁格勒。1990年，丘拜斯放弃了教师职业，进入政界。在列宁格勒苏维埃民主派的大力支持下，丘拜斯当选为市苏维埃执委会副主席，后来当选为第一副主席。在任职期间，丘拜斯大力提倡在列宁格勒市建立自由经济区，广泛吸引外资，这些主张受到普京的积极响应和大力支持。普京身体力行，在吸引外资、建立自由经济区方面做出了很大贡献。丘拜斯对普京的实干精神和工作能力深为赏识。

丘拜斯1955年生于白俄罗斯鲍里索夫市的一个军人家庭，父亲曾经参加过苏联卫国战争，丘拜斯则被称为“俄罗斯私有化之父”“俄罗斯私有化总设计师”，他在20世纪90年代初倡导的私有化进程造就了一大批亿万富翁。

1991 年 11 月，叶利钦准备大力推行改革，组成以年轻的经济学家盖达尔为总理的“改革政府”。盖达尔请丘拜斯来政府担任要职，从而，丘拜斯成为盖达尔政府中的私有化部长，主持制定国家私有化纲领，此后，丘拜斯一步一步向权力中心迈进，最终在叶利钦的第一届政府中出任副总理，主管私有化进程。在这场历史上规模最大、速度最快的出售国有资产行动中，80%的国有资产落入私人手中，少部分人一夜暴富，更多的人则在这场运动中遭受浩劫。因此，在俄罗斯有人对丘拜斯恨之入骨，有人对他崇拜得五体投地。

丘拜斯是叶利钦的铁杆旧部。1996 年，叶利钦竞选连任期间，丘拜斯曾是他竞选活动的负责人。丘拜斯在 1998 年退出政坛，成了统一电力公司的掌门人。

导致丘拜斯退出政坛是这样一件事：1997 年 5 月俄罗斯政府决定将电信投资股份公司私有化。这个公司控制了俄罗斯广播电视线路。最后以别列佐夫斯基为一方，波塔宁为另一方，两个财团展开了激烈的争夺。丘拜斯等四个副总理均支持波塔宁，别列佐夫斯基失利，和丘拜斯反目成仇。丘拜斯的一个心腹被叶利钦解职，舆论认为是别列佐夫斯基的报复。丘拜斯也不甘示弱，向叶利钦告了别列佐夫斯基一状，叶利钦又撤了别列佐夫斯基的职。但是别列佐夫斯基不是省油的灯，利用新闻媒体揭露了丘拜斯的稿费丑闻。丘拜斯和其他人合著《俄罗斯私有化史》，尚未写完，每人已收稿费 9 万美元。别列佐夫斯基通过媒体将此事说成是和电信投资股份公司拍卖有关的受贿事件，丘拜斯等人一时成为众矢之的，虽然保住了第一副总理，却丢了要职，其政治分量大大降低。1998 年 3 月叶利钦改组政府，丘拜斯没有进入新内阁，转而经商。别列佐夫斯基却在 4 月被任命为独联体国家执行秘书。

想当初，如果没有丘拜斯的鼎力提携，来自圣彼得堡的普京是很难进入克里姆林宫的。普京的迅速崛起，仰仗了丘拜斯的力荐。据说普京首次竞选总统时，丘拜斯还是其智囊团的“政治谋士”和“总统竞选总指挥”。克里姆林宫的一位顾问切萨纳科夫说，普京曾经对听取丘拜斯的意见“十分认真”。普京上台后，丘拜斯逐渐淡出了政坛。当寡头们陆续遭到普京政府清理时，丘拜斯还曾站出来大肆抨击普京的政策。

普京在担任总统事务管理局副局长时负责克里姆林宫及多处住所、办公楼、医院和疗养院的管理。他的顶头上司——总务局的局长是叶利钦的大管家帕维尔·博罗金。总务局负责管理属于总统府的房地产，包括克里姆林宫，许多住宅和办公楼、医院和疗养院，这些房地产价值数十亿美元，雇员达15万人之多。普京在这个岗位待的时间很短。当时参与管理包括克里姆林宫在内的总统府房产的普京，也不可能想到自己日后将作为总统出现在克里姆林宫吧？

而办公厅和总务局就完全不同。总务局管的是“物”，是房子或和房子有关的事务，办公厅却是为总统服务的。自此，普京开始进入叶利钦的视线。叶利钦对普京的“忠诚和能干”十分赏识。叶利钦曾说过，当普京任圣彼得堡市第一副市长时，他就对普京进行了认真的观察，认为普京“在各个职位上，都工作得大胆而又坚定，取得了良好的结果”。

此时，普京开始与接替丘拜斯的办公厅主任瓦连京·尤马舍夫建立了联系，而丘拜斯已转往政府工作。尤马舍夫的任命在1997年被俄罗斯媒体认为是当年最轰动的事件。尤马舍夫在政坛的崛起是一个奇迹，他来自农村，从部队复员后，在《共青团真理报》当见习记者，之后又到了苏联部长会议的机关报《消息报》，后成为苏联销路很大的综合性周刊《星火》杂志的副主编。在叶利钦竞选俄罗斯最高苏维埃主席的时候，帮叶利钦写了两本书《叶利钦自传》和《总统笔记》。叶利钦很器重这位记者，叶利钦说：“他的趣味和他的建议对我至关重要。”据称，尤马舍夫的赏识，是普京得以进入叶利钦身边的关键。

1997年3月，普京担任总统办公厅副主任时，还兼任总统监察总局局长。总统监察局是专门代表总统和俄罗斯各个联邦主体打交道的。俄罗斯联邦是全世界领土面积最大的国家，达1707万平方公里，由89个联邦主体组成，包括21个共和国、6个边疆区、49个州、2个直辖市（莫斯科和圣彼得堡）、1个自治州和10个民族自治区。各主体由于各自不同的原因，和中央政府有这样那样的矛盾。普京的工作，就是检查总统政令在各联邦主体贯彻执行的情况，处理各主体的投诉和要求，协调相互的关系。

苏联解体后，俄罗斯各地各种企图独立的思潮蜂起，地方和中央的关系也非常复杂，不少地方主体在和莫斯科打交道的时候，如果要求得不到满足，就动辄以独立相威胁，而普京在和地方交涉的时候，态度强硬，手段则软硬兼施，总是有办法使这些地方就范。各地的官员私下给他起了一个绰号为“帝国主义者”，这个绰号虽含有贬义，但这从一个侧面反映了普京的行政管理能力很强。

1998 年 5 月起，普京任总统办公厅第一副主任，仅仅过了两个月，1998 年 7 月 2 日，叶利钦签发命令：由普京取代科瓦廖夫，出任俄罗斯联邦安全局局长。该局是苏联解体后取代苏联国家安全委员会的安全机构，其地位非同一般。普京能够担任这一要职说明了叶利钦对他的充分信任。人们则说他这是重回克格勃。

叶利钦这样讲述了他任命普京为联邦安全局局长的过程：

> 科瓦廖夫是一位特工工作骨干，很不错的专家。他打心眼里不喜欢经商，是不喜欢经商的人。不管怎样，他就是不喜欢有钱的人。渐渐地，他所领导的部门转而寻找新的敌人，寻找对商业银行和某些商人进行诋毁的机会。
>
> ……
>
> 一年前，1998 年夏天，当我考虑由谁来代替科瓦廖夫的时候，一下子就想到了合适的人选：普京！
>
> 首先，他在特工机构里干了不少时间；其次，他有非常丰富的管理经验。但最主要的是此人既对民主和市场改革很有兴趣，又是一位坚定的爱国主义者，总是以国家利益为重。对于这一点，我了解他的时间越长，越是坚信不疑。
>
> 当普京接到任命书的时候，才知道这一决定。事情就是这样。
>
> 当时我在舒伊斯卡亚—丘帕度假。基里延科飞到那儿，为我带去了对普京的任命书，我毫不犹豫地签了字。1998 年 7 月

2 日，普京被任命为联邦安全局局长。

叶利钦对普京越来越赏识和重用。1999 年 3 月，普京还被任命出任叶利钦顾问的国家安全会议秘书。普京担任国安会秘书，是其政治生涯的一个重大进展。国安会是叶利钦的最主要的政治咨询机构。俄罗斯联邦安全委员会是总统下属机构，根据俄罗斯宪法、安全法和总统命令于 1992 年建立，其职能是：审议重要的国家和社会安全舞台，制定统一的国家安全政策。国安会由主席、秘书、常务委员和委员组成，俄罗斯总统是国安会的主席，政府总理、国家杜马主席和联邦委员会主席为常委，政府副总理和各有关部门的首长以及总统任命的其他公职人员可成为委员。国安会下设若干跨部门委员会，包括对外政策、跨地区、国际安全、边防安全和经济安全等委员会。这是一个超级的权力机构，职权远比内阁大，因为包括了两院的议长，其制定的政策都关乎国家安全的大事。国安会秘书由总统任命并且直属于总统，在国安会及相关的活动中拥有广泛的权力。普京担任这个要职，表明他已经由一个部门的负责人进入权力核心。就这样，普京以自己出色的工作能力受到了叶利钦的赏识和重视。

普京于 1999 年 8 月荣登俄罗斯总理的宝座。随着俄军在车臣战争中的节节胜利，普京的威望亦水涨船高。2000 年的俄罗斯总统大选，普京当选总统，正式入主克里姆林宫。叶利钦曾经屡次更换总理，目的是找到合适的总统候选人，切尔诺梅尔金、涅姆佐夫、基里延科、斯捷帕申、普里马科夫都被罢免。普京在最后一刻成为唯一的中意者。在普京坐上俄联邦总理位子之前，虽然他在自己的仕途中一路凯歌，但对于偌大的国家来说，还只是一个无名之辈。普京的升迁就像一个神话。就这样，普京伴随着新千年到来的钟声攀上了俄罗斯的权力巅峰。普京的冷面上也终于露出了一丝笑容。

4 重振“克格勃”声威

苏联解体和苏共的解散对克格勃是一个前所未有的沉重打击。政变失败之后，1991年8月23日和24日在克格勃总部所在地卢比扬卡广场都举行了大规模的群众集会，克格勃总部处于群众包围之中，一些人试图冲击这个总部。后来，捷尔任斯基纪念碑被搬走了，象征着克格勃遭受灭顶之灾。1991年12月3日，苏联最高苏维埃的联盟院通过了《改组安全机构》方案，克格勃正式分解成几个不同的独立情报机构，苏联国家安全委员会（克格勃）走进了历史。三周后，苏联本身也成为历史。

作为一个有悠久历史和庞大机构组织的情报机构，克格勃不可能在一个晚上就消失，它遭到了巨浪的冲击，不过并没有土崩瓦解，而是改革和重组了。1991年12月成立的国家安全局和中央情报局，取代了克格勃，分别执行对内和对外的情报工作任务。1992年1月，叶利钦签署命令，成立俄罗斯国家安全部取代中央情报局。俄罗斯国家安全部很多人员介入了议会反对叶利钦的斗争，使叶利钦十分恼火，在“炮打白宫”事件之后，他取消了俄罗斯国家安全部，代之以反间谍局，这个局后来又重组为俄罗斯联邦安全局。目前的俄罗斯情报系统由联邦安全局和对外情报局组成。从某种意义上来说这两个机构都是克格勃的继承者，不过已经脱胎换骨。

1998年7月25日，叶利钦总统签署命令，任命预备役中校普京为俄罗斯联邦安全局局长，取代了科瓦廖夫。

上任第一天，普京来到卢比扬卡的俄罗斯联邦安全局总部大楼，也就是过去的克格勃总部大楼，他的第一句话是：“我回家了。”联邦安全局局长的军衔通常是将军，而当时普京的军衔只是预备役中校。叶利钦打算提升普京为将军，但是普京没有接受。这样，一些安全局的人对普京的到来很不满。普京以务实的工作作风赢得了下属的尊敬。这些人很快发现普京是个精通业务、善于管理的领导。普京在安全局的一个大动作是精兵简政。安全局总部有6000名工作人员，普京大刀阔斧地精简为4000人，整整撤裁了三分之一。这些被精简的人员，或调往各地充实当地的安全机关，或改行。

普京执掌安全局之后，建立了自己的核心班子。他任命的安全局部门负责人包括：尼古拉·帕特鲁谢夫，普京过去在克格勃的同事，从总监督局调任经济安全局副局长；维克托·切克索夫，普京在列宁格勒大学的同学，也是和普京一同进入克格勃，曾任列宁格勒克格勃局长和克格勃第五总管理局资深官员，调任第一副局长；切克索夫的助手亚历山大·格里戈列夫调任经济安全局局长；谢尔盖·伊万诺夫，原克格勃第一总管理局资深情报军官，是普京最亲密的战友，是列宁格勒大学的同学，一同进克格勃，一同受训，后来又一同在德累斯顿工作，任情报分析和战略规划部主任。

从普京任总统以来，俄罗斯经济明显好转，普京总统开始着手强化情报部门。首先是提拔前克格勃成员到领导岗位。2000年俄罗斯七个州更换的领导人中有五人曾是前克格勃成员。而掌握实权的国防部长也由前克格勃特工伊万诺夫担任。甚至有人说，当前俄罗斯近一半重要职位由前克格勃成员占据。2003年普京政府加大了对俄罗斯情报部门的投入，又通过整合部门，提高情报部门的工作效率。针对一些人攻击苏联情报机构，普京坦言，他在苏联的情报机构工作多年，对这一切非常熟悉，现在让他昧着良心攻击情报机构，他办不到。普京说：“我们当然不能忘记1937年，但我们不能只记得1937年，不能说我们不需要像克格勃这样的国家安全机构。我17年的工作都与这个组织有联系，如果我说我不想为它辩护，那我就是一个虚伪的人。”他进一步解释说：“国家安全机构不应被视作一个反社会的机构，我们必须明白这样一个机构为何也会做出不利于人民的事。如果你回忆起那些与这些安全机构相联系的岁月，那你就应该记住那是一个怎样的社会。那是一个完全不同的国家，是那个国家产生了这样的安全机构。说这些话的人事实上不了解当时苏联的情况，如果斯大林不拿这些人开刀，这些人就会拿斯大林开刀，苏联也许早就不存在了。”普京的职业使他亲眼见证了冷战时期的一系列重大事件，但他多次表示，不会对俄罗斯的现行体制动太大的手术，他也严肃地承认俄罗斯的经济存在致命的缺陷。他同时发誓，努力把俄罗斯建成一个强大的国家。

为了重振克格勃的雄风，普京还全力支持打造俄版“007”。冷战时期，苏联克格勃和美国中央情报局在全球进行了激烈的情报战，双方互有胜负。可是，在好莱坞电影中，克格勃的秘密特工几乎都是清一色的反面角色。美国影片将克格勃描绘成冷酷、残忍、杀人如麻的恶魔形象。这一现象让当过克格勃的俄罗斯总统普京大为反感。冷战结束后，俄罗斯与美国的交流增多，美国影片源源流入俄罗斯。俄罗斯人在感受“007”邦德的英勇神武时，开始对克格勃产生了负面看法。据2003年俄罗斯媒体报道，现在许多俄罗斯青年已将加入国家情报局当作耻辱。曾在“克格勃”任职多年的俄罗斯总统普京看在眼里急在心里。当前，俄罗斯内有车臣非法武装的叛乱活动，外有以美国为首的西方国家的步步紧逼，因此，必须改变俄情报局在民众中的形象。于是在普京的支持下，俄罗斯拍摄了一部号称“俄罗斯版007”的间谍电影《倒计时》，普京希望该片能还俄情报组织一个“真实面目”，从而彻底替克格勃“平反”。

普京之所以重视拍摄间谍电影，是因为普京希望在这部电影中俄罗斯谍报人员不是“冷战电影中残酷的精神病人”，或者是“007”系列中的“妄自尊大的苏联特工”，而是一些“智勇双全、充满男性魅力”的男子汉，从而彻底为克格勃形象平反。

《倒计时》中的主角——“俄版007”是一名叫作斯莫林的俄联邦安全局上校。一次在车臣执行秘密任务的过程中，斯莫林不幸落入车臣叛匪手中。斯莫林在由英国女演员路易丝·朗姆伯德所扮演的西方记者的帮助下逃出敌人的巢穴。车臣恐怖分子对斯莫林的逃走非常愤怒，便与流亡海外的莫斯科寡头政治家和扮相类似本·拉登的阿拉伯恐怖分子达成一项交易，让他们为潜入一个马戏团劫持人质的行动提供经费。恐怖分子实施绑架计划时，斯莫林的女儿和她的同学正好在那个马戏团看表演。恐怖分子在马戏剧院绑架数百名观众及斯莫林的九岁女儿。在斯莫林的带领下，联邦安全局的特种部队对恐怖分子发起进攻，打死多名恐怖分子，没有一名人质伤亡，神勇无比的斯莫林和特种部队成功救出全部人质，将绑匪打死。这与解救莫斯科剧院和别斯兰学校人质的结局完全相反。故事并未到此结束，劫持人质行动惨败之后，恐怖组织酝酿了另一个更可怕的计划。接受恐怖分子头子指挥的几名阿拉伯顽匪逃出重围，他们造出一枚威力巨大的炸弹，企图在一架飞往罗马参加北约领导人会议的飞机上将它引爆。结果，和好莱坞电影“007”系列一样，经过殊死搏斗，斯莫林拆除了炸弹，并消灭了这帮恐怖分子，拯救了整个世界。此片高潮迭起，险象环生。

这部电影摆脱了好莱坞电影经常把俄罗斯人描述成反面角色的固定模式，同时也让俄罗斯人重新向往盛行于苏联时期的本国故事和英雄。电影《倒计时》的制作人爱勒纳·克万说：“这部电影的目标是提升俄罗斯的国家形象，向世人展示俄罗斯在同恐怖主义斗争中所做出的不懈努力，《倒计时》应当让所有俄罗斯人引以为豪。”观众把电影中的联邦安全局成员都看作是英雄。评论家认为这是普京总统所倡导的文化改革的一种迹象。普京已提出加强俄罗斯人的爱国精神。

普京之所以对一部影片如此重视，也是因为他自己对克格勃有深厚的情感。苏联时期，克格勃是受人尊敬的职业，每个能加入克格勃的苏联人都为能以这样的方式报效国家而自豪。前东德国家安全部外国情报局局长马库斯·沃尔夫在其回忆录《阴面人》中就记录了当时苏联人加入克格勃的狂热：“很多年轻人抱着对社会主义的崇高理想，投身于情报战线，他们默默无闻，将一生都献给了国家。”而且，克格勃的待遇优厚，凡加入克格勃的特工不仅生活舒适，而且仕途通常也较为顺畅。普京认为，克格勃确实在保证苏联的国家安全上起了强大的作用。

克格勃鼎盛时期，谍报网遍布世界各地，触角甚至伸入美国联邦调查局。20 世纪 50 年代末，知名克格勃女间谍梅利塔·诺伍德夫人，曾成功获取英国在原子武器方面的研究成果，并偷偷传递给苏联。从 1937 年起到她退休的 40 年时间里，诺伍德夫人向苏联情报机关提供了大量极有价值的英国核技术情报，被西方国家称为“最危险的间谍”。也正是克格勃的存在，使苏联能以极小的代价获得高价值资料。

苏联解体后，克格勃被分成了俄罗斯对外情报局和俄罗斯联邦安全局，由于俄罗斯经济恶化，许多优秀的克格勃成员离开情报局，克格勃元气大伤。早在 1999 年，普京还在担任总理时，参加联邦安全局庆祝活动时就曾说过：“安全部门不应该脱离国家之外，变成个大怪物。”暗指要重振克格勃雄风。普京从业克格勃多年，深知名誉士气对情报部门的作用。普京当上俄罗斯总统后不止一次表示自己很怀念在克格勃的岁月。坚韧顽强、舍身忘我的克格勃精神使普京不能忘怀。正因为这些，普京才想通过拍摄一部类似“007”的影片，重塑俄罗斯情报部门形象。

5 受人拥戴的五大理由

普京是一个奇特的现象。他从圣彼得堡来到莫斯科只有三年，就成为俄罗斯的新领袖。俄罗斯国内对他充满期望，民众对他的好评超过叶利钦，2000 年 1 月 13 日普京在母校宣布正式参选后，每次民意调查得到的支持率都超过 50%，比第二位的久加诺夫高二十几个百分点，其他候选人都成了点缀。

叶利钦的赏识，俄罗斯民众的拥戴，使普京无人不晓。回顾普京春风得意的仕途，人们不禁会问：普京缘何受青睐？

理由一：非凡的工作能力

普京是富有才干与专业水准的领导人，在圣彼得堡时他就显示了优秀的工作能力。由于他的努力，圣彼得堡吸引到可口可乐与 PSGT 等大型公司前来投资。直到现在，圣彼得堡一些有成效的合资企业都是普京任副市长期间直接参与建立的。他懂得如何与外国投资者打交道，是一位市场专家，也善于组织与笼络人才。普京 1997 年 3 月刚刚来到克里姆林宫时，在领导办公室监察处工作，是尤马舍夫的首席助理，负责地区问题。有时他会代理暂时离开的一把手的工作，那个时候，普京与叶利钦的接触就会多一些。叶利钦说，“就清楚程度来说，普京的报告可以做范本”。而且，叶利钦说：与其他助理不同的是，“普京尽量避免同我‘交往’，不愿意陈述自己的构想，发表自己对世界和俄罗斯的看法，他仿佛故意剔除了我们联系中所有的私人因素。我的一些很简单的问题有时也会让人措手不及，让人红着脸、痛苦不堪地寻找答案。普京却能自然而平静地回答以至于产生了这样一种感觉：对于我来讲，还是年轻人的普京已经做好准备去迎接生活中可能遇到的一切，而且，对于任何挑战他都能应付自如。”叶利钦说，普京的这种特点，一开始甚至让他有些警惕，“可后来我明白了——我们需要的就是这种性格”。

当记者问道：“您对自己当总理，而后当总统在功劳上各打多少分?”普京则回答：“这是整个班子的工作成效。”瞧，多么谦逊!

理由二：带来安全感和尊严

胸有成竹的特点使普京享有聪明而有远见的领导者的好名声；严于律己使他练就了一身组织者应具备的技能；多年养成的合理地自我约束的习惯使他养成了一种特有的自制力；尽管就其禀性来说，他更喜欢一些剧烈的富有激情的获得。普京还是具有高深莫测的坚强的心理特征与能瞬间做出反应的人物。普京当选总理后的行为方式和讲话风格，赋予了俄罗斯人民以希望和信心，让人们感受到了安宁。普京让俄罗斯人民感受到了由国家所保障的个人安全，人们相信他，相信他能保卫他们。这成了普京受欢迎程度迅速上升的主要原因。

普京有一种独特的魅力，甚至是“某种魔力”，这种“魔力”随着时间的流逝表现出来。从 1999 年秋季开始，赋予国家以希望和安全感的不是切尔诺梅尔金，不是斯捷帕申，不是基里延科，不是普里马科夫，也不是叶利钦。很久以来，饱受政府危机之苦的俄罗斯从未有过如此积极的情绪，而这种情绪就是被一位刚刚当政的年轻政治家激发出来的。甚至有占卜师预言：普京将走向与克里姆林宫总路线相对立的方向，完全可能成为从根本上改变俄罗斯人民生活的集权统治者。

不管怎样，普京已经非常清楚地向人们展示了自己作为一个强有力人物的自身素质。普京没有超凡性，他讲话声音不大，但清楚、明了。这位领袖体现着俄罗斯人的果断和尊严，百姓喜欢这一点。他受欢迎的程度惊人。车臣战争则把普京变成了民族英雄。普京的声望不断提高。普京使俄罗斯摆脱了恐惧，俄罗斯也对他报以深深的感激。

理由三：坚韧的性格和极强的耐力

普京在柔道赛场和克格勃中练就了坚韧的性格和极强的耐力。普京的外表给人一种谦恭和泰然自若的感觉，但这仅仅是一副假面孔，在假面孔的背后却深深隐藏着一种经受过巨大的困难和失败，但仍习惯于严格控制自己的热情敏感的气质。

叶利钦最后选择普京看重的是普京比其他人办事更加果断、干练强硬的特点。普京在 1998 年担任联邦安全局局长时，就受到叶利钦的赏识，叶利钦很清楚，普京是在局势十分复杂的时候走马上任的。当时的局势就像一个火药桶。而在这种局势下，普京始终有一个非常坚定的政治立场。普京没有使自己在政治游戏中被利用。叶利钦说："在这一点上，他的道德准则是如此坚不可摧，甚至令我也感到惊诧——在当时那种错综复杂的政治形势中，即便是更有经验的人也不容易理出头绪，可普京却一直坚守着一个明晰的标准：某个行为是否合乎道德，某个人是否正直。他随时准备同自己所担任的高位告别，但从不做违背自己良心的事。"

叶利钦在任命普京为总理时受到各界的强大压力，但是他坚持说："我凭直觉感受到了普京的威力和弥漫在社会中的气氛，也看到了我这着棋的高瞻远瞩之处。社会已经做好了接受新人的准备，而且此人相当强硬、刚毅。虽然上层领导人反映强烈，但老百姓应该会信任普京。"

在叶利钦任命普京为总理时，丘拜斯曾找到普京，警告说，公众会给普京以沉重的打击。丘拜斯的主要论据是：普京从未露过面，人们都不知道他是何人。他最好自己拒绝这项任命，这比晚些时候在周围环境的压力下拒绝好。

普京回答说："对不起，这可是总统的命令。我应该执行它。如果您在我的位子上也会这么做的。"普京近乎冷酷的冷静，让外界对他印象深刻。普京最终以他坚定、强硬的性格在俄罗斯民众心中树立起说一不二的领导人形象。

理由四：含而不露，忠诚可靠

普京很谨慎，因为，他根据自己的个人经验深知冒险的代价。他不喜欢突出自己，这是在长期执行复杂而微妙的任务过程中养成的习惯。

早在克格勃工作时期，普京就得到了“从不让别人注意自己”、“不露锋芒”、“谦逊内敛”的评价。由于长期从事谍报工作，普京很善于掩饰自己，给人的印象充满了神秘感。

在索布恰克身边工作时，普京也从来不居功自傲，更不喧宾夺主。普京的这一特点，使索布恰克对他信任有加。在圣彼得堡时，索布恰克十分信任普京，他到国外出差或者旅行时，就由普京代理其职。而普京非常注意摆正自己的位置，努力扮演“辅助角色”，从不与索布恰克抢风头。

1998年秋天索布恰克被指控涉嫌腐败时，因心脏病发作住进了医院，在普京的帮助下，索布恰克平安到达巴黎。在得知普京的举动之后，叶利钦说自己对普京“充满了深深的尊敬和感激之情”。

叶利钦说：“普京比谁都清楚发生在自己政治上的老师和以前的领导身上的不公。他立即飞往圣彼得堡会见了医疗小组，其中包括现在的卫生部长舍甫琴科，表示要把病中的索布恰克送往国外。由于过节，城市气氛比较平静。普京利用自己在圣彼得堡的关系同一家私人航空公司谈妥，用飞机把索布恰克送到了芬兰。索布恰克又从那里转到了巴黎……”

“当时索布恰克被监视着，而且禁止其出城的命令仍在执行中。但监控并不很严，因为他们在想，在我们这个实用主义的社会里，未必会有人去帮助一个几乎已经是‘克列斯特’（俄罗斯圣彼得堡市一所监狱的所在地）的犯人的人了。

“可是，出现了这样一个人。

“当我得知普京把索布恰克送出国以后，我的内心活动非常复杂。他是在拿自己的前途去冒险，可从另一方面来说，普京这一举动又激起了我发自内心深处的尊敬之情。”

在确定必须解除普里马科夫的职务之后，叶利钦说他常常痛苦地思索这样的问题：谁将会支持我？谁真正站在我的身后？突然叶利钦醒悟过来了——这个人就是普京。普京以他的才能和忠诚赢得了叶利钦的赏识和器重。普京忠实地履行自己的指责，全力维护叶利钦的形象和地位。为了自己及家族的安全，叶利钦看中了普京的忠诚，而愿意将大权交给这位“钦定”的接班人。

理由五：强烈的责任感

回顾普京担任俄罗斯总统的历史，普京给人的总体感觉是：普京的大权是别人强加给他的。他并没有积极主动地争取当总统，并不渴望拥有独裁者的大权。专门研究政客心理的莫斯科心理学家谢尔盖·科瓦廖夫说：“这一类人受到责任感的驱使。”

2000 年 7 月 14 日，普京在回答俄罗斯《消息报》记者关于“现在您感觉自己是怎样的一个人？例如，感到像是一个对几乎近 1.5 亿人‘负责’的‘国父’”的提问时，普京说：“我感觉我是自己孩子的父亲，我有两个女儿。我在克里姆林宫感觉自己是一位官职很高的公职人员，国家目前和今后长时期的一些关键性问题取决于这个公职人员的决定。我感到对这些决定负有重大的责任感，我非常想完成我在做出参加竞选总统的决定时对自己提出的任务。”2000 年 12 月 24 日，在回答俄罗斯《独立报》记者“您想让自己在俄罗斯公民眼里有什么样的形象”的提问时，普京回答说：“任何时候也没有想过此事。”他说：“我希望公民们把我当作一个受雇用的人。雇用我工作是为了在一定的期限里完成一定的职责，把我看成是一个签了四年劳动合同的人。劳动合同是按照今年 3 月所进行的选举结果签订的。按照我们的宪法，这一合同有效期为四年。”普京说，俄罗斯人民将他选为国家总统，对他寄予了很大信任。“当我决定竞选这一最高职位时，我自己做出了决定。我的出发点是，我知道我能够使国家生活向好的方向转变、能够使俄罗斯成为更为稳定、更为强大的国家、更受世界尊重的国家。”

善于做出最困难的决定并且能够承担一切责任，使普京从一开始就与众不同。正是这种强烈的责任感，使普京战无不胜！

叶利钦也看到了普京的这一特点，“此人既对民主和市场改革很有兴趣，又是一位坚定的爱国主义者，总是以国家利益为重。对于这一点，我了解他时间越长，越是坚定不移。”

第二章

从名不见经传到『新普京时代』

1 叶利钦辞职轰动世界

1999年12月31日，莫斯科时间下午1时，正当世界各地都在欢庆千禧年到来的时刻，叶利钦通过俄罗斯国家电视台向全体俄罗斯人和世界发表了不同寻常的讲话："今天，是即将过去的一个世纪的最后一天，我决定在这一天辞职。"表情凝重的叶利钦继续说道："新世纪的俄罗斯需要新的国家领导人，现在，我已经签署了一个文件，在90天以后即3月27日举行大选之前，由普京来执行代总统职务。"

叶利钦提前辞职，无疑是这个世纪交替时刻中最轰动的政治新闻。这一新闻富有戏剧性，让人惊讶不已。叶利钦的刻意安排，使名不见经传的普京成为俄罗斯及世界瞩目的焦点人物。

早在1999年8月9日，俄罗斯总统叶利钦就宣布解散成立还不足三个月的斯捷帕申政府，任命弗拉基米尔·弗拉季米罗维奇·普京为政府代总理，并提名他为政府总理候选人。同日，叶利钦还宣布1999年12月19日为俄国家杜马（议会下院）选举日，推荐普京为2000年俄总统选举候选人。

叶利钦在8月9日的讲话中说："我决定说出那个在我看来能够依靠最为广泛的政治力量团结社会、确保俄罗斯的改革得以继续的人。他能够把所有在新的21世纪面临振兴伟大的俄罗斯这一任务的人团结在自己的周围。他就是安全会议秘书、联邦安全局局长弗拉基米尔·弗拉季米罗维奇·普京。""今天我做出了解散斯捷帕申政府的决定。依据宪法，我请求国家杜马批准弗拉基米尔·弗拉季米罗维奇·普京为俄罗斯联邦政府总理。我相信，作为总理，普京将使国家深受其益，俄罗斯人民将高度评价普京的性格品质以及工作作风。我对此深信不疑。我希望，所有在2000年7月将到选举站做出自己选择的俄罗斯人同样坚信这一点。我想，普京有充足的时间来表现自己。我非常了解弗拉基米尔·弗拉季米罗维奇，很早便开始仔细地观察他，当时他还是圣彼得堡市第一副市长。最近一些年我们一直都肩并肩地工作。”

叶利钦说：“我相信，普京在这一高级职位上能够为国家带来很大的利益，俄罗斯人也可以对普京的工作与为人做出评价。我相信他，我也希望2000年7月会去投票站并将做出自己的选择，所有人都能对他充满信心。我认为，他有足够的时间表现自己。

“我非常了解弗拉基米尔·弗拉季米罗维奇，当他任圣彼得堡市第一副市长时，我就已在认真地观察他。几年来我们肩并肩地工作。在各个职位上，他都工作得大胆而又坚定，取得了良好的结果。弗拉基米尔·弗拉季米罗维奇，拥有丰富的国务工作经验。

“政府总理，这是个沉重的担子，是一项重大的考验。我相信他能够担起，俄罗斯人会给予他支持。”

8月16日，俄国家杜马一致通过普京任俄罗斯总理的议案。这样，普京就成为自1998年3月下旬至1999年8月上旬还不到一年半的时间里的第五位俄罗斯总理。

叶利钦在其自传《午夜日记》中详细讲述了任命普京为总理的过程。1999年8月，总统叶利钦失去了对政府总理斯捷帕申的信任，即将解除他的职务。同时，叶氏在暗中物色新的总理人选。他想到了普京。普京个性沉稳坚定，很受叶利钦的器重。叶氏认为，普京是一个值得信赖的人，他能够把整个国家托付给他。

> 我把秘书找来，通知他安排明天的三个会见，具体是谁，到时再说。随后，我吩咐沃洛申（总统办公厅主任）去准备一些文件。
>
> 5日一大早，我便同普京会面。
>
> 我解释了目前的形势：一场激烈的斗争就在眼前，首先是大选前的较量。不仅如此，要想有效控制住各州的局势，并非易事。北高加索的局势尤其令人担忧。莫斯科也可能发生政治

挑衅行为。而且，现在的政府班子有没有能力控制住通货膨胀，还是个问题。因此，一切都取决于新总理在最近几个月、甚至几周内的所作所为。国家的未来也取决于他。

“我做出决定了，弗拉基米尔·弗拉季米罗维奇，我决定提议您担任总理职务。”

普京两眼炯炯地看着我，沉默不语。

“还没有完，”我继续说道，“您大概能够想象，我为什么会解除您的前任的职务？我知道，斯捷帕申是您的朋友，也是彼得堡人，但现在得考虑别的方面。您的立场应该极端分明、坚定不移，只有这样，您才能在公众中赢得威信，并在议会选举中获胜。”

普京凝神沉思起来。

“我不喜欢选举前的钩心斗角，”普京承认，“非常不喜欢，我不善于搞这一套，也不喜欢。”

“不管您喜欢不喜欢，都得要做。重要的是您要有坚强的意志力、坚定的信念和坚决的行动。一切都取决于此，政治威信说来就来，说走就走，您做好准备了吗？”

“您任命我做什么工作，我就做什么工作。”普京简短地回答。

就像一位真正的军人……

叶利钦认为，普京的两只眼睛非常有趣。“看起来，它们告诉我的比从普京嘴里说出来的还要多。”

普京担任总理后，凭借个人出色的执政能力和叶利钦的鼎力支持，大刀阔斧地干了起来。除了继续经济改革，稳定国内经济局势外，他极富魄力地用武力解决了车臣问题，巩固了国家和民族的统一。叶利钦对普京的政治魄力和累累政绩非常满意。于是在 1999 年 12 月，叶利钦下决心要辞职了。

叶利钦心里暗暗做出了辞职的决定，但他并不想让更多的人知晓。他先后和普京谈了两次话，正式决定把总统的担子交给他。对于成为代总统，普京是这样说的：“叶利钦选中我并未和我打招呼，叶利钦当初为何选择我接班，对于我而言至今仍是个谜。那时在俄罗斯各个阶层都涌现出代表不同集团利益的‘社会精英’。我以为，作为俄罗斯第一任总统，叶利钦当初之所以选中我，也许是看中我并不从属于任何一个寡头集团，至少我可以保证他离任后的人身自由和某种宁静的生活空间吧。我再重申一遍：他的选择完全出乎我本人的意料，在此之前他从未向我打过任何招呼。”

普京说他知道叶利钦准备提前辞职，是在 12 月 14 日，叶利钦请普京去他的办公室，说他已经决定辞职。

叶利钦说，“最近我对国内局势考虑许久，我决定提前辞职”。

普京回忆着当时的情景：“这样，我应该成为代总统。他看着我等待我的答复。”

普京对叶利钦的决定感到非常突然。叶利钦平静地对普京说，“我已做出最后的决定。”

从副市长到代总统，仅仅五年的时间，实在太快了。普京本人似乎也不能完全适应。“他（叶利钦）在任命两周前告诉我他的辞职计划，我说我还不敢肯定是否能胜任（总统）职务，”普京回忆道，“但叶利钦接着我的话说，‘我刚到克里姆林宫时，也有同样的感觉’。”

叶利钦与普京这次谈话时间不算短。

叶利钦对普京说：“我也曾希望以完全不同的方式度过自己的一生。我并不知道结果会是这样。但是，必须……必须做出选择。现在您也应当做出选择。”

“生活就是这样。我当年并没有追求这个，但由于各种原因应该为总统职位而斗争。我想，您的命运也是这样，应该做出决定。我们的国家是巨大的，您会成功的。”

“您知道，鲍里斯·尼古拉耶维奇，这副担子太重了。”

“普京，你会成功。”

普京没有正面回答，他说：“俄罗斯非常需要您，鲍里斯·尼古拉耶维奇。您对我的帮助很大。想想那次在伊斯坦布尔的高级会晤，如果是我去，那会是一种情况；而您去了，则完全是另一种情况。我们是在和您一起工作，这一点非常重要。也许，到任期届满时再离开更好些?”

叶利钦沉思良久，最后对普京说：“您现在就答复我。”

“这是一件大事，请给我时间考虑。”普京说。

最后普京说：“我同意，鲍里斯·尼古拉耶维奇。”那天，叶利钦没有告诉普京他的辞职日期。

普京回忆说：“总的来说，这是一次令人心酸的谈话。当叶利钦通知我他的决定时，我确实完全没有做好准备。”

普京说：“12月31日是一个极特殊的日子。叶利钦表现得十分坚强、沉稳，但他和我们所有人的内心深处都很沉重。近十年的时间他一直处在权力的巅峰，现在突然自愿提前辞职。我清楚地记得父亲退休时的情景：他作为普通工人在工厂干了一辈子，他的身体允许他一直工作到70岁。让他突然脱离熟悉的环境和生活节奏，他难以接受。对于叶利钦来说，这不是一般人的退休。他告诉我，他感到十分惆怅。他用忧郁的目光环视了一遍克里姆林宫院墙、熟悉的窗户和建筑，对我深情地说了一句最简单的话：‘你要珍爱俄罗斯啊!’”

叶利钦主动辞职在俄罗斯历史上开创了一个新的政权交接先例。他说：“我决定在即将过去的世纪的最后一天辞去总统职务。我多次听人讲，叶利钦将采取一切措施维持权力，他不会把权力交给任何人。这纯属无稽之谈。我一直在说，我不会背离宪法一步，国家杜马选举应按期举行，我也曾想过总统选举在2000年6月按期举行。这对俄罗斯来说非常重要，我们开创一个文明和自愿交接政权的先例，一个总统把权力交给新选出的总统。”

叶利钦声明：“我辞职不是由于健康原因。我现在辞职是因为我已经做了所能做的一切。我是出于对所有问题的综合考虑而辞职的。接替我的人是新一代人，是能够做得更多、更好的一代人。”叶利钦在解释自己的决定时说：“我决定提前辞职，是因为我懂了，我必须这样做。俄罗斯应该由有智慧、精力充沛的新政治家带入新世纪，而我已经执政多年，应该引退。当看到人们怀着极大的希望和信念在杜马选举中投新一代政治家的票时，我明白了，我已完成一生中主要的事业，现在俄罗斯永远不会回到过去，将永远前进，我不应妨碍这一自然的历史进程。”叶利钦说，“俄罗斯已有一个强有力的人物，有了一个准备做总统的强人。今天几乎所有的俄罗斯人都把自己的希望寄托在他的身上。在这种情况下，我为什么还要执政半年？为什么要妨碍他，还要等半年呢？不，这不符我意，这不是我的性格。”

有报道说，叶利钦作辞职讲话时哭了。看过叶利钦的电视讲话的人也清楚地记得，他曾用左手擦拭过眼睛。当天给叶利钦录像的工作人员后来透露，叶利钦录像时中断了几次，他哭了。工作人员也都哭了。但叶利钦的女儿塔季扬娜只承认自己哭了，她说：“爸爸没有哭。他表现得十分坚强。”“爸爸没有哭。他录像时所有在场人的眼睛里都噙着泪水，我也一样……”

叶利钦在讲话中请俄罗斯人原谅他，因为在他的任期中人们的希望没有全部实现。他说：“今天对我是一个不寻常的日子，我想稍微多谈一点与平时不同的心里话。我想请求你们原谅，我们许多理想都没有实现。我们曾认为容易的事，做起来却十分艰难。请原谅我，那些认为我们会轻易地从灰色、停滞、极权的过去一下子跃入光明、富裕、文明的未来的人的希望没有实现。”

2　接班人几经更换

1996 年秋，当叶利钦准备接受心脏搭桥手术时，他就开始考虑自己的接班人问题了。1997 年春，叶利钦将这一问题正式提上了议事日程。叶利钦认为，当时代的巨轮驶进 20 世纪 90 年代，他已经别无选择：“我当时必须找到能够解决最棘手问题的人，而不是顾及这会对他们的政治前途有什么影响。应当让那些能够舍生取义、名留青史的人来掌权。”于是，他发现了普京。

叶利钦透露，他原来考虑的接班人并不是普京。

起初，他曾考虑安排安那托利·丘拜斯和鲍里斯·涅姆佐夫为自己的接班人。他任命丘拜斯和涅姆佐夫为政府第一副总理，并认为这两个年轻人是最佳搭档。但后来他发现，这两个人都不具备出任总统的条件，而且由于政见不合，丘、涅两人无法共事。切尔诺梅尔金政府垮台后，这两人都离开了克里姆林宫。1998 年 3 月，叶利钦又选择了基里延科，但基里延科也辜负了叶利钦的期望，在 8 月的金融危机中败下阵来。后来，叶利钦又开始在戴肩章的将军中寻找自己的希望，但博尔久扎、斯捷帕申的表现都不合他的胃口。

1999 年年初，叶利钦已感到国内政局动荡不可避免。他开始起用亲信来巩固阵地。正是在这种情况下，叶利钦开始注意其貌不扬，但办事干练、头脑机灵的普京，据说，叶利钦仔细研究了普京的个人档案，认为普京可委以重任。于是叶利钦下定决心，指定强硬的，也是最稳定、最可靠，最忠诚的普京做自己的接班人。叶利钦坚持认为，他挑选普京是一个正确的决定，“我已对他（普京）研究相当长的时间了，不仅仅是凭履历表对他进行研究”。叶利钦认为，普京不但可以成为自己权力的接班人，还能成为自己改革事业的继承人。

“他在索布恰克的工作非常出色。当他迁到莫斯科时，我对他更加关注。我在这上面花了相当多的时间和心思。我发现，这个人不仅聪明机智，学识渊博，而且非常沉着冷静，品行端正。”叶利钦说。

1999年7月，叶利钦在回答《消息报》记者提问时首次对外披露，他已经找到了接班人，但他现在不能说出这个人的名字。一时间，各方人士纷纷猜测这个接班人是谁。人们想到了许多人的名字，但谁也没有想到普京。普京此时已集两个重要职务于一身，初露锋芒。但他处事低调，没有成为公众舆论的焦点。当叶利钦任命普京为总理后，俄罗斯人才恍然大悟，原来普京是叶利钦所说的“接班人”！

叶利钦这位用人极为苛刻的总统，几年来不断更换总理，最终选择了资历不深的普京。叶利钦任命普京为总理的当天，就曾公开宣布他是“当之无愧的俄罗斯下届总统候选人”。叶利钦在其回忆录《总统马拉松》一书中专门辟出一章的篇幅，详细描述了他冲破阻力，临危授权，委任普京为总理，为向后者提前交出总统大权铺平道路的经过。叶利钦说，越接触就越信任普京。“普京是1997年3月来克里姆林宫工作的。他起初任总统总务局副局长，后任总统办公厅主任尤马舍夫的第一副手，主管地方工作。尤马舍夫不在时，由普京代行主任职务，这样我同他见面的机会就更多了。他起草的报告条理清晰，堪称典范。普京很内向，从不轻易发表自己的观点及其对国际和俄罗斯局势的看法。这样，他就像是特意将任何个人成分都从我们的接触中剔除了似的。但正因为如此，我才很乐意同他交谈。使我大为惊讶的是，普京对我们所谈的问题有着闪电般的反应。有时我的问题，即使是很简单的问题也会使一些人脸红、发窘，为寻词摘句而煞费苦心。而普京对任何问题都答得从容不迫、十分自然。按我的标准，这个年轻人像是对生活中的一切都有充分准备。”

叶利钦一眼就看出普京是一个精力充沛、智慧果敢的人，应当得到提拔重用。“此人应当升任新的职位，尽管他离当时我那个位置还有几步路要走。”

那么，他为何在大选前半年突然宣布辞职呢？叶利钦的解释是：“应当给普京些时间，让人们习惯他，开始理解他，对他进行评价。在此之前，人们对他知之甚少。而他应当审时度势，充分利用这段时间大胆表现自己。我和他谈过两次。一开始他没有采纳我的提议，他说：‘不，这不适合我。’我对他说您再想想。第一次谈话就到此为止了。过了两周我又邀请他来。这一次他同意了。”

叶利钦对12月29日告诉普京他决定12月31日离任的那次见面记忆深刻：“在1999年早上9点。克里姆林宫。他走进了办公室。我当时立刻感觉到，他已经变成了另外一个人，他显得更加坚定、果断。我很满意。我喜欢他这种精神状态。”

对于挑选弗拉基米尔·普京为总统继承人一事，叶利钦承认没有同周围的人商量，这完全是他个人的决定，“我谁也没说，事先绝对没跟任何人说。”叶利钦在20个候选人中经过深思熟虑最后挑选了普京，事实证明他没有看错人。叶利钦曾对阿拉法特说：“普京将赢得大选成为俄罗斯总统。”1999年12月31日，叶利钦将“正处于其数百年来最困难时期的俄罗斯”交给了普京，同时嘱咐他要“照顾好俄罗斯”。

3 最后的高招

曾有媒体评论说，叶利钦唯一做得最正确的事就是突然辞职，使政敌无暇准备，使普京以代总统的优势走上前台，参加竞选。对于叶利钦一生碌碌无为的评论虽不免有夸张之处，但这位爱换总理和接班人的领导人在关键时候还是非常清醒，选对了普京，也为其常被诟病和非议的一生增加了好评。

关于叶利钦辞职的原因一直是扑朔迷离，众说纷纭。有舆论认为，叶利钦辞职是出于健康状况的原因。多年来，叶利钦疾病缠身，健康状况的确不佳。他的健康状况是西方媒体关注的热门话题，也是反对派攻击他的重要话柄。反对派多次以他的健康状况无法正常履行总统职务为由，逼他下野，但叶利钦的健康状况也绝非外界猜测的那样糟糕，真正到了不能再担任总统的地步。这么多年都挺过来了，难道还不能再熬半年？可见，叶利钦声明他提前辞职不是由于健康原因的说法是可信的，至少这不是他提前辞职的主要原因。

也有舆论认为，改革的失误是叶利钦提前辞职的主要原因。叶利钦时期，俄罗斯国力日渐衰落，经济改革没有取得预期的成果，人民生活水平不断下降，政局动荡。内有车臣非法武装挑起事端，外有美国等西方大国步步紧逼，挤压俄罗斯。内外交困，使叶利钦难于应付，提前下台。

这种认识低估了叶利钦的政治抱负和他的强人性格。从叶利钦于 1985 年底自斯维尔德若夫斯克州进入莫斯科，到 1991 年入主克里姆林宫这段期间，在俄罗斯人民心中叶利钦是一个具有强烈民主思想的改革家，俄罗斯人民把改革的希望寄托在他的身上，这样，才有叶利钦在1990年俄罗斯首次全民选举的胜利。但是当他把俄罗斯经济搞得一团糟以后，他在俄罗斯人民心目中的形象一落千丈。的确，俄罗斯多年的改革，没有找到一条适合本国国情的发展道路，改革的失误造成国内经济状况和社会秩序持续恶化，国际地位的下降造成了强烈的民族屈辱感。叶利钦也不得不承认人民的忍耐已到了极限，他也因此受到各方的责难，要他下台的呼声不绝，但叶利钦始终没有交出政权。经过多年的停滞，最终俄罗斯的经济形势已略有好转，叶利钦又何必在此时此刻撂挑子呢？叶利钦虽然在辞职声明中请求俄罗斯人民原谅他，因为他们这些年的希望没有实现，但这绝不是叶利钦提前辞职的主要原因。

俄罗斯现在已经是民主国家，总统任满下台，就应该由选民决定谁将出任新总统，而不是由在任总统安排。叶利钦和普京之间私相授受的味道是很浓的。那么，经常被反对派和西方传媒指责为“权欲熏心”“不择手段掌权”的叶利钦任期尚未满，缘何反倒要提前辞职？通过分析可以看到叶利钦此举是绝好的一步政治高棋。经常是醉醺醺的叶利钦这次却做出了最清醒的决定。

第一，放心辞职，后继有人。

早在1996年，叶利钦就开始考虑接班人的问题，他曾经考虑过让切尔诺梅尔金、基里延科、斯捷帕申等人接班，但都没有成功，最后才选中了普京。普京虽然过去名不见经传，但经过叶利钦的长期考察，发现普京具有忠诚、可靠、朴实、坚决的品质。普京自1999年8月出任政府总理以来，出手不凡，通过同各派政治势力的接触、磋商，很快就赢得了多数政治力量的认可和支持。在车臣问题上表现得坚决果断，吸取了1994年车臣战事失利的教训，稳扎稳打，节节胜利，赢得了绝大多数选民的好感。在经济工作方面的务实做法，使经济形势趋于好转。在对外政策上，不屈服于西方的压力，代表了俄罗斯的大国形象，荡涤了俄罗斯老百姓的民族屈辱感，而且年富力强，刚柔相济，很得民心。这一切表明，用叶利钦的话来说，“俄罗斯已有一个强有力的人物，有了一个准备做总统的强人”。“俄罗斯必须由新的领导人带领跨入新千年，他们必须是新面孔，有新思维，而且精力充沛。”

第二，叶利钦世纪之交辞职的一个重要意图是想左右当年的国家杜马选举和第二年的总统选举，这是他出于政治斗争的需要而精心做出的抉择。

叶利钦为什么不等到 2000 年 6 月任满时才下台？其实，叶利钦遽然提前引退，可以说是不失时机。叶利钦已等不到六个月，他要抓紧时机，要在最有利的时刻举行总统选举，让他的接班人普京顺利地登上总统宝座。

叶利钦在俄罗斯连续执政八年，并且牢牢掌握着国家大权，击败了一个又一个对手，他是不受任何压力威胁的，他的辞职完全是为了给普京创造一个竞选总统的机遇。叶利钦的辞职，把总统选举时间提前了三个月，令反对派措手不及，仓促上阵。因为在即将举行的总统选举中，普京将面对强有力的竞争对手，其中包括久加诺夫、普里马科夫、卢日科夫等人，如果按期到今年 6 月举行总统选举，普里马科夫最有可能对普京提出挑战。普里马科夫虽在杜马选举中失利，但还有时间重振旗鼓，如果在车臣战事和经济问题上出现闪失，普里马科夫就有可能压倒普京。

为了保证普京顺利接班，叶利钦决定提前辞去总统职务，任命普京为代总统，并同时宣布提前举行总统选举，就可以使普京的竞争对手措手不及，很难在短短的两个多月的时间里做好竞选工作的准备。而普京则可以在代总统的职位上利用他的竞争对手所没有的有利条件，在自己的名望最佳的时刻取胜。这就是叶利钦在“对所有问题的综合考虑”后，果断下出的一着“绝好的政治高棋”。

叶利钦是深谋远虑的政治家。他不仅要在当政时驾驭着国家的方向，而且还要让俄罗斯在他下台后，也能按照他制定的建国方针发展。他不愿看到政权落入以俄共为代表的反对派手中，更不能容忍俄罗斯的十年改革发生逆转。可以说，叶利钦做出辞职和任命普京为代总统的重大决策，正是出于这个战略考虑。而目前是最佳时机。同时，叶利钦也以此表明，自己并不是一个“权欲熏心”的人，是真正的“民主派”的总统！

第三，叶利钦此举也是为了保障自己的安全。

俄罗斯第二届国家杜马曾经就 1991 年叶利钦签署导致苏联解

体的《别洛韦日协议》和1993年下令炮打白宫，用武力解散人代会和最高苏维埃提出过指控，并启动了弹劾程序，虽然弹劾最终没有通过，有惊无险，但叶利钦仍然心有余悸。如果左翼力量当选总统，很难保障叶利钦辞职后的安全。叶利钦提前让出总统职位的一项条件就是离职后的自身安全要得到保障。普京在担任代总统后立即签署了《关于对停止行使全权的俄联邦总统及其家人提供法律保障的命令》，给叶利钦家族系好“安全带”。这意味着叶利钦及其家人今后将不被追究法律责任，并保障叶利钦退休后福利的权利，消除了总统“家族”的后顾之忧。叶利钦可以安心颐养天年了。

这一安排表明叶利钦担心他下野后会像韩国或印度尼西亚那样面对秋后算账的状况。叶利钦及其家族在这十年招惹了不少是非，外传他的家族有严重的经济问题，还卷入了俄罗斯“洗钱风波”，瑞士当局通缉克里姆林宫总统事务管理局局长博罗金，更是一个危险的信号。如果不能指定一个可靠的接班人，一旦清查起来，对叶利钦将是可怕的梦魇。所以，叶利钦如果能找到一个可靠的人选，顺顺当当地把权力移交，不当跨世纪总统也没有什么可惋惜的。

叶利钦提前辞职，可谓是一石多鸟。

不管叶利钦是出于什么考虑提前下了台，普京最终在大选中胜利了，而且赢得干净利落。这样的竞选结果在俄罗斯历史上是极少见的。不仅如此，联想到普京在不到八个月的时间里平步青云，从总理位置跃上总统的位置，这不能不说是一种政治上的奇迹。

4 普京其人：为政不在多言

2000年3月26日，普京当选俄罗斯联邦总统。那一刻，“冷面”总统乐在心头，他已经赢得了整个俄罗斯。《莫斯科时报》对此评论说，自苏联解体后，俄罗斯的权力和“俄罗斯的未来再次完全掌握在一个人手里，那个人就是普京”。

当叶利钦在1999年8月中旬宣布解散刚组阁两个月的斯捷帕申政府、任命名不见经传的普京为代总理时，公众舆论普遍认为这位47岁的联邦安全总局局长，如同他的几位前任一样，可能只是俄罗斯政治星座上一闪即逝的流星。当时，普京在社会上的知名度并不高。在1999年8月9日叶利钦的电视讲话播出后，俄罗斯《独立报》的记者就普京被任命为总理对莫斯科市民进行了采访。有群众对叶利钦的做法有强烈的逆反心理：“我不知道普京。为什么我们要选叶利钦推荐的人？我觉得，人们是不会选他的。”也有群众表现了对政坛更迭的漠然：“我对叶利钦任命谁为继承人无所谓。普京是谁，我不知道。我对我们国家的事根本就搞不清楚。今天称这人为继承人，明天称那人为继承人。对我来说没有区别，工资不会因此增加。”俄罗斯百姓对叶利钦走马灯似的更换政府和总理已经见怪不怪了。“我不觉得普京和斯捷帕申有什么区别。”“不管普京是谁，他两个月后就会被撤职，就像斯捷帕申一样。”

但是，普京以实际行动吸引着无数人的眼球。普京不但顺利赢得了第一次总统大选，而且在他的第一个任期之内的各项举措，受到俄罗斯民众的欢迎和支持，普京成了俄罗斯最受人景仰的人物。

叶利钦是苏联解体后的第一位俄罗斯总统，叶利钦时代的动荡、争斗、矛盾和曲折无不折射出特定过渡时期领导人的风格。普京则是俄罗斯新生力量的代表人物，他年轻、大胆、务实、视野开阔、精力充沛。叶利钦身体不好但总是态度强硬，普京年轻力壮却善于避重就轻。叶利钦是透明的，普京是含蓄的。叶利钦的一言一行总能透露出喜怒哀乐。而普京则完全不同，他给人的印象是严肃、沉默、不苟言笑，甚至有时候还有些腼腆，不熟悉他的人恐怕难以透过他那封闭严实的外表洞察出他的内心活动。

普京并不是滔滔不绝的演说家，“为政不在多言”，普京年富力强，受过良好的教育，有在国外工作的经验，有在圣彼得堡和莫斯科推行改革的经验，没有明显的党派色彩，既不左，又不右，该出手时就出手，给民众的感觉是一个能够办大事的人。这种强人作风，是对叶利钦时代的一种修正。

在普京正式就任总统前，俄罗斯媒体将他和前总统叶利钦做了一个比较，结果发现他的当选经历同叶利钦几乎截然相反。与赫赫有名的叶利钦相比，普京在 1999 年 8 月 9 日被叶利钦任命为总理前几乎还是个“无名小卒”，但他却在总统大选的第一轮投票中就以 52%的得票率获得胜利，在这一点上，他要比前任叶利钦成功得多。在 1996 年 6 月的总统选举中，叶利钦在第一轮投票中仅获得 34.82%的选票，在当年 7 月份举行的第二轮投票中在仅有两名候选人的情况下才战胜对手，再次当选为俄罗斯总统。

俄罗斯媒体还将普京与俄罗斯的其他领导人进行了比较。俄罗斯媒体曾形象地把戈尔巴乔夫比作莎士比亚笔下的哈姆雷特，把叶利钦比作塞万提斯笔下的堂吉诃德，这两位前领导人或优柔寡断、或太容易变卦，而普京是一个“极端务实、办事干净利落”的政治家。俄罗斯舆论普遍认为，普京是一个目标明确、说到做到的“铁腕人物”。与体弱多病的叶利钦相比，普京年轻富有活力；与幻想满腹的前任总理盖达尔相比，普京朴实无华，一步一个脚印；与唯唯诺诺的前任总理切尔诺梅尔金相比，普京的政治具有“棱角”；与职业批评家亚夫林斯基相比，普京少说多做；与活跃有余的前任总理基里延科相比，普京沉稳坚定；与红色满身的久加诺夫相比，普京所拥有的政治光谱是赤橙黄绿青蓝紫。“神秘”也成为普京一大政治资源。如果说其他政治家早就显现在俄罗斯政治的众目睽睽之下，普京则直到选举前仍然保持着神秘状态。

与叶利钦相比，普京要年轻得多，2000 年当选总统时只有 48 岁。他喜爱运动，显得生气勃勃。1996 年总统大选时，美国顾问们曾吹嘘说，他们要给叶利钦塑造一个更加年轻、更加充满活力的形象，帮助他赢得连任。他们让叶利钦参加摇滚音乐会，带病在台上跳迪斯科舞。这些设计大大破坏了叶利钦在年岁较大的选民心目中的形象，它使人们加深了这样一种看法：叶利钦总统并不关心数千万在经济改革中失去生活保障的俄罗斯老人。普京在总统大选中没有重蹈覆辙，他的竞选策略和形象设计充分考虑到了俄罗斯当前的国情和民意。在总统竞选期间，电视里播放了他在进行柔道和山地滑雪的画面，还播放了他亲自驾驶喷气式战斗机前往车臣的画面。

经过竞选班子的精心包装，最后出现在人们面前的普京，是一个柔道、滑雪等样样精通的运动健将，是一个“缺乏恐惧感”的硬汉。这一充满活力、意志坚定的形象受到了选民的广泛认可。2000 年 3 月 20 日，普京以非常个性化的方式——乘坐“苏—27”歼击机到车臣前线视察剿匪部队，此举不仅赢得了军人们的崇拜，也赢得了更多选民的好感。普京在车臣问题上的强硬立场有很强的社会感召力，迎合了当今俄罗斯选民的爱国主义、民族自尊和反西方情绪，满足了俄罗斯人渴望恢复社会秩序的心理需求。

普京执政之初，由于他长期在情报部门工作的经历使人们有这样一个感觉：普京是一个历史、政治性格和主张都不清晰的人物。他被称为一个“谜”。虽然他几乎每天都在大众传媒上曝光，但真正了解他底细的人为数不多。在公众面前，他总是绷着个脸，一副不苟言笑的模样。不苟言笑的外形和克格勃的经历使普京始终笼罩着一层神秘的面纱。那么，普京总统到底属于哪类性格的人呢？俄罗斯人认为普京具有很多优秀品质：不贪财，不好色，责任感强，办事老练，坦诚率直，能言善辩，坚忍不拔，沉着稳健，积极勇敢，很少出风头，聪明又有教养。

2000 年 5 月 7 日普京就任俄联邦总统的宣誓仪式没有任何奢华而言。就职仪式是在克里姆林宫的安德烈耶夫大厅里进行的，普京将右手放在特种版本的俄罗斯宪法上宣读宪法规定的誓词。法国

《费加罗报》是这样报道的：“克里姆林宫的新主人把自己就职宣誓仪式办成带有其军人般朴素的特色，这一特色在最近几个月成了普京的品牌。普京本人的讲话内容丰富、言简意赅，没有吞吞吐吐之言，一切都讲得清清楚楚、明明白白，这与叶利钦时代的讲话风格形成鲜明对照。”

随后，普京在就任俄罗斯联邦总统典礼上发表讲话。讲话简短有力，充满着对国家和人民的关切之情：

> 今天我向你们，正式向你们，表示真诚的感谢，因为你们把国家最高职务托付给了我。我明白，我承担了重大的责任，同时我也知道，在俄罗斯，国家元首过去和将来都是对国家所发生的一切担负责任的人。今天我回忆起俄罗斯首任总统鲍里斯·尼古拉耶维奇·叶利钦在离开克里姆林宫时讲的许多人都记得的一些话。今天他在这个大厅里又重复说：“请珍惜俄罗斯吧！”我正是把这视为总统的重要责任。我将要求自己的工作同事履行这一责任，我同时打算在这爱国主义的事业中寻求俄罗斯同胞的帮助，寻求所有珍惜我们祖国命运的人的帮助。
>
> 今天我要感谢我的拥护者，感谢在选举中投票选举我的所有人。你们支持了那些已经采取的初步措施。你们相信，我们一起定能使我们的生活向更好的方向转变。对此我深深地感谢你们。但我明白，你们的支持是对整个政权和今天就任国家总统的我的预先支付的信任。
>
> 我还要向投票选举其他候选人的人讲几句话。我相信，你们是为我们的共同未来、我们的共同目标、美好的生活、繁荣和强大的俄罗斯而投了票。我们中的每一个人都有自己的经验和自己的观点，但我们都应该联合起来，因为我们有许多工作需要共同去完成。
>
> 今天真正是具有历史意义的一天，我想再次把注意力集中到这一点上。确实在我们国家的整个历史上，在俄罗斯的整个历史上，这是国家最高权力第一次以最民主、最普通的方式，按人民意志合法与和平地实行了移交。权力交替一向是对立宪

政体的一种考验，是对其牢固性的一种考验。当然，这不是对我们的第一次考验，很明显，也不是最后一次考验，但这是考验，我们已经很好地通过了我们生活中的这一关。我们证实，俄罗斯正在成为现代化的民主国家。和平地实现权力的继承，这是政治稳定的最重要的因素，是我和你们曾经向往、竭力追求和力求达到的。

通向自由社会之路既不简单也不轻松，在我们的历史上有过悲惨的、也有过光辉的篇章。民主国家的建立远未完成，但已经完成了许多工作。我们应该珍惜已经取得的成绩，维护和发扬民主，要做到让人民所选举的政权为他们的利益而工作，保护好国内外各地的俄罗斯公民，为社会服务。这是原则性的坚定立场，我曾捍卫了这种立场，将来我还要捍卫这种立场。

为了今天的隆重庆典，我们今天聚集在这里，在我们人民感到神圣的克里姆林宫。克里姆林宫是我们民族记忆的集中地，这里，在克里姆林宫的宫墙内，多少世纪以来曾谱写了我们国家的历史。我们没有理由成为“数典忘祖的人”，我们丝毫也不应该忘记，我们应该知道自己的历史，知道其本来面目，从中吸取教训，时刻记住，谁创建了俄罗斯国家，谁真正地捍卫了她，谁使其成为伟大的、强盛的国家。我们要保持这种记忆，同时我们也要保持时代的这种联系，我们要把我们历史中一切最优秀的东西传给子孙后代。

我们相信自己的力量，相信我们能够真正改造和改变国家。我们想，我们的共同目标是让我们的俄罗斯成为自由的、繁荣的、富裕的、强大的文明国家，成为公民为其自豪和受世界尊敬的国家。最近几个月中，我在莫斯科、在俄罗斯各地区进行会晤时，感受到你们的理解和你们的支持。在我们各个城市的广场和街道上，我常从人们、最普通的人们那里听到非常朴实、但对我来说又是非常重要的话语。他们对我说：“我们相信您，我们寄希望于您，只是您不要辜负我们。”

我可以向你们保证，在自己的行动中我遵循的就是国家利益。也许会犯错误，但我会允诺并一定允诺，我将坦率和诚实地工作。

我认为，自己的神圣职责就是团结俄罗斯人民，把公民团结在明确的目标和任务周围，每天和每分钟都记住，我们有一个祖国，有全体人民，我们同你们有一个共同的未来。

从普京就任总理、代总统、总统以来发表的一系列讲话、论著及制定的政策来看，他对俄罗斯的未来有一整套清晰的构想，有明确的前进方向。这些年来俄罗斯经历了太多的动荡、混乱和失败，见证了太多的争权夺利和官商勾结，国力衰落，经济凋敝，民心不顺。在这种情势下，普京以极具个性、稳健而务实的领导人形象登上政治舞台。年轻而富有活力，强硬果断而又干练，普京获得了全社会普遍的好感。

5 从“代总统”到2004年大选

千年之交，普京赢得总统大选有许多有利条件。没有人能够真正对普京构成威胁，2000年的总统大选只不过是对普京总统职位的确认。普京终于将摘掉他所担任的总统职务前的那个“代”字，成为千年轮回之际的克里姆林宫新主人。

位于莫斯科柯西金大街的化学物理研究所是普京将要履行公民权利的投票站。当地时间3月26日11时20分，普京的车队来到投票站，只见他从容地走下汽车，步入投票间，像普通公民一样填好了选票。但他的投票动作如此之快，使记者根本来不及把这一镜头拍下来。然后普京简短地回答了记者的问题，他说他是“为俄罗斯未来投票”。此次大选，普京的得票率为52.94%。普京当选受到了俄罗斯多数普通百姓的欢迎。一个大学生对记者说，他对普京当选感到欣慰，“他有能力使俄罗斯恢复秩序，俄罗斯不能再乱下去了!”一位幼儿园女教师说，她相信普京能够使俄罗斯社会稳定，教师、医生等人的工资会得到提高。一位神职人员说：“我赞成普京，只要看看他都做了什么工作，就足够了。”从百姓的评论中既能感受到他们对普京寄予的厚望，同时也让人看到普京这次获胜的主要原因。俄罗斯人喜欢“实干家”，不喜欢政坛上“油嘴滑舌”的人。普京给俄罗斯百姓留下的是“稳健”“实干”“铁腕”“健康”“胆大心细”等印象，这些正是俄罗斯人所喜欢的个人品质。百姓选他为新世纪总统，说明对他寄予了厚望，希望他把俄罗斯引向繁荣、稳定的明天。

普京任代总统后，为了赢得大选的胜利，抓了几件大事：一是对总统办公厅和政府两套班子进行调整，目的是改善两个班子的形象和加强其力量。

世纪之交，叶利钦把一支派克金笔、一只控制核武器的密码箱连同一个1700万平方公里的领土和1.45亿人口的大国交给代总统普京，说了句“要珍惜俄罗斯”，就离开了克里姆林宫。第二天，一家俄罗斯报纸在报道这一头号新闻时很有幽默感地配了幅漫画：身着网球装的叶利钦对穿柔道服的普京说：“我留下的班子你就不用动了，只消把他们的网球装换成柔道服就行。”

然而，事实并非如此。执政之初的普京面对的第一个问题是如何面对叶利钦和他“周围的人”。普京是叶利钦一手提拔的，但当时叶利钦的威信已失，俄民众对于俄政坛的寡头政治以及贪污腐败已深恶痛绝。普京一方面没有忘恩负义，发布命令，向前总统及家人提供安全保障和丰厚的福利；另一方面，他并没有使自己成为叶利钦家庭势力的一分子。普京在对叶利钦表示了充分的尊敬和提供了足够的保护之后，也开始适当地同叶利钦保持了距离。2000年1月3日——他入主克里姆林宫的第三天，就解除了总统办公厅四个副主任的职务，担任总统顾问的叶利钦最宠爱的女儿塔季扬娜也被免职，使叶利钦的女儿在父亲辞职后也离开权力的中心，接着让金融巨头别列佐夫斯基从此再无权过问政治。此后没有多久，普京又打发博罗金离开了克里姆林宫。

叶利钦最宠爱的女儿塔季扬娜已担任多年“总统形象秘书”的职务。舆论普遍认为，叶利钦身边有三个人对他的执政发挥着重大的影响：他的女儿塔季扬娜、商界大亨别列佐夫斯基、总统事务管理局局长博罗金。他们是叶利钦的“家族”圈子中的核心人物。1998年夏天以来的种种洗钱和吃回扣丑闻都与这三个人有关，公众对他们极为愤恨。据说，塔季扬娜是幕后操纵政局的关键人物，她几乎左右了叶利钦所有重大方针政策的决策。她是事实上的克里姆林宫总管。商界的几位大亨正是通过她叩开了克里姆林宫之门。博罗金被媒体称为普京的“恩师”，正是他把作为副手的普京推荐给叶利钦，并在1999年下半年参与组建“团结党”，从而在议会选举中控制了杜马。《莫斯科时报》曾经称博罗金是普京权力体系的真正缔造者。普京这样向世人亮相，是想表明他是一个有独立性的政治家，他今后不会照搬叶利钦那一套，他与饱受腐败丑闻冲击的叶利钦及其“家族”成员划清了界限。

所谓一朝天子一朝臣，谁主政都要用自己信赖的部下，普京也不例外。2004 年，有西方观察家认为，普京的“圣彼得堡帮”已经成形。他的班子成员基本上来自圣彼得堡，这在苏联政府中和叶利钦时期都是从来没有的。

二是淡化意识形态色彩，争取左中右各种政治倾向的选民。普京准确抓住了大多数选民已经厌倦“纲领、主义、党派、意识形态”等词语的心理，以“实干、果断、自信”的形象争取选民。

普京上任以来，着手振兴俄罗斯，强调“社会团结”，淡化意识形态色彩，并采取各种务实措施，革除叶利钦时期的积弊。这一切使普京的威信和居民支持率直线上升。普京执政体现出的最大特点就是务实，以解决问题为目的，以俄罗斯现实为坐标，淡化意识形态，对各种思想兼收并蓄。上任之初，普京不希望自己受到任何意识形态的束缚，他在淡化意识形态色彩的同时，提出了“富裕、尊严、进步”的口号，发誓要在俄罗斯战胜“犯罪和贫穷”，走强国富民之路，以争取各派政治力量的支持。2000 年 2 月，普京在对俄罗斯“团结”党发表讲话时指出，意识形态“你死我活”的对抗时代已经过去，应当共同探求成为国家发展精神支柱的价值取向。

三是提出要全面振兴俄罗斯。普京在因特网上发表的《千年之交的俄罗斯》中表现出深刻的历史反思和强烈的历史责任感。普京指出，俄罗斯不属于代表着当代世界最高经济和社会发展水平的国家，其国内总产值只相当于美国的十分之一，人均国内生产总值（GDP）仅为“七大国”平均水平的五分之一。因此，俄罗斯长期发展战略应当能够在相当短的时期内消除持续已久的危机，为经济和社会快速而稳定的发展创造条件。

四是集中力量解决车臣问题，加大对车臣叛军的攻击力度。自 1994 年第一次车臣战争爆发以来，车臣问题一直困扰着克里姆林宫，成为阻碍俄罗斯实现社会安定和国家整合的主要因素。刚刚接任总理职位的普京，毅然决定开始全面打击车臣非法武装。战争开始以后，俄罗斯人对他的评价迅速上升，人们都开始喜欢上了这个他们以前完全不了解的人，战争使普京获得了巨大的政治收益。

五是任命卡西亚诺夫为第一副总理，全力抓经济，以保持经济稳定，解决同西方的债务问题。为了争取选民，普京宣布将第三次上调退休金的幅度，由 15%提高到 20%，并许诺提高国有企业工人的工资。

普京的出现给俄罗斯人民以自信和希望。普京当总统以来，普京的照片形象也有了变化。如果说过去他只是给人一种冷面的印象，现在人们发现，普京还是挺有亲和力的。在普京的摄影师看来，这种变化归根于权力。他说：“权力赋予一个人特殊的气质，其形象开始出现一种雄伟的气概。如今他的目光已经与以前有所不同，步态也有所改变，举手投足均有所变化。”

2003 年 12 月的杜马选举也是一枝独秀，没有悬念的选举。在本届杜马选举中，一共有四个政党取得进入议会参政议政的权利。支持普京的统一俄罗斯党不仅在党派竞争中得票率遥遥领先，而且通过独立竞选获胜的该党党员人数也远远超过其他三个政党。统一俄罗斯党由此组成本届杜马最大的一个议员团，人数达到 300 人之多，已经达到通过所有法律所必需的三分之二宪法多数，这就奠定了统一俄罗斯党在杜马中的垄断地位：统一俄罗斯党不需和任何党派联合，就可以单独通过或者否决任何一项法律议案。

选举前，人们都看到统一俄罗斯党必将在选举中占上风，但得票率如此之高也出乎人们的预料。选举的成果，表现出统一俄罗斯党选择了正确的竞选策略：一是，它把选民的注意力集中到普京任总统期间所取得的成就上——国内政局稳定，经济明显增长，人民生活水平有所提高；二是，该党在整个竞选过程中始终保持低调，该党领导人主动放弃与政敌的电视辩论，以在全国视察取代电视辩论，这就给选民以“干实事，不空谈”的良好印象。统一俄罗斯党在此次选举中以较大优势胜出，为实现普京关于由杜马多数派政党组阁的设想创造了有利条件。普京高度重视此次杜马选举，称之为“2003 年内俄罗斯内最重大的事件”，因为选举结果将决定俄的国家发展前途和普京本人的政治命运，新一届国家杜马的组成将决定普京今后的工作“能否放开手脚”。普京对新一届国家杜马的选举结果表示满意。他说，“选举结果真实地反映了俄广大选民的意愿”。

俄共此次选举仅获得12.7%的选票，只能占有50多个席位，远远低于第三届杜马的113个席位。由于党内及左派内部的分裂以及来自俄当局和中、右派势力的挤压，俄共的实力和影响已远不如当年。

此次大选爆出的冷门是俄自由经济改革派政党被挤出杜马，其中亚博卢党得票率为4.3%，而右翼力量联盟的得票率仅为3.9%。这说明俄广大选民对自由派掌权时推行的“休克疗法”和1998年的金融危机的苦难记忆犹新，人们把俄当前社会的贫困化和寡头政治与自由派右翼势力挂上了钩。选举前，右翼力量联盟领导人涅姆佐夫和丘拜斯曾向亚博卢党负责人亚夫林斯基频频发出希望联合竞选的呼吁，但遭到了亚氏的拒绝，结果是这两个自由派政党双双出局。

本届杜马选举客观反映了俄当前政治力量的对比，即中间派势力强大，左派和右派势力衰弱，是2004年3月俄总统大选的预演。“统一俄罗斯”党的大胜为普京在2004年总统选举铺平了道路。杜马选举表明俄罗斯人高度信任普京。选举结果结束了十多年来俄政坛左右翼势力严重对立的格局，并使中派势力开始主导国家事务。

有“总统党”之称的中派党统一俄罗斯党，是在普京的支持下于2001年12月联合成立的。2001年4月，“团结”党和“祖国”运动决定联合成统一政党，由“祖国”运动领导人、莫斯科市长卢日科夫负责联合事宜。同年7月11日，召开“团结和祖国”联盟协调委员会会议，会上通过了党章、确定了大会日期和联盟机构。12日，在联盟大楼的十月大厅成立了“团结和祖国”联盟，联盟主席为卢日科夫和绍伊古。10月13日，在莫斯科联盟大楼召开“祖国”社会政治运动第三次代表大会，会上将该运动改变为政党，以便于同绍伊古领导的“团结”党联合。27日，“团结”党在莫斯科召开第三次代表大会，大会拟将“团结”党、“祖国”和“全俄罗斯”运动联合成统一的政党。当年12月1日，三大亲总统的中派组织成功地合并为“全俄罗斯统一和祖国党”，即“统一俄罗斯”党，会上通过了党纲。12 月 18 日统一俄罗斯党在俄罗斯司法部登记注册。在 1999 年议会选举中，“团结”跨地区运动和“祖国—全俄罗斯”分别获得 23. 24%和 13. 12%的选票。开始成为杜马选举中的第一大党。

统一俄罗斯党明确支持普京总统的方针，强调强大的总统政权是政治稳定的保障和法制建设的牢固基石，主张实施行政改革，提高公民对国家的信任度；深化经济和司法等领域改革，实现国民生产总值翻一番的宏伟目标。提高国防能力，形成社会保障的有效机制；组成职业化军队；完善护法机构的工作；支持旨在提升俄国际地位与作用的对外政策。该党此次充分利用普京的威信竞选，提出“我们是总统支持者的党”和“我们是支持总统的党”的竞选策略。普京在电视讲话中特别强调他出席过该党的党代会，并感谢该党对他的工作的支持，这无异于呼吁选民投该党的票。

左派势力——俄罗斯共产党。俄罗斯共产党成立于 1990 年 6 月，当时建党是因为俄罗斯的共产党人对苏共中央总书记戈尔巴乔夫产生严重不满。也是为了满足部分俄罗斯共产党人希望在俄罗斯联邦内拥有自己共产党组织的愿望。1991 年“8・19”事件后，大权在握的叶利钦趁打击苏共之机，同时宣布解散俄共的组织机构，停止俄共在俄罗斯境内的活动，并没收俄共的财产。但是，俄共不仅没有被叶利钦一棍子打倒，并很快重新取得了合法地位并迅速崛起。1993 年 2 月 13—14 日，俄共召开了重建与联合大会。

在俄罗斯社会转轨的十年间，俄共以其强烈的意识形态色彩、广泛的群众基础和严密的组织结构，发展成为举足轻重的社会政治力量和对执政者最具威胁的左翼反对派政党。俄共的保守性和平民主义色彩也使因激进变革而处于分化的俄罗斯社会找到了某种平衡。

普京执政后，对俄共采取了“外松内紧”的策略，俄共受到了政权及议会“中右翼势力”的联合挤压：以“强国富民”的口号赢得俄共的合作，以期在一系列内外政策上寻求俄共等左派党团的支持；同时，利用各种手段挤压俄共。如促成议会多数通过《俄罗斯政党法》；推动中右翼政党——全俄罗斯“团结祖国”党的建立，在普京的大力支持下，该党逐渐成为议会第一大党，即统一俄罗斯党。

俄罗斯共产党又因党内不同派别之间的争斗而出现分化，直至分裂。2004年7月3日，莫斯科举行了两个俄共第十次代表大会，标志着俄罗斯共产党的正式分裂，吉洪诺夫另立山头，与久加诺夫分道扬镳。

俄共经过了十来年的艰苦斗争，最终也未能避免分裂结局，原因固然是多方面的，但根本的一点是，它未能与时俱进，没有制定出具有广泛号召力的改革方案和切实可行的促进国家发展的行动纲领。俄罗斯共产党最终在与现政权的较量中影响和作用逐渐衰弱。它的前途引人关注。

正如人们所预料和所期待的那样，普京在2004年3月14日举行的第四届俄罗斯总统选举中再次夺魁而蝉联总统。根据俄中央选举委员会公布的俄总统选举结果，共有6900多万选民参加了投票，占登记选民总数的64.39%，现任总统普京以71.31%的支持率获得连任。俄共推选的总统候选人哈里托诺夫的得票总数次于普京，支持率仅为13.69%。这既是普京的一个重要胜利，也反映了俄罗斯人对政局稳定、国家发展和生活改善的渴望。普京连任是板上钉钉。

普京本人对再度入主克里姆林宫也没有丝毫犹疑。就在投票前几天，他重新组建了政府，准备一俟尘埃落定，便率领新班子加速实施自己的治国方略。普京执政四年来国内政局趋于稳定，经济持续增长，居民的实际收入增加了近一倍，多数俄罗斯人把普京看作是振兴国家的希望。“得人心者得天下”，这是普京获胜的主要原因。普京提出的“行动的一切目的是为了提高人们的生活质量”竞选纲领深得民心。普京表示他将在今后四年里继续努力确保俄罗斯的民主和自由，维护国家的利益，像上个任期一样工作。

但普京仍被一层神秘的雾霭所包裹，国内外对他将实行什么样的内外政策、他将领导俄罗斯走向何方充满猜测。有人说，普京是一个“藏在面具后面的人”。普京的面目如此不为人识，那么，俄罗斯人为什么会如此信赖和寄望于这样一个看不透的人呢？

普京并非看不透。普京已经以行动向俄罗斯人民展示了他自己。从 2004 年普京当选总统后向俄罗斯全国的致词及答记者问中，我们可以领略到这位冷面总统对国家、对人民的火热情怀。2004 年 3 月 15 日凌晨，普京在自己的竞选总部同媒体见面并向全国致词：

> 早安！或者应该说，夜里好！首先，我非常乐意回答在座记者的提问，同时我也想向我国公民致词。我想感谢今天所有到俄罗斯总统选举投票站并投票的人！
>
> 我想感谢所有投在任总统、你们忠诚公仆票的人，感谢投其他候选人票的人。无论如何，即使你们的候选人未能当选总统，这个结果也很重要。这对我很重要，因为对现政权、对我，这些信息是必要的，我们必须考虑得到选票政治家的意见和观点。不管有多少选民投他们票。这是其一。
>
> 第二，我想感谢所有在大选中支持我的人以及虽因某种原因没有参加大选但对我抱有好感的人。现在可以说，结果是令人满意的。我非常感谢你们，因为这是最重要的支持与自信手段。多谢你们。
>
> 我认为，做出这种选择的人，支持的不仅是近年来我们国家发生的积极变化、不大的但积极的好转：我们保证国家经济近年稳定和高速增长、社会局势稳定、国家巩固。我认为，不是这些简单的成绩，而是你们忠诚的公仆、现任总统近年与你们工作时的情绪与献身精神，赢得了支持。
>
> 鉴于此，我希望你们相信，并向你们保证：未来四年，我将尽我所能地工作，以使政府加强工作。
>
> 我向你们保证，我国人民所有的民主成果将得到保障。而且我们不会停留在已有的成果上，我们将巩固多党制。我们将巩固公民社会，竭力而为保证媒体言论自由。而且我们将建立这样一种制度，以使任何官员也不能以国家利益为掩饰而中饱私囊，任何夸夸其谈者也不能以民主的漂亮言辞为自己捞好处。我们将竭力保证我国经济稳定增长。毫无疑问，我们将珍惜经济和社会的稳定，这也是近段时间我们多次说过的。我想

强调的是，稳定并不是目的。这只是解决主要任务——保证我国人民福利增长——的条件。

现阶段所做的一切还不是福利，也不是福利的增长，只是福利的启明星。当然，我们应该珍惜它，但在稳定的基础上我们应该迈出下一步伐，以实际行动保证我们人民的福利。我们应该在经济和社会领域迈出下一步伐。我们一定会这样做。

最后，在对外关系上我们将致力保障俄罗斯联邦的国家利益。但在任何情况下不会用侵犯性的方式捍卫自己的利益，也不会陷入对抗。我们将灵活而合作地争取自己的国家利益。我们将力争达成我们和我们的伙伴都能接受的妥协。我们将竭力为俄罗斯的发展创造良好的外部环境。

这就是我首先想说的一切。

普京回答了记者提问：

问：2000年总统选举与2004年总统选举有什么不同？区别在哪里？

普京：当然有区别。您知道：实际上第二次大选总是比首次复杂。对现政权来说更复杂，因为当权者对所有的一切负有责任。即使根据客观情况现政权没有任何错误，在公民眼里也是有过错的。因此，第二次大选总是更复杂。今天的结果比四年前重要得多。我想说的是，这不仅激起内心的满足感，而且对过去四年所做的一切有信心，进而对未来四年有自信。

上次大选是四年前在我担任政府总理四个月、代理总统三个月后举行的。在这段时间里，我只能确定我所看到的我们发展的重点，确立我国发展的主要方向。我认为，那时人们基本上是根据自己的直觉来投票，我在俄罗斯两个最高职位上时间不长的工作之后，人们相信我并相信自己的直觉。四年之后的今天，我们不仅重复了这个结果，而且使之更好。我再说一遍：这是承认，准确地说，是积极评价近四年所做的一切。我再重复一遍：对我而言，这非常重要！

问：众所周知，当前的选举早在上次选举完成时就开始了。您是否有某种概念，挑选谁作为您的继承人，什么时候开始挑选候选人？

普京：挑选候选人早就开始了，四年前就开始了。我也有这个人应该是什么样的概念：这是一个正派的人，诚实的人，打算为而且能够为自己的人民服务，以自己的才干和个人品德能够做到这点。这样的人在我们国家是很多的。

问：您能否解释，同上次选举相比，您的选票为何有这样实质的增长？

普京：老实说，这些年来我一直在紧张地工作。四年前我就职的时候，曾讲过这样的话：我将诚实地工作。我向你们保证，在这方面我完全履行了自己的诺言。我想，人们对此不会没有感觉。我非常感谢那些认识到这一点并于今天投票支持我的人们。

问：一小时之前您竞选总部的领导人科扎克对我们说，他认为，总统在第一任期，他想做的事情不可能都做到，因为他要考虑竞选连任的问题。只有到了第二任期才真正开始“名垂青史的工作”。您是否同意这种看法，您是否已经准备好“为名垂青史而工作”？第二个问题：您在此次竞选中是否感到寂寞？

普京：没有，因为我在紧张地工作。当一个人在干实事的时候，他永远不会寂寞。这是一点。第二点：对我来说重要的毕竟还是结果。这不是空话。不知您是否注意到，我的确没有进行任何专门的竞选工作。如果我投身于竞选的话，结果可能会是另外一个样子，得票率还会更高些。但是我有意识地没有这样去做，因为我想看看，人们是不是更看重实际工作，而不是竞选技巧，这一点对我非常重要。因此，我实际上没有改变自己四年来一贯的工作作风，即使是在竞选期间。竞选结果对我来说是重要的。当然，我对此是满意的。

至于我是否已准备好“为名垂青史而工作”，不，我不准备这样做。我认为，没有必要，也不能够遵循某种不为人们理解的荒诞思想。应当为生活在今天的人们而工作，为生活在将来的子孙后代而工作。应当永远立足于现实的土壤之上。

问：您能否勾画一下未来四年权力机构与商业代表相互关系的基本原则？

普京：稳定性，透明性，合法性。

问：您的政敌经常说您不参加电视辩论。您对他们如何作答？

普京：这没有意义。我认为，对于现任总统来说，这没有任何意义。因为，我所有的言行都在这四年当中展现出来了。我完全清楚我的政敌的每句话。我认为，这种游戏要么是随声附和，要么是参加游戏的一方已经知道游戏结果，因而是无意义的。我认为，我们在竞选活动中选择不参加电视辩论的战术是有根据的。

重复一遍，我原本也可以采用各种各样的竞选手段，又是电视辩论，又是跳舞，又是唱歌。但是，就连远离政治的老百姓也可以真正用心去感觉很多东西。四年多来，就连不从事而且也不是每天都关心政治的普通公民都能够很好地理解国内发生的事情，并知道在未来几年内可以抱有何种期望。我想，这是最主要的。选举结果再次证明老百姓的这种反应。这是一种正面的反应。

有人说，普京似乎从没有给俄罗斯人勾画过一个明确的未来发展蓝图，甚至他的很多政策调整都显示着一种随机性。但从普京的讲话和行动中，不难看出，普京对于俄罗斯的社会发展是有清醒的规划的。俄罗斯持续十来年的政治动荡，又格外反衬出普京控制政局的超凡才干，正所谓乱世出英雄。究其根本，普京的成功在于他给俄罗斯带来了人们期待已久的最重要的东西——稳定，对稳定的渴求和对变化的恐惧，促使俄罗斯百姓继续拥戴普京。普京在第二次竞选总统时发表的竞选演说中明确指出：“当今世界，许多国家和地区都在迅猛发展。沉溺于千年历史或空谈人杰地灵，俄罗斯将彻底衰亡。让国家在各方面都具有竞争力是当前全民族的核心思想。”普京指出，俄罗斯“一个新的时期已经来临”。俄罗斯人希望，实干总统真正能给国家和民族带来福音。作为新一代的政治家，普京给停滞不前的俄罗斯社会注入了活力。

第四章 治大国宜用铁腕

1 车臣战争树威信

历史的积怨酿造了车臣这杯苦酒。

车臣共和国位于高加索山脉东部北麓，面积 1.5 万平方公里，人口 120 万，其中大部分为信奉伊斯兰教的车臣人。车臣战争爆发后，居民已大批外逃至邻近地区。车臣是在 1859 年被沙皇俄国吞并的，此后剽悍的车臣人反抗沙俄统治的斗争不断。苏联成立以后，斯大林的大俄罗斯主义和宗教、集体化、肃反政策都伤害了不少车臣人，使车臣人和当局积怨甚深。1941 年德国入侵苏联后，战火很快就燃烧到高加索地区。斯大林以车臣人同德寇狼狈为奸为由，对整个车臣民族实施了残酷的报复，在 1943—1944 年将 38.7 万高加索地区的少数民族（包括车臣人）集体迁移到哈萨克斯坦、中亚和西伯利亚。在流亡西伯利亚的十几年中，这些民族心中埋下了刻骨的仇恨。1957 年赫鲁晓夫纠正了斯大林的这种错误政策，车臣人得以回到故乡，车臣—印古什共和国成立。此后车臣与俄罗斯来往增多，很多车臣人到俄罗斯读大学、当兵。

苏联解体后，俄境内政治动荡，分裂主义思潮泛起，地方主义盛行，民族分离主义势力活动日益猖獗，尤其是北高加索地区，民族成分错综复杂，历史积怨和现实摩擦交织作用，民族分裂倾向十分严重，威胁着俄联邦的领土完整和社会安定。北高加索除车臣外，达吉斯坦、印古什、卡拉恰伊—切尔克斯等民族共和国都存在程度不同的分离主义倾向。为了抑制民族分离主义势力，俄不能对车臣的分离活动坐视不管。车臣问题是苏联解体后困扰俄罗斯的一大难题，它经历了四个阶段的发展变化。

第一阶段，1991—1994 年 8 月。1991 年 11 月 1 日，当选车臣

总统的杜达耶夫，不顾俄罗斯宪法的规定，成立主权国家车臣共和国，俄罗斯坚决反对。1994 年 12 月，俄罗斯总统叶利钦下令出兵车臣，第一次车臣战争爆发。

这一时期以杜达耶夫为首的车臣分离势力乘俄上层权力争斗不断、力量削弱之机，公然宣布车臣脱离俄联邦，成为独立的共和国，开始拒不签署联邦条约，拒不上交联邦预算，拒不参加联邦选举。俄当局曾试图以给车臣更大的自治权换取其放弃独立，但遭到杜达耶夫的拒绝。俄、车关系因此处于极度紧张状态。

第二阶段，1994 年 8 月—1996 年底，车臣陷于战争状态。俄试图以武力迫使车臣当局放弃独立主张，但车臣方面毫不妥协退让。双方形成军事对峙局面。最终战争以双方签署和平协议、俄军撤出车臣宣告结束。1996 年 5 月 27 日，战争结束，俄军撤出车臣。本次战争共造成 3 万多人死亡。俄军撤退，车臣取得了事实上的独立。在国际恐怖主义和宗教极端主义势力的支持下，车臣成为罪恶的渊薮，犯罪的天堂。俄罗斯当局对此束手无策。

第三阶段，从 1996 年车臣战争结束到 1998 年车臣冲突再起。这一时期车臣虽未确定最终地位，但事实上已成为俄联邦境内的“国中之国”。它拥有自己的军队，发行自己的护照和货币，使用车臣语作为国语，并宣布要与俄建立外交关系，声称将加入独联体、欧安会和联合国。这一时期车臣实际享有着独立的权力。

第四阶段，1998 年车臣冲突再起，车臣极端势力频频制造事端企图迫俄吞下车臣独立的苦果，但遭到俄罗斯的回击。车臣问题进入一个新的关键时期。

1998 年 8 月以后，俄联邦北高加索地区局势趋于紧张，车臣非法武装两次入侵邻近的达吉斯坦共和国，与当地叛乱分子里应外合，抢村夺镇，企图将达吉斯坦变成第二个车臣甚至科索沃，造成“多米诺骨牌”效应，促使整个北高加索地区与俄分离，建立一个以车臣为轴心的伊斯兰国家。由于俄军全力清剿，车臣极端势力在达吉斯坦无法立足，于是便气急败坏地在莫斯科等地连续制造多起爆炸事件。1999 年在莫斯科等地连续发生了一系列居民住宅楼被炸毁的恶性恐怖事件，死伤的居民甚众，严重威胁到俄居民的和平生活和社会秩序。俄当局经过侦察，确定为车臣恐怖主义分子所为。这些事件改变了俄罗斯社会反对向车臣派兵的态度。为了彻底铲除极端恐怖势力，维护领土完整和国家安全，俄当局下决心要端掉盘踞在车臣的“匪巢”。

的确，车臣巨大的经济“黑洞”对俄罗斯的国家安全和经济生活已构成越来越大的威胁。自 1996 年车臣战争结束以来，俄联邦中央向车臣提供的用于“恢复工作”的 160 亿卢布都进了犯罪分子的腰包。据报道，车臣匪帮贩卖毒品的利润每年高达 10 亿美元，而从绑票中每年也得到近 1000 万美元。车臣还制造和偷运巨额假美元。车臣已成为各种非法经济和犯罪活动的温床，使俄“付出高昂代价”。俄不能容忍这一毒瘤继续蔓延下去危害国家。解决车臣问题不仅是维护国家主权所必需，也是俄当政者巩固权力所必需。

面对民族分裂分子的疯狂行动，刚刚上任的普京该如何应对呢？

普京新任总理，就从北高加索地区传来了车臣非法武装入侵达吉斯坦，宣布成立“独立的穆斯林共和国”的消息，如何处理这一事件，无疑是对普京的一大考验。处理得当，他的政治前途一片光明；处理不当，他的仕途可能会彻底葬送。战争会成就人的一切，战争也会让人失去一切。普京选择了战斗！然而普京这位“剿匪总理”在车臣战争中的命运又如何呢？

普京在总理的位置上有两项惊人之举，使他威望大增：一是杜马选举；二是在车臣的反恐怖行动。美国《洛杉矶时报》载文说，普京在 1999 年 8 月担任总理时还是一个无名之辈，但是在不到六个月的时间里，他已经树立了俄罗斯的强人形象。普京没有辜负叶利钦对他的希望，上任伊始，就显示出铁腕人物的魄力。车臣问题成为普京在俄罗斯人民面前亮相的绝好机会。

普京上任之时，正值俄罗斯北高加索地区战乱迭起。1999 年 8 月车臣武装匪徒两次突袭达吉斯坦共和国并在莫斯科等地制造五起骇人听闻的恐怖事件。一时间，俄罗斯国民人心惶惶，既担心国土被分裂，又担心自身的安全。受命于紧急时刻的普京一上任便承担了平息北高加索战乱的全部责任。他立即召开了有关达吉斯坦问题的安全会议，并制定了行动计划，许诺用两个星期把车匪从达吉斯坦赶走。果真不到两个星期，俄联邦军队便以凌厉的攻势将车匪清除出达吉斯坦。俄军并没有就此罢手，而是一路乘胜追杀，围剿车匪。

在战斗过程中，车臣马斯哈多夫政府不断施放和谈烟幕，俄国内也出现了主张谈判解决问题的论调。而普京并未受这些和谈舆论所左右，仍坚持强硬立场，强调决不同土匪和恐怖分子谈判，俄军此战的任务就是要“摧毁车臣恐怖分子的基地及铲除可能导致恐怖分子复活的条件”，并声言，即使车匪躲进厕所也要把他们消灭。回顾普京就任代总理以来的言行，其决心跃然纸上：

自 8 月 7 日以来，车臣当局多次否认它与进入达吉斯坦的非法武装分子的行动有任何关系。但在俄联邦方面提出与车臣当局携手打击非法武装分子的计划时，车臣当局断然拒绝了这一建议。

8 月 10 日，刚刚成为代总理的普京，就与总统叶利钦及有关部门领导人讨论了达吉斯坦形势。随后，又支持召开俄联邦反恐怖主义行动委员会会议。他在会上表示：“最近在高加索地区出现的践踏法律的行为和恐怖主义行动是不能容忍的，必须采取措施进行秩序整顿，根除那里产生骚乱的祸源。”

8 月 13 日，普京在托木斯克宣布，俄联邦部队针对车臣武装分子的大规模军事行动已在达吉斯坦共和国境内正式展开。截至当日，从车臣进入达吉斯坦境内的武装分子约有 1200 人，其中近 150 人被打死，300 多人受伤。但达吉斯坦的局势依然紧张，许多居民点仍控制在车臣武装分子手中。

8 月 14 日，在达吉斯坦的博特利赫和楚马金两个区，俄联邦军队和当地警察采取了大规模围剿和消灭车臣非法武装分子的行动。

8 月 16 日，普京正式就任总理，之后他在回答记者提问时明确表示，俄罗斯打算放弃北高加索地区的说法纯属无稽之谈。他没有公开宣布发动第二次车臣战争，而是将解决车臣问题定性为打击恐怖主义活动。

8 月 25 日，俄罗斯军队总参谋长克瓦什宁宣布，盘踞在达吉斯坦的车臣武装分子已被赶回车臣，俄军清剿车臣武装分子的军事行动已结束。据初步统计，进入达吉斯坦的车臣武装分子有 2000 人，其中约 1000 名被消灭。

9 月 11 日，车臣共和国总统马斯哈多夫签署命令，宣布延长自 8 月 16 日在车臣全境实行的为期一个月的紧急状态。自 8 月 7 日车臣武装分子进入达吉斯坦策动骚乱以来，俄车关系又呈现微妙紧张状态。

9 月 14 日，普京在杜马会议上宣布采取强硬措施打击车臣匪徒。普京宣布将采取包括经济制裁在内的一切措施打击车臣匪帮，以稳定社会形势。普京说，达吉斯坦叛乱和莫斯科爆炸事件表明，这些恐怖分子不是孤立无援的，他们背后有国际恐怖集团的支持。

9 月 19 日，俄军继续空袭车臣境内武装匪徒基地，在 24 小时内击毙了 140 名武装分子。俄军在达吉斯坦与车臣边界地区重新部署兵力，以便封锁达车边界，切断车臣武装分子再度潜入达吉斯坦的通道。

9 月 23 日，俄空军开始对车臣境内的恐怖分子目标实施轰炸，一架停在格罗兹尼机场的恐怖分子的飞机被俄军导弹击毁。为防止车臣恐怖分子再度潜入达吉斯坦，确保北高加索地区稳定，俄联邦当局决定增兵封锁车臣行政边界，切断车臣与外界的联系，俄内务部内卫部队 1200 名军人组成的机动旅已抵达达吉斯坦。

10 月 15 日，俄军在北高加索地区展开的第一阶段军事行动结束，俄政府和国防部下达的在车臣三分之一土地上建立“安全区”的任务已完成，俄军共有 47 人阵亡，33 人负伤，车臣恐怖分子近 2000 人被击毙。针对车臣恐怖分子的军事行动 16 日起转入第二阶段。

在战争的第二阶段，面对车臣极端势力的轮番进攻，普京政府果断出击，再度出兵车臣围剿匪徒，表明了彻底解决车臣问题的坚定决心。军事上，以空中打击为先导，辅以地面进攻以消灭车臣非法武装的有生力量，尽量以最小的伤亡取得胜利。俄军“在最大限度上保护士兵和车臣居民”，以飞机、导弹和大炮为主要作战武器，不与匪徒正面交锋。政治上，求得国内各派政治力量的支持，断然宣布马斯哈多夫政权为“非法政权”，并同时组建新的车臣地方政权取而代之，保证政权机器的正常运转。经济上，增拨资金，调集物资，解决车臣难民问题和车臣控制区居民的生活，赢得当地居民的信任和支持，巩固胜利成果。外交上，向有关国家说明俄打击车臣恐怖分子的用意，呼吁国际社会支持俄的举动，坚决抵制西方干涉。经过近四个月的战斗，车臣局势就发生了根本性变化，朝着有利于俄联邦的方向发展。

普京下令保证进军车臣所需的经费和物质供应，免除了军方的后顾之忧。俄军大举出动，全面进攻车臣。虽然，俄军伤亡惨重，损兵折将甚多，但是毕竟在半年左右的时间，收复了车臣95%以上的国土，并且重创了车臣非法武装。普京一再强调，俄罗斯联邦军队对车臣非法武装的军事行动“不会出现任何间歇”，“我们的目标是在包括车臣共和国在内的俄罗斯全境消灭所有恐怖主义分子的基地，铲除它们在任何时候可能重新出现的一切条件”。

2000年3月12日，俄罗斯联邦安全局在局长帕特鲁谢夫直接指挥下，以精干的特工分队和特种部队，一举擒获车臣叛军头目拉杜耶夫。拉杜耶夫涉及在俄罗斯制造震惊世界的劫持千人大案和多起爆炸、抢劫案，心狠手辣。3月13日普京亲自召见政府各部部长和国家电视台宣布这一消息，平时喜怒不形于色的普京这天神情欢悦，可见对捕捉车臣匪首，结束车臣战事的重视。

普京在车臣反恐怖行动中顺应民心，坚决果断、不失时机地对车臣非法武装实施坚决打击。在对待车臣问题的立场上，他的态度得到百姓的赞扬，也获得了军方的坚决支持。面对恐怖威胁，普京说：“同这样的人没有什么好谈的，应当同他们进行战斗！”

普京采取的一系列果断的行动，使新政府和自己的威望不断上升。有媒体这样评论：“最近弗拉基米尔·普京的威望上升很快，看起来他似乎没有什么可担心的。他是政府唯一的总理，他作为总统继承人的地位是叶利钦在任命他当总理之际亲口说的，而且从来没有受到过怀疑。”叶利钦也公开表示，选择俄联邦政府总理普京作为国家总统人选是正确的。他说：只有普京“能够作为总统带领俄罗斯前进。因此，我过去和现在都支持他作为总统人选，而且我不只是支持，我的信心也在与日俱增。你们可以看看他的所作所为：多么理性，多么明智，多么强有力。”但是，叶利钦的夸奖并不能证明普京前途无量，普京是以实际行动赢得了民心。

普京一上任就在车臣战争上投入了极大的精力，到2000年底普京就已经三次视察车臣。第一次视察车臣是在1999年10月20日，当时他还是俄罗斯联邦政府总理。1999年8月在国家杜马讨论是否任命普京为总理的会议上，普京就处理车臣问题发出了坚定的声音：“俄罗斯领土完整不可能是讨论的问题，而且不可能是和每一个侵害领土完整者讲价钱或进行恐吓的问题。”普京出任总理的第二天便发表讲话：政府将严厉打击车臣匪帮。接着他亲自统率联邦军队开展了对车臣恐怖分子的大规模围剿。

10月20日，时任俄罗斯总理的普京是在人们普遍猜测俄军正在策划对格罗兹尼发动地面战之际，出人意料地抵达车臣北部的。普京对当地村民表示：“俄军将战斗到底”，“我们将决定车臣的地位问题，通过投票，但只能在消灭匪帮的情况下才能做到”。

俄罗斯政府就车臣局势发表声明说，俄政府将继续采取坚决和强硬的行动，以便完全恢复车臣的法律和秩序，并从恐怖分子和其他武装分子手中解放车臣；重申车臣的政治问题应该通过谈判加以解决，而俄政府已经准备同车臣的政治力量进行谈判，但他们必须做到：遵守俄联邦宪法，尊重俄主权和领土完整。

第二次视察车臣是在1999年12月31日至2000年1月1日。

1999年12月31日午夜，电视中播放了代总统普京向俄罗斯人民发表新年贺词的录像。节目播出时，普京早已和夫人柳德米拉飞到战火纷飞的车臣去慰问正在那里浴血奋战的俄军官兵。当时困兽犹斗的车臣恐怖分子不断扬言要针对普京制造恐怖事件，但是普京对此不为所动，毫不理会。

12月31日夜，普京冒险来到车臣前线慰问官兵。由于天气恶劣，飞机不能降落，普京一行只好调头往回飞，然后又换乘汽车来到前线。汽车在弹坑累累的路上颠簸了两个多小时。当普京和夫人出现在战士们面前时，他们简直不敢相信这是真的。普京说：“所有的新年我们都是一起过。”柳德米拉说：“不管你到哪儿，新年之夜我们要在一起！”俄罗斯人已经习惯于叶利钦的工作节奏，对普京在车臣前线之举感到惊喜和振奋。他们说，普京血气方刚，有魄力，他到前线对官兵来说是莫大鼓舞，普京与士兵们一起过年说明在普京心目中，国家利益高于个人利益。

此时的普京身着带风帽的翻领滑雪运动服，神采奕奕，他向在车臣战争中英勇作战、表现突出的官兵颁发了奖章，同时将刻有“俄罗斯总理敬赠”字样的猎刀赠送给官兵们。随行的俄罗斯歌舞团为官兵举行了慰问演出。在已被俄军控制的车臣第二大城市古杰尔梅斯，普京发表讲话说：“我们的军事行动不仅是为了维护国家的荣誉和尊严，同时也是为了粉碎企图分裂俄罗斯联邦的行径。这是我们的最终目标。”普京这次访问正在车臣作战的俄罗斯士兵，是一次精彩的行动，他没有进行惯常的视察，而是选择了一个更加有象征意义的做法——在猎刀上签名。

普京说：“我想让你们知道，俄罗斯对你们的所作所为表示高度赞赏。”“这不只是一个恢复俄罗斯荣誉和尊严的问题。更重要的是，它事关扼制、结束分裂俄联邦的企图，这是主要任务。俄罗斯感谢你们。”“我们所做的一切对国家来说都是必需的。我们要恢复国家的体面和尊严，结束俄罗斯这种溃败的局面。”

“我祝愿你们新年快乐，祝你们幸福健康、家庭美满。”普京一行与官兵们共度了一个多小时，然后返回。据说，两个小时后，他们乘车刚刚经过的那条公路就被炸毁了。普京顺利逃过一次劫难。普京对车臣战场的视察和慰问，极大地鼓舞了俄联邦军队的士气。

第三次视察车臣是在2000年3月普京正式当选俄罗斯总统后。3月20日他亲自驾驶苏—27歼击机到车臣首府格罗兹尼，为在车臣战争中表现突出的一个空降团举行欢送仪式。针对部分车臣非法武装逃到南部山区的情况，普京指出车臣武装分子只有走出山区，放下武器，政府才会与他们谈判。

在2000年3月14日，普京在出席车臣战争中俄联邦阵亡将士的葬礼时，真挚地表达了自己的情感：“没有过恐惧，真的没有，但我担心这是1995年到1996年不幸事件的重复。我诚恳地告诉大家不论发生什么事，我们绝不会再遇到类似的问题，我百分之百保证。老实说我相信自己和我的同事们，我们相信一定可以成功。我不是一个好赌的人，整体来说我是个务实的人，应当说我坚信行动的力量，我们应该大胆行动，而不是再三思虑我们的方案是否可行，为达成我们振兴国家的目标，我们没有其他方法或手段了，可以说我们别无选择。”

普京在车臣问题上的强硬立场和赫赫战功赢得了俄广大百姓和军界的普遍赞扬。据报道，90%以上的百姓支持俄政府的剿匪行动。俄罗斯军人对普京更是空前的支持。他们对1994—1996年车臣战争的失败憋着一股窝囊气。如今，政府总理普京已得到军人们的真心追随。开战后的一个多月，普京来到北高加索某空军基地的一个帐篷里，面对15位高级指挥官，他举起一杯伏特加酒，建议为俄军取得对车臣作战的胜利，为饱受战争蹂躏的高加索地区实现持久的和平干杯。然而，当将军们准备干杯的时候，普京猛然放下了酒杯。

普京说：“同志们，当战争彻底结束，这块土地上不再有恐怖分子的时候，我再喝这杯酒。”俄军驻高加索部队的指挥官沙马诺夫将军公开宣布：“要跟着普京战斗到底”；俄军总参谋长克瓦什宁上将扬言，如果下令停火，他将同其他将军一道辞职。将军们向克里姆林宫发出了警告：不仅不要干涉军队事务，而且不要干涉普京政府。普京和将军们找到了共同语言。

普京在车臣问题上的强硬做法引来了西方的非议。以美国为首的一些西方国家打着保护人权的招牌，对俄军的剿匪行动不断进行批评和攻击。面对国外的压力，普京毫不示弱。他义正词严地指出：车臣冲突是“俄罗斯的内部事务”，别国无权干涉。当美国以“停止向俄罗斯继续提供贷款”相威胁时，普京表示，俄绝不会“为了得到西方微不足道的贷款”而“出卖国家的主权和领土”。

2000年4月17日，在与英国首相布莱尔联合举行的记者招待会上，普京在回答英国记者的提问时，申明了在车臣问题上的立场，反驳了西方的无理质问：

英国记者：您知道，许多英国和西方的观察家都知道您在名声不好的克格勃中进行过长期工作，因而担心您在车臣发动战争。您如何表明这些担心都是多余的，又如何让人们能够相信，俄罗斯艰难赢得的自由将能够长期得到保障？

普京：我非常感谢您提的这个问题。我希望西方人能够知道，俄罗斯军队在车臣的行动与恢复文明社会的问题完全是两个不同的问题，这不应当引起西方对俄罗斯达到的民主成就感到担心。俄罗斯返回到车臣共和国的领土上，就其实质而言，意味着文明返回到这块领土上。我们现在不存在车臣独立的问题。我们在北高加索的问题完全是另一种问题，是截然不同的另一种问题。

遗憾的是，我们的声音到达不了西方的社会舆论界。我现在利用这个讲坛来阐述一下我们的立场。

这里的问题是，去年夏天平白无故地进攻与其相邻的达吉斯坦共和国的人们——我要强调指出，达吉斯坦共和国也是穆斯林共和国——不是打着车臣独立的旗号来到达吉斯坦共和国的。他们是打着恐怖主义的旗号，为夺取额外的领土而来到这里的。我们有一切根据认为，这些反对俄罗斯的侵略行为，不是别的，而正是利用车臣的领土，以达到他们的侵略目的。就其实质而言，这是把这块领土当作进攻我们的军事基地。而那些仍然盘踞在车臣境内某些地区的人，也没有放弃这些计划。俄罗斯不允许出现这种形势，不允许它的一部分领土被用来当作攻击俄罗斯的基地，被用来当作动摇俄罗斯国家制度的基地。俄罗斯对此永远不会同意，没有一个文明国家会同意。但这不意味着，我们准备不惜任何代价，采取任何手段来解决这个任务。这意味着，我们将遵守这块领土上的全部人权，我们将调查那里所有的犯罪，不管是哪一方犯的罪，不管是什么人犯的罪。

今天在车臣共和国的领土上工作着上百名军事侦察员，工作着其他护法机关的工作队。正像你们听到的，今天又成立了独立的非政府委员会。我们希望与国际组织在这个问题上进行合作，因为我们的任务不是奴役车臣人民。我们的任务是使车臣摆脱国际恐怖主义分子和极端主义分子，因为这些分子不但威胁俄罗斯，也同样威胁大陆其他国家。我有一切根据可以肯定，这个以宗教口号，其中也包括以穆斯林口号掩盖的国际激进主义正在威胁着中亚的某些国家。

我们也掌握了国际激进主义在某些欧洲国家的表现。当有人对我说，欧洲领导人，某些欧洲领导人不能采取支持俄罗斯联邦的立场，因为他们担心欧洲的穆斯林居民可能会做出反应时，我说，这是错误的立场。之所以是错误的，是因为，如果我们容许包括西欧在内的国家出现极端主义，没有人会高兴。在这个意义上说，我们希望俄罗斯反对国际极端主义斗争的行动能得到支持，不管这种极端主义是用何种口号掩盖着的。

我再一次重申，俄罗斯的行动不是针对穆斯林，不是针对车臣人的。这些行动只是针对全球性质的国际恐怖主义和国际极端主义。而俄罗斯却是在这里孤立地进行着反对这些现象的斗争。这样是不对的，因为他们是我们共同的敌人。

普京强调俄军在车臣进行的是一场反恐怖主义的正义斗争，反对西方在车臣问题上对俄的妄加指责。由于他所持的强硬和坚决态度，且俄军在打击车臣非法武装的军事行动中进展顺利，使普京“增分”不少。普京在车臣问题上的强硬态度使自己的支持率一路攀升，并使杜马选举的结果有利于总统和政府，也为普京问鼎总统宝座铺平了道路。在 1999 年 11 月 21 日进行的一项题为“如果今天选举总统，您选谁”的民意调查中，普京的得票率就已经高达 42%。普京一再重申，车臣不是主权国家，而是俄领土不可分割的一部分。他表示打击车臣非法武装不会停止，并要将这一涉及俄罗斯前途和命运的军事行动进行到底，直至清除恐怖分子基地为止。

无疑，普京是当前俄罗斯人梦寐以求的铁腕人物。他在走路时总是摆动手臂，给人以强健的军人的印象。他开着战斗机掠过战乱的车臣上空，声言：“哪里有匪徒，我们就打到哪里。如果在厕所里抓到土匪，就直接把他塞进便池里。”访问在车臣作战的俄罗斯士兵时，普京没有像往常一样进行视察，而是选择了一个更具象征意义的做法——在猎刀上签名。

在俄罗斯，车臣问题是一个让所有的政治家们都感觉棘手的问题，因为它太复杂。普京在这一问题上的作为体现了他非凡的能力，他对恐怖主义的强硬立场也得到了俄罗斯民众的理解和支持。战争开始以后，俄罗斯人对普京的评价迅速地上升，人们都开始喜欢上了这个他们以前完全不了解的人，普京使俄罗斯人摆脱了恐惧，从此他在俄罗斯民众心目中树立起铁腕形象。普京开着战斗机掠过战乱的车臣上空的形象已经深入民心，他使俄罗斯人摆脱了恐惧，而俄罗斯对他也报以深深的感激。可以说，战争使普京在政治上大大获益，也成就了普京，成就了一位领袖。

纵观20世纪90年代以来两次车臣战争的历史，可以看到“时势造就英雄”。普京上台伊始，在人们眼中还是个不起眼的“神秘”人物，但他很快便树立起他的“铁腕形象”。大家不会忘记普京正是克格勃出身，反恐和组织反恐战争几乎是属于普京的“专业技术”。一个领导人在执政之初如果能够踏上一个自己熟悉的平台，就几乎可以说事业成功了一半。普京正是得到这样一个机会，也抓住了这次机会。他在出任总理和代总统期间，在车臣问题上的立场十分强硬，以“铁腕”树立了威信。无论怎样评价普京在车臣战争中的作用和功绩都不过分。他坚决果敢的个性、运筹帷幄的韬略以及卓越的领导才能，都在战争中得到了充分的体现。事实证明，他已具备了一个大国领袖的素质。

普京横空出世，使俄罗斯政局发生了戏剧性变化。自从普京执政以来，他在杜马基本没有遇到什么大麻烦，这与他的前任叶利钦简直是天壤之别。国家杜马是俄常设立法机构，由450名代表组成，每届任期四年。根据俄法律规定，在选举中得票率超过5%的参选党派将按得票多少分配杜马的225个代表名额，另一半由225个选区各选出一名代表组成。

1999年12月19日俄罗斯联邦第三届杜马大选正式开始，俄罗斯举国关注。经过三天的激烈争夺，12月23日，俄选举委员会公布杜马选举的最后结果，宣布：19日举行的杜马选举合法有效，62%的选民参加了投票，选出了国家杜马450个席位中的440个，六个党派获得了5%以上选票，得以进入杜马。其中，俄共得票率为24.29%；“团结”联盟23.32%；“祖国—全俄罗斯”联盟13.33%；“右翼力量联盟”8.52%；“亚博卢”集团5.93%；“日里诺夫斯基联盟”5.98%。在各地方选区共有122名独立候选人当选。选举结果使克里姆林宫充满了喜庆的气氛：亲叶利钦和普京的“团结”运动和“右翼力量联盟”总共获得了超过31.84%的选票，在俄议会下院国家杜马中占到了100多个议席。

选举结束后，叶利钦总统把这一结果称为“真实地表现了人民的意愿”。普京也高兴地说，俄罗斯最终“踏上了稳定的道路”。这次选举结果结束了立法机关和执行权力机关十余年来协作少、对抗多的状况，进入配合工作的新局面。这有利于国家局势长期稳定和提高国家机器的运作效率，为实现普京提出的消灭贫困、军队现代化和十年国内生产总值翻一番的目标创造了良好条件。

普京一上任，就以重振大国形象为己任，大力推行带有明显实用主义色彩的大政方针，将国力衰退的俄罗斯逐步带上了复兴之路。他不仅顺利平息了车臣反叛，熄灭了达吉斯坦战火，而且力挫反对派，改变了俄罗斯选举形势和力量对比，从根本上奠定了俄罗斯政治稳定局面，结束了十年来的纷扰不安。普京主张加强中央集权，他说：“俄罗斯自建立伊始就是一个超级中央集权国家，这一点已深深地根植于俄罗斯的遗传密码、传统及其民众的思想之中。”普京强调：目前俄罗斯“需要一个强有力的国家政权体系”；要整顿“纪律和秩序”，实行“法律的专政”。普京自称喜欢法国的铁腕人物拿破仑和戴高乐，而且崇拜俄国历史上的铁腕沙皇彼得大帝。据报道，普京的办公室只挂一幅彼得大帝的画像，在普京会见贵宾和各部门负责人的克里姆林宫大厅四周，则矗立着彼得大帝等四个“伟人”的铜像。俄罗斯媒体还披露说，普京的父亲在临终前曾说：“看，我的儿子多像彼得大帝。”

在普京身上，人们不但看到了年轻、自信，而且他展现的品质正是人们很想在国家领导人身上见到的那些品质，而且人们已经渴望很久了——那就是决心和强硬态度。俄罗斯人喜欢他的强硬态度，喜欢他的雷厉风行，喜欢他坚决的话语和坚定的目光。而叶利钦之所以最终选中普京，一个极其重要的理由便是普京比其他人更强硬、更果敢、更坚定，他在实现一个目标时的准确和坚决。

普京的成功崛起主要有三个因素：一是人为因素。与叶利钦的大力提携有直接关系。俄罗斯的媒体对普京进行了有利的宣传，把他塑造成一个新的领导人的形象。

二是社会因素。普京的成功表现了俄罗斯民众对领袖和强人的渴望。近十年来，俄罗斯一直处于政局不稳、经济混乱的状态，人民生活水平严重下降。在国际舞台上，俄罗斯世界强国的地位严重削弱；在国内，俄罗斯又面临民族分裂主义和恐怖主义势力的双重挑战。在这种形势下，人们希望有一位强有力的政治领导人出现。普京的出现，满足了人们的愿望。

三是普京自身的因素。普京的魅力赢得了众多民众的好感，强硬、果敢、干练的风格迎合了俄罗斯民众期盼“强人治国”的愿望。特别是普京在车臣问题上的做法有很强的社会感召力，个人形象塑造得当，迎合了当今俄罗斯选民的爱国主义、民族自尊和反西方情绪，满足了俄罗斯百姓渴望稳定、秩序的社会心理。

当车臣再次发生叛乱时，普京采取了重拳出击的做法；当莫斯科和其他城市中发生的爆炸把人们吓坏时，普京责无旁贷地成了保卫者，他满怀信心地表示，要严惩犯罪分子，并很快严厉而无情地行动起来。在一次又一次的危机和挑战中，普京表现出不怕威胁的坚毅，面对问题他不是害怕，而是着手去解决它们；他不垂头丧气，不唉声叹气，见困难不抱怨，而是去干，把一切搞好。人们认为，“和俄罗斯政府一贯的做法不一样，他开始履行诺言。”

普京强硬、果敢、干练的执政风格和个人气质，不仅符合俄罗斯在历经长期的动荡、倒退后，急需强硬人物挽救危局的客观需要，也符合俄罗斯民族传统中期盼“强人治国”的历史文化传统与社会心理。尤其是自 1996 年以后，叶利钦身体时好时坏，内阁总理频繁易人，国内政策朝令夕改，潜伏着巨大的危机。在国际上，西方援助口惠而实不至，北约东扩又把矛头直指俄传统的地缘政治势力范围，威胁俄罗斯的安全，激起俄罗斯民族情绪的强烈反弹。从 90 年代初俄政界的“日里诺夫斯基现象”，到 90 年代末科索沃战争中俄罗斯沸腾的民意和俄军抢占普里什蒂那机场带来的震动和惊喜，人们不难体会到这个伟大强悍的民族在被逼进墙角后的羞辱与愤懑。俄罗斯人民期盼出现精力充沛、坚强有力的年轻总统，推进俄罗斯改革大业，重振俄罗斯大国雄风。可以说，普京的出现，既是客观形势的需要，他也成为民族心理需求的承载体和代言人。

动员和凝聚整个社会的杠杆。正如他在2003年《国情咨文》里所说：“在可预见的未来，俄罗斯应当在世界上真正强大的、经济先进的和有影响力的国家中占有一席之地，我们的所有决定，所有行动都只服从于这一点。”

2　向寡头开战

在俄罗斯，寡头是一个沉重话题。寡头们靠私有化起家，财大气粗。叶利钦时代对金融寡头的利用和纵容使他们越来越嚣张，并开始介入政治，甚至参加竞选。普京开创的俄罗斯时代对昔日的金融寡头来说却是个转折点。

普京在参加总统竞选时发誓要“让人民过上好日子”，他说：“我们的优先方向是保护市场，使其免受达官显贵和犯罪分子的非法侵入。”当时包括“寡头”在内的俄罗斯人以为普京只是对选民说说而已，真要处理寡头是不可能的。叶利钦执政几年来，“寡头”已成气候，如包括俄罗斯“七巨头”在内的金融工业集团就已控制了俄罗斯经济的近 50%，他们以经济为后盾进而把触角伸进克里姆林宫，建立了强大的政治势力。普京能够撼得动么？

然而，普京就任总统后，就对金融“寡头”动了真刀真枪。普京担任总统后，立志重建一个强大的国家。考虑到寡头插足政治和官商勾结可能产生的严重后果，普京执政伊始就为他们制定了依法经营、不准参政的游戏规则。普京曾多次告诫俄企业家不要在政治上对政府指手画脚。据俄媒体报道，普京在一次公开回答记者提问时说：“在我国，金融寡头的概念是指有影响的商界人士，他们站在影子中、站在社会的背后影响着政治决定的做出。这批人不应当存在。”普京为了争取民心和稳固统治，清算向来民愤极大又态度跋扈的“寡头”在所难免。对那些违法越轨的寡头，普京总统屡屡出手。

2000 年 6 月 13 日，当选总统才两个多月的普京就向俄罗斯“寡头”擂响了战鼓。2000 年 6 月，“媒体大亨”古辛斯基被拘留。

此时，普京正在出访西班牙。联邦总检察院对古辛斯基采取行动，在俄罗斯立即激起轩然大波，寡头更是抗议声不断。普京则立即在西班牙发表声明说，“对此事我一无所知。我希望总检察长办公室要有充足的证据，一切都要依法行事。”但他同时指出，总检察院是一个独立机关，可以独自做出决定。普京的话外之音是十分明确的。

在俄罗斯，古辛斯基这个名字恐怕只能用“如雷贯耳”这个词来形容了。30 岁之前他还是一个名不见经传的导演。1986 年，在戈尔巴乔夫刚刚执政时，古辛斯基只有 34 岁。社会的动荡带来无限商机，古辛斯基看准时机，办起了私人公司。他先承包建筑装修工程，后来又搞金融法律咨询和政治分析。1989 年，俄罗斯银行开始逐步商业化，古辛斯基挑头第一个在莫斯科组建了商业化的“大桥”银行。由于他与市政当局联系密切，这个银行在当地备受关照，并在国有企业私有化的过程中不断扩张实力。这时的古辛斯基个人财富已经达到 4 亿美元左右。每年他都有相当一部分时间住在西班牙和伦敦。据说，古辛斯基周末打网球时，在网球场巡逻的武装警卫多达 15 人。

1993 年，古辛斯基盯上了媒体行业，在同期出现的一批金融资本家当中，古辛斯基抢先一步打响了媒体收购战。他先是出资在俄罗斯独立电视台开辟新频道，后来干脆买进独立电视台 77% 的股份，将独立电视台变成他操纵舆论的一大阵地。之后，他又掌握了俄罗斯颇有影响的《今日报》和《七日报》，还收购了著名的“莫斯科之声”电台，与美国《新闻周刊》合办《总结》周刊。他宣称，默多克的新闻集团和时代华纳就是他奋斗的目标，但实际上他要的更多。他与别列佐夫斯基一起资助叶利钦竞选连任总统后，也顺利进入了俄罗斯政权的核心层。于是，金融资本变成了政治资本。

俄罗斯媒体认为，古辛斯基事件显示出普京开始兑现惩治腐败、整顿经济秩序的诺言，但寡头们的反应也说明普京必须要做好应付寡头拆台的准备。因为没有这些寡头们的支持，他将不得不暂时放弃一些经济改革计划。为了缓和各方面的压力，普京在古辛斯基被拘四天之后暗示放人。古辛斯基自知对他的指控绝非空穴来风，只好逃往西班牙，而这正好留下了畏罪潜逃的口实，俄检察机关于当年 11 月发出对古辛斯基的通缉令。

俄罗斯总检察院以侵吞和诈骗国家财产罪起诉古辛斯基。证据是 1996 年底，古辛斯基的“大桥”集团在购买国家电视公司“圣彼得堡第十一频道”70%股份时只花了 25 万卢布，而该频道的实际价值高达 1000 万美元。合同签署 12 天后，该频道的负责人在芬兰的个人账户上就出现了 100 万美元的好处费，这笔钱的曝光使俄罗斯检察机关认定古辛斯基在其他地方也有类似的侵吞国家财产的犯罪行为。普京还在 2000 年 7 月 8 日的全国讲话中给了金融寡头们直接的警告：俄罗斯再也不能容忍“幽灵集团”在经济活动中挟裹资本外流，建立黑社会性质的保安机构，阻碍自由市场经济的发展。

自古辛斯基 6 月被拘捕后，数名金融寡头连遭传讯，一场普京与金融寡头的殊死搏斗由此拉开了帷幕。6 月 20 日，莫斯科检察院上诉仲裁法庭，要求重新审核波塔宁的俄罗斯国际集团公司收购诺里尔斯克镍公司 38%股份的合法性。“七巨头”之一的波塔宁于 1997 年出资 1.7 亿美元收购了世界第二大产镍企业诺里尔斯克镍公司，据估计，该公司的实际价值应为 3.1 亿美元，也就是说，收购差价竟达 1.4 亿美元。波塔宁因支持叶利钦竞选有功被任命为政府副总理，有人揭发他正是利用手中的权力达成了这笔交易。俄总检察院要求波塔宁退还其侵吞的 1.4 亿美元。

6 月 27 日，“阿尔法”集团下属的秋明石油公司被警方搜查。

7 月 11 日，俄总检察院强行调阅了俄石油天然气公司的文件。

7 月 12 日，俄税务总局对伏尔加汽车公司逃税案展开调查。该公司 1999 年年产“拉达”轿车 65 万辆，却虚报产量为 20 万辆，从而大量逃税。该公司的后台老板就是在叶利钦时代呼风唤雨的俄头号金融和工业寡头别列佐夫斯基。

鲍里斯·别列佐夫斯基出生于 1946 年，犹太人，数学、物理学博士。曾经在苏联科学院管理研究所工作，1991 年获得俄罗斯科学院通讯院士称号，发表过超过 100 篇的学术论文。别列佐夫斯基早在戈尔巴乔夫推行新思维时期就创办了伏尔加汽车营销股份公司，与汽车大王卡丹尼可夫合作，以进出口的差价倒卖汽车发了大财。借国营企业的“鸡”孵化私人利益的“蛋”，个人资产犹如滚雪球般迅速膨胀。之后，他迅速建立起了自己的商业帝国。为谋取更多利益，别列佐夫斯基收购俄著名媒体股份，成为俄公共电视台主要控股人之一，操纵《独立报》《星火》周刊的部分股份，还购得了电视六台 29% 的股份。1997 年，在美国权威杂志《福布斯》对全球富豪的排名中，他的个人资产列全球第 97 位。有了金钱便想拥有权力，别氏带着雄厚的资本开始为自己寻找克里姆林宫的大门。

别列佐夫斯基最辉煌的时候是 1996 年。他与其他寡头在 1996 年的总统选举中，为叶利钦筹集了数亿美元的经费。别氏因此很快成为叶利钦身旁一个举足轻重的人物。叶利钦竞选胜利连任总统，即任命别列佐夫斯基为国家安全委员会副秘书。他还曾任国家杜马议员、独联体执行秘书等要职。据说，有一段时期，在俄政府内阁部长的升降去留、高层的重大人事变动中，都可以感觉到别氏那只“无形的手”。他已经成为俄政坛上翻云覆雨、炙手可热的人物。

古辛斯基事件发生后，别列佐夫斯基掌控下的舆论工具对政府进行了大肆攻击。普京对此十分气愤：“寡头们在私有化过程中钻法律的空子，以极低的价格夺取了俄许多媒体的控制权。而在巧取豪夺之后，他们又开始操纵社会舆论。他们的目的就是要制造社会混乱，搞乱民心，以此来要挟和控制政府。”普京指责“这些寡头是导致俄政治和经济衰落的罪魁祸首”。

别列佐夫斯基很快就不能再在俄罗斯呼风唤雨了。

2000 年 11 月，俄总检察院开始传讯别列佐夫斯基，指控他的罪名是：他控制的两家在瑞士注册的公司内外勾结，把俄罗斯航空公司在境外的几亿美金票款清洗并据为己有。该航空公司的总裁就是叶利钦的女婿奥古廖夫，如果深挖到底，必然牵扯到叶家的人。别列佐夫斯基似乎有恃无恐，公然拒绝回国接受传讯，并向媒体披露了一条爆炸性的新闻：他曾用俄罗斯航空公司瑞士公司洗的黑钱，赞助普京竞选总统和组建“团结党”。别列佐夫斯基甚至断言：

“普京的总统任期最多一年，长不了。”虽然此案背景十分复杂，但普京打击别列佐夫斯基的决心仍没有动摇。由于别列佐夫斯基的特殊身份，他又滞留国外不归，给执行司法程序带来困难，联邦司法部门便查封了他在莫斯科的国家别墅和挂着政府牌子的汽车，实际是把他逐出国外。据传，普京就此事曾与叶利钦会面。叶利钦在接受记者采访时公开表态说：“普京目前对别列佐夫斯基和其他寡头采取强硬立场是正确的，我支持他。”普京此举得到了叶利钦的公开支持，尽管叶利钦也许是违心的，但其政治影响还是很大的。

说起来，别列佐夫斯基对普京也算是个有功之臣。叶利钦辞职后，别氏为普京竞选总统也提供过支持。他原以为普京会对他心存感激，没想到普京上任后却完全是另一种态度：他要与寡头们划清界限。普京曾在克里姆林宫召见俄罗斯寡头，与他们约法三章，表示既往不咎，但从今往后，寡头们不可干预政治。不仅如此，普京还推行了一系列铁腕政策，开始兑现自己在竞选时向选民许下的“消灭寡头阶级”的诺言。别氏深感自己“受到了伤害”。于是，他开始利用手中的传媒工具，猛烈抨击普京的政策，在车臣、联邦政府体制、经济发展等问题上做文章，在公开场合也对普京百般讥讽。这些行为激怒了普京，他开始清查别列佐夫斯基在暴富过程中的违法行为——这对于普京政府当然易如反掌，哪个寡头会一身清白呢？2000 年初，俄司法机关指控别氏参与了一系列欺诈案。为躲避牢狱之灾，别列佐夫斯基逃亡英国。2002 年 1 月，别列佐夫斯基作为最大股东的 TV-6 电视台频道被关闭，由俄罗斯新闻出版和广播电视部依法收回。

自俄罗斯发布全国通缉令以来，别列佐夫斯基一直流亡于海外。而把别列佐夫斯基逐出国外使他不敢再回俄罗斯兴风作浪，对普京来说，也是很大的胜利。针对这位曾经的叶利钦身边的“红人”的指控表明，普京政府让金融寡头学习服从国家意志的努力一直在继续。

2003 年 10 月 25 日，俄联邦安全局拘捕了俄罗斯第二大石油公司尤科斯公司总裁霍多尔科夫斯基。

霍多尔科夫斯基是俄罗斯的石油大亨，尤科斯石油公司总裁，是尤科斯石油公司的第一大股东，同时还担任该公司首席执行官。霍多尔科夫斯基出生在莫斯科的一个普通家庭。1986 年，23 岁的他当选为莫斯科伏龙芝区共青团区委副书记。一年后，他牵头组建了“梅纳捷普”合作社，干一些倒卖假酒、假名牌牛仔服和计算机的小买卖。1995 年，在尤科斯石油公司的拍卖中，霍氏旗下的梅纳捷普投资银行以 3.5 亿美元买下该公司 78%的股份。两年后，霍氏开始淡出其他行业，专心经营石油公司。这一年，尤科斯石油公司上市，市值达 90 亿美元。如今，尤科斯的市值已上升到了 200 亿美元。仅在十多年间，霍多尔科夫斯基便从一个不起眼的小商贩成为俄罗斯首富，演绎了世界能源业的财富神话。霍多尔科夫斯基从上世纪 90 年代中期开始就被列为俄罗斯最有影响力的“七巨头”之一。

霍多尔科夫斯基鼻子上架着一副眼镜，言谈举止温文尔雅。他很注重通过与各主流商业媒体保持紧密接触扩大影响力，利用各种公益活动重塑形象，并向慈善机构捐了不少善款。商业上，他接受了西方的经营观念，在公司里实行透明化管理。在主要的俄罗斯石油公司中，尤科斯是第一个依据美国标准公布季度财务报告的。而投资者也回报于他，在 2001 年一年间，尤科斯的股票价格就上升了 250%。尤科斯石油公司是俄罗斯石油业的巨头，公司有近 20 万员工，日产原油 170 万桶，日出口原油 110 万桶，其原油产量和出口量分别占俄原油总产量和出口总量的 10%和 18%，2004 年石油开采量为 8567 万吨。

据俄罗斯权威机构的评价，尤科斯石油公司是俄罗斯最具竞争力的大型企业之一。霍多尔科夫斯基早已为中国石油界所熟知，2002 年 9 月，中俄双方签署了关于铺设石油管道的原则协议，尤科斯石油公司就是代表俄方签字的两家公司之一。他是中俄远东安大线石油管道建设中的关键人物，由他掌控的尤科斯石油公司一直以来都支持修建一条从西伯利亚安加尔斯克通往中国原油重镇大庆的原油管道，俄罗斯政府早些时候似乎会批准这一计划。

在尤科斯公司拖欠税款案进入执行程序后，俄联邦财产基金会于 2004 年 12 月将公司最大的子公司尤甘斯克公司的大部分股份公开拍卖，新组建的贝加尔金融集团以93.5亿美元夺标。随后，国营的俄罗斯石油公司又收购了贝加尔金融集团，成为尤甘斯克公司股份新的持有者。

早在2003年7月2日，尤科斯公司的股东、有“钱柜”称号的“梅纳捷普”集团总裁列别杰夫以经济罪名被正式拘捕。4日，俄罗斯总检察院和内务部开始对尤科斯公司进行调查，执行总裁霍多尔科夫斯基和副总裁涅夫兹林同时被传讯。11日，武装警察搜查了莫斯科的尤科斯公司的办公室，并对办公室严密监控起来。直到10月25日，警方以突然行动拘捕了霍多尔科夫斯基，指控他犯有严重的欺诈、侵占和逃税罪。

检察机关指控霍多尔科夫斯基和列别杰夫利用俄罗斯进行私有化之机，在俄罗斯境外建立了一个巨大的欺诈网络，通过欺诈的手段获得俄罗斯企业的所有权。如他们以极低的价格收购了国有化肥公司“阿帕帝特”20%的股份，当法院裁定收购为非法行为后，他们又将这笔资产成功地转移到海外。他们还利用建立空壳公司和设立空头账户等手段，通过转让定价的方式交易产品，逃漏税款。在1998—2003年期间，共逃税、漏税1500亿卢布。

前面已经提到，普京在2000年上任之初，曾专门把俄罗斯各路寡头召集到一起，对他们约法三章：即以2000年划一条线，国家不再追究在此之前他们是如何发家致富的，但是从此以后他们必须严格自律，不能介入国家政治生活，不能再利用大资本操纵政治进程。而2003年初，霍多尔科夫斯基在接受记者采访时频频发表政治见解。据说，他还有意在条件成熟时让杜马胁迫总统任命他为政府总理，并于2008年竞选总统，问鼎总统宝座。为实现这一目标，霍氏暗中以重金资助“右翼力量联盟”“亚博卢集团”和俄罗斯共产党等反对派参加议会选举，为自己能合法当选总理制造稳定多数。霍多尔科夫斯基又买下了莫斯科著名的反政府立场的报纸《莫斯科新闻》，并且聘请大记者谢廖夫当主编，此人以批评普京政府而出名。另据俄政府向外国投资者透露的消息说，霍多尔科夫斯基试图收买国家杜马中1/3的议员。俄杜马共有450名议员，而控制其中1/3的议员则意味着他有能力否决任何议案。如此，霍氏的财富及其影响力将严重干扰普京初见成效的治国政策。普京不能不对以霍氏为首的新寡头势力提高警惕，采取相应措施。霍氏卷入司法纠纷，说明克里姆林宫下决心要砍断那些有政治野心并且威胁到现政权地位的商人们的羽翼。

当霍多尔科夫斯基被以11项罪名投入监狱后，尤科斯53%的股份被冻结，包括霍多尔科夫斯基在内的20多人设在瑞士的银行户头被瑞士银行冻结，涉及金额高达50亿美元。尤科斯的高层人物如惊弓之鸟，纷纷逃往国外。俄总检察院又发出了全球通缉令，追捕该公司的十大股东。

2004年2月，尤科斯的几个主要股东讨论决定，准备动用140亿美元的巨资赎出被关押的霍多尔科夫斯基、列别杰夫、丘比金等人，并要求停止追捕杜博夫、布鲁德诺、沙赫诺夫斯基和涅夫兹林。他们表示，将不惜一切代价换回他们的人身自由，否则只能考虑用恐怖手段了。然而，普京既没有被金钱所打动，更没有被恐吓所吓倒。俄法庭决心对霍多尔科夫斯基公开审判，将他绳之以法。俄罗斯总检察院2004年10月25日对霍氏提起刑事诉讼，指控他犯有诈骗、逃税、伪造公文、利用欺骗手段给别人造成财产损失、侵占财产和拒不执行法院判决等六项罪行。原告方俄罗斯国家税务机关请求法庭追缴霍多尔科夫斯基和列别杰夫作为法人偷逃的税款，总计超过178亿卢布（1美元约合28卢布）以及作为自然人偷逃的税款，数额分别约为1.17亿卢布和1600万卢布。总检察院新闻发言人说，霍氏及其同伙的行为给国家至少造成10亿美元的损失。一旦罪名成立，霍氏面临的很可能是长达十年的牢狱之灾。

霍多尔科夫斯基是俄罗斯首富，拥有83亿美元的资产，他是乘坐私人飞机在新西伯利亚机场降落加油时被捕的。霍多尔科夫斯基被扣押的当天，莫斯科巴斯曼地方法院就发出了正式的逮捕令。霍多尔科夫斯基被关在莫斯科“水兵寂静”监狱，据说就在当年关押“8·19”事件发起者的牢房。

对霍氏的被捕，俄各界反映强烈。由金融寡头控制的大众传媒几乎同时起来“讨伐”总检察院。实业巨头紧急召开会议，磋商对策。丘拜斯出面要求与普京总统会见并要求总统对此事明确表态。

10月27日，普京在接见政府成员时表示，逮捕霍多尔科夫斯基是司法检察机关的事，任何人在法律面前都是平等的，不管他有多少钱。普京要求政府不要卷入此事的纷争。

在霍氏一案中，反对的声音除了来自国内的经济精英外，更多地来自西方国家，尤其是美国。在霍多尔科夫斯基被捕之后，普京的克格勃背景和他强硬的政治手段被联系到一起。几乎所有的西方媒体都开始强调其情报生涯，暗示他的强权手段和强人政治。实际上西方世界一直对普京议论纷纷，他曾经的职业背景让西方世界尤其是美国充满戒心，担心他用克格勃高度集权的方式统治这个国家。这显然和美国标榜的自由民主相悖。当初因为他惩治寡头而关掉国家电视台和TV-6电视台引起了西方的强烈不满，如今霍氏被捕更使他的形象在西方人眼中变成了彻头彻尾的“独裁者”。

霍多尔科夫斯基是俄罗斯国内公认的亲美派，其财团中的美国背景也使他得到更多的国际支持。《纽约时报》曾盘点了霍氏与美国政治经济精英的种种密切关系。早在2001年初，霍氏就曾经试图拉拢赖斯，虽然没有成功，但他却凭借自己的雄厚财力和出色的外交手腕和华盛顿的要员建立了“良好关系”。老布什出访莫斯科时还邀请霍氏赴宴，足以见得他在美国上层中的地位。

美国国防部长助理理查德·佩尔表示，鉴于俄罗斯对待尤科斯石油公司所采取的行动，应该将俄罗斯排除在八国工业集团之外。美国参议员约翰·麦凯恩警告：“俄罗斯逐渐膨胀的专制主义——就像最近逮捕该国最成功的商人所证明的那样——将导致华盛顿和莫斯科关系严重恶化。”

英国《经济学家》指出，普京称，此次逮捕是正常的法律行动，但实际上它与政治权术以及克里姆林宫的统治手腕有关。简而言之，这是一场“政治迫害”，虽然霍氏的发迹史也绝非清白。也有评论称，霍氏的被捕是因为他频繁地发表反对普京的言论，并且扬言要参加2008年总统竞选。普京是在利用法律手段清除异己。也有评论更加直白：俄罗斯首富霍氏这次栽就栽在他介入政治的方式上。据观察，霍氏每次到克里姆林宫时总是衣着随便，常常是短大衣，开领衬衣，用一位知名学者的话说是：“这个亿万富豪会见普京时居然不系领带。于是那些人公开告诉我说，这就是推翻亿万富翁的最后一根稻草。”

语气强硬的霍多尔科夫斯基在法庭上并没有低下他“高贵的头”。霍氏在审理法庭上曾在回答记者提问时说：“我相信自己没有犯罪。某些人一直在指责我干涉政治，我认为这种指责毫无道理。俄罗斯目前的经济需要什么？需要政治支持。政治应该为经济建设服务。只有这样，俄罗斯的经济才能高速发展。等恢复自由后，我会一如既往地坚持自己的追求。去为社会多做些好事。”但是后来事态发生了剧变。在 2004 年 3 月 29 日的俄罗斯《商业日报》上，刊出了一封霍氏在狱中完成的“悔过书”——《俄罗斯自由主义危机》。他写道：“我们应该结束怀疑总统合法性的所有行动，因为这是毫无意义的。”霍氏终于低下“高贵的头”。

“不管我们是否喜欢弗拉基米尔·普京，我们都应该认识到俄罗斯总统不是一个普通的人，总统是保证国家统一和稳定的机制，也许是上帝阻止我们让这一体制崩溃。”霍氏说，“为了使私有化进程具有合法性，商业巨头必须与人民分享利润，特别是同意政府针对矿产资源进行税费改革，以及政府所实施的其他一些令所有人感到不舒服的政策。”富于戏剧性变化的是，这位石油大亨将普京描述成“自由民主主义的捍卫者”。“是的，普京既不是一个自由主义者，也不是民主派，但他仍然比我们国家中 70%的人口更向往自由和民主。”此种表态，被全球媒体看作是霍多尔科夫斯基自 2003 年 10 月被捕以来首次向克里姆林宫公开妥协。这种妥协姿态有多少实质意义，将决定霍氏还需在“肃静的水手”住多长时间。普京拿霍氏问罪，一方面是杀一儆百，另一方面是为了进一步显示他重整国家纲纪的决心。

普京在谈及霍氏案时曾说：“一些人在短短五六年之内就赚到了数十亿美元，这是在任何一个西欧国家都不会发生的事情。赚了数十亿美元之后，就想用几千万，甚至几亿来消灾，以这些小钱捞到更多的钱。我们知道，他们把这些小钱花到了某些律师、媒体、公司和政治人士的身上。我们正对此事进行调查。”普京强调：“我们并不是想揪住一个具体的人不放，我们的目标只有一个，那就是恢复俄罗斯的秩序、让人民合法地生活、同腐败分子做斗争。这些腐败行为也在威胁着西方投资者在俄罗斯的利益。我们与腐败的斗争才刚刚开始。”

莫斯科地方法院原定于2005年4月27日对霍多尔科夫斯基和列别杰夫进行宣判，后来推迟到5月16日。由于判决书太长，据说，判决书共有1000页，法官们花了12天的时间才读完。这天，举世瞩目的俄罗斯前首富霍氏逃税和欺诈案判决终于尘埃落定。主审法官伊瑞纳·科勒斯尼科娃宣称，霍多尔科夫斯基和列别杰夫通过有组织的集团，在20世纪90年代俄罗斯私有化期间从政府手中诈骗了10亿美元的巨额资产。通过这些生意，霍多尔科夫斯基一度以150亿美元的身价位列俄罗斯首富。霍多尔科夫斯基面临的七项指控中有六项罪名成立，被判九年监禁。列别杰夫与霍氏所获罪名一样，也被判了九年。由于霍氏已经在狱中度过了583天，这段时间将从九年的刑期中扣除，霍多尔科夫斯基的实际服刑时间约为七年半。2010年12月27日，莫斯科哈莫夫尼切斯基法院对仍在服刑的霍氏及列别杰夫作出判决，认定其在掌握尤科斯石油公司期间“偷窃290亿美元原油以及通过犯罪渠道洗钱”之罪名，追加最多可能八年的第二刑期。这位前首富完全错估反对普京的后果，同样，普京也低估了囚禁这位“天敌”带来的政治压力。在日渐增长的普京反对者看来，这位“天敌”足够勇敢，是追求民主的斗士，是反总统的英雄。12月19日，这两个男人的故事迎来了另一个高潮，虽然至少九年未曾谋面与交谈，普京在年终大型记者会上突然宣布，基于人道主义将特赦这位当年最激进的反对者，原本预定2014年8月出狱的霍多尔科夫斯可以提前出狱。霍氏获释，但也已经错过了2008年和2012年的总统选举，不过消息一出，彻底打破了此前关于普京上台后将延长霍氏刑期的揣测，普京的这一态度得到俄政界的欢迎，有评论人指出，普京有意改善与自由派之间的关系以及俄罗斯国际形象。

古辛斯基落马了，别列佐夫斯基落马了，霍多尔科夫斯基又落马了，但这场整治寡头的战斗并未结束。普京对这几个人的处理极大地震慑了其他的国内寡头，普京向国人表示：他一定会打击腐败，取信于民，有信心缔造一个充满生机和活力的新俄罗斯。对这些势力的清除，等于向社会发出明确的信号：今后谁也别想再从国家拿一分钱。普京对金融寡头展开暴风骤雨式的打击是民心所向，俄罗斯人高兴看到别列佐夫斯基、古辛斯基这样的乱世寡头倒台，他们希望看到一个充满决心和毅力的铁腕总统改变俄罗斯的混乱现状。面对嚣张的寡头们，也有很多人为普京捏了把汗。

俄报评论说，如果说叶利钦时期，总统要看寡头的脸色行事；那么，如今俄罗斯的寡头可得在揣摩了普京的意图之后再做行动。在两年前，你问俄罗斯人：是谁在统治俄罗斯？你会得到几乎同样的答案：别列佐夫斯基和“寡头们”在“统治”着俄罗斯！而现在你如果再提出相同的问题，答案就不同了。俄罗斯人会告诉你，是他们的总统在统治俄罗斯。

3　克里米亚之争

如果以俄罗斯辽阔的国土为中心，审视2013年的世界地图，你会发现，从国内到周边，再到西亚北川，最后到整个世界，普京一步步构筑了他的“强硬版图”，巩固他的势力范围。

在国内，普京使出一招“以退为进”的好棋，大赦“政治异见人士”，这从来都是改善国际形象的好办法。在周边，普京则打了一场漂亮的“绝地反击”战——克里米亚之争。

克里米亚又称克里木，位于黑海北部海岸上的一个半岛，乌克兰唯一的一个自治共和国，首府辛菲罗波尔。克里米亚位于乌克兰的最南部，南临黑海，东扼亚速海，它的北部狭长地带与乌克兰大陆相连，东部则与俄罗斯相邻。这个面积2.7万平方公里，人口250万的小国，其实也是一个绝佳的疗养胜地，风景迷人，地中海气候宜家宜居。在苏联时代这里是苏联最高领导人的休假地，苏联首任也是最后一任总统戈尔巴乔夫被囚禁的乡间别墅也正是在这里。这里也有许多果园和葡萄园，许多村庄、清真寺、修道院、俄罗斯皇家宫殿以及古希腊和中世纪的城堡聚集在这里。由此可知，基督教徒、穆斯林鞑靼人和犹太人都在这里居住和生活过。

最早在克里木半岛定居的是凯尔特人，这里曾建立了与雅典关系良好的博斯普鲁斯王国，400多年后，克里米亚称臣于罗马帝国，此后长达十多个世纪中，克里米亚半岛的命运此起彼伏，相继被哥特人、匈奴人、可萨人、拜占廷帝国、金帐汗国占领。直到1783年，克里米亚半岛并入俄国版图，隶属塔夫里达州管辖，1918年建立了塔夫里达苏维埃社会主义共和国，成为俄罗斯联邦的成员。三年后的1921年，又成立了隶属俄罗斯联邦的克里米亚鞑靼社会主义自治共和国。二战的爆发再次改变了克里米亚的命运，战后的克里米亚鞑靼族整体迁往中亚等地，自治共和国也改为克里米亚州，迁移理由是俄联邦最高苏维埃认为克里米亚鞑靼人在战争中同德国纳粹合作。

历史是一面镜子，从镜子中折射出18世纪以后，克里米亚是属于俄罗斯帝国的。其实早在17世纪，沙俄为了将克里米亚半岛并入版图，曾同土耳其进行了九次战争，也终将克里米亚纳入怀中，当时的女皇叶卡捷琳娜不无骄傲地将克里米亚比作自己带给俄国的嫁妆。19世纪中叶，这里又爆发了以俄罗斯与英、法、土耳其、奥地利之间漫长而艰苦的“克里米亚战争”。“谁占领克里米亚，谁就能控制整个黑海”，这早已成为军事家们的共识。

除了战略位置突出，被称作“黑海门户”以外，克里米亚因地处欧亚交通的枢纽位置，地理条件非常适合港口码头建设，且目前也拥有许多吞吐量惊人、设施良好的港口，它曾是苏联对外经济贸易和交流的重要海上桥梁，极大促进国与国之间的商贸往来。

花费了如此昂贵的战争代价得来的半岛，当时的苏联最高领导人的赫鲁晓夫慷慨地将其当作“兄弟乌克兰与俄罗斯结盟300年”的大礼奉献给了乌克兰。在国力强盛、版图扩张的苏联时代，划出一块地盘不至于有多心疼，但随着苏联解体，清醒以后的俄罗斯人很快意识到克里米亚将永久地划归乌克兰所有，他们开始后悔和着急，以至于有些政党和团体甚至宣称：“当年赫鲁晓夫是在酩酊大醉的情况下将克里米亚送给乌克兰的。”

克里米亚是俄罗斯确保南部安全的重要地区。苏联也曾以此为依托，建立了庞大的黑海舰队和许多战略设施。一旦彻底失去克里米亚，舰队基地的海军实力将被严重削弱。不仅如此，俄罗斯对中东、西亚、外高加索甚至巴尔干等地的控制也将鞭长莫及。因此，从自身战略和安全考虑，克里米亚不早日“回归”，俄罗斯也就如坐针毡。

而对曾是苏联的第二大加盟国的乌克兰来说，克里米亚的划归，既是捡到宝，也是接手了烫山芋。自从乌克兰试图加入“北约”“欧盟”，克里米亚的局势就变得紧张。2006年初俄乌间爆发

"天然气战争"以后，乌克兰便加快了加入北约的进程。而对俄罗斯来说，这无疑是场噩梦。且先不说，克里米亚半岛俄罗斯族人占半数以上，这部分俄罗斯族首先不满和抗议，单就乌克兰领土面积在欧洲位居第二、庞大的经济市场及地理格局非常重要的军事地位，如果乌克兰携如此大的"成本"加入北约，那美国等国家的手无疑伸到离俄罗斯越来越近的边界线，那么俄罗斯大国无疑会缺乏安全感，对周边的影响力也将大大削弱。

近年来，乌克兰还一直试图加入欧盟，2013 年 2 月，欧盟与乌克兰在布鲁塞尔举行峰会，宣布将在 11 月的欧盟与东部伙伴关系国（乌克兰、白俄罗斯、摩尔多瓦、格鲁吉亚、亚美尼亚和阿塞拜疆）峰会上签署"欧盟—乌克兰联系国协定"。此情此景，俄罗斯又再次显示了老大哥的稳健从容与胸有成竹。普京发话："俄罗斯不再想养活自己的邻居。（乌克兰）想参加欧盟吗？想像欧洲那样生活吗？那就像欧洲那样付钱吧！"要知道，乌克兰跟俄罗斯买石油，买天然气时，一向享有"兄弟价"，比欧盟国家不知便宜了多少。这笔巨款的筹码也让签约有了戏剧性的转变。

2013 年 11 月 21 日，在签订"欧盟—乌克兰联系国协定"前的最后一刻，乌克兰宣布"终止签署协定的准备进程"。多少人因此而难以接受这意外，首都基辅和各大城市数万民众示威抗议。不过，这一结局也正是老大哥普京所要的，总统亚努科维奇再次与俄罗斯紧紧拥抱。普京为了显示大国气象，慷慨地掏出 150 亿美元购买乌克兰债券，并暂时把供给乌克兰的天然气价格下降三分之一。乌克兰选择继续留在俄罗斯阵营，这其实也是欧盟扩张到俄罗斯门口的梦想破灭之时。当然世事毕竟难料，乌克兰未来如何表现，一直跟着大哥走吗？要知道这 150 亿美元和降价并不是马上到位，老大哥慷慨却不痛快。

而事实表明，乌克兰和俄罗斯"兄弟"矛盾完全有可能再度恶化。2014 年，乌克兰危机爆发，三个多月后，南部的自治区克里米亚要求"并入"俄罗斯，普京下令让俄西部军队进入警戒状态。这一年的 3 月 16 日，克里米亚自治共和国举行了全民公投，一是加入俄罗斯联邦；二是恢复 1992 年克里米亚宪法争取更大化自主权留在乌克兰，结果赞成加入俄罗斯的选票占 96.4%。兴奋不已的普京爽快地签署了总统令，他说鉴于克里米亚人民在 3 月 16 日公投中表达的意愿，俄罗斯承认克里米亚共和国是独立的主权国家，总统令自签署之日起生效。

克里米亚人口总数占61%以上的俄罗斯民族无疑在这场公投中“发光发热”。在乌克兰危机爆发的几个月内，不断有示威者聚集到自治共和国议会建筑前，要求脱离乌克兰，并入俄罗斯，他们甚至喊出了“俄罗斯，请救我们”“一群强盗掌了权”的口号。

在普京满心欢喜地欢迎克里米亚“回家”“游子归来”的背后，普京也承受了巨大的压力。在乌克兰危机持续发酵之时，美欧和俄罗斯间的“斗法”也早已日益升级。从美欧联合抵制索契八国峰会，到对俄金融、能源、军工等领域的数轮经济制裁，再到普京“以牙还牙”的强硬反制措施，毫不夸张地说，双方围绕乌克兰问题的博弈“牵一发动全身”，全世界的目光都聚焦于此，只要有丝毫的动静都足以波澜起伏。

12 月 18 日，普京在年度大型记者会上再次强硬回击西方，他说，俄罗斯一直面临来自西方的排斥和对抗。目前国际关系中最主要的问题在于，西方国家从未停止建造隔离墙，“北约东扩和反导系统——难道这不是墙么?”他强调，俄愿担当乌克兰政治对话中间人角色，推动乌克兰危机尽快解决，但俄方将一如既往、更加坚定地捍卫国家利益，在自身权益被尊重的基础上同西方伙伴发展正常关系。与此同时，12 月 18 日，美国总统奥巴马签署了“支持乌克兰自由法案”，内容包括追加对俄大型公司制裁及授权对乌克兰提供军事经济援助等内容。面对这一法案，俄罗斯表示对此深感“失望”，并称保留对“这一敌意行为做出反应”的权利。很明显，克里米亚之争，并非只是俄罗斯与乌克兰之争，更是与美国、欧盟等国家之争。

乌克兰司法部长 Pavlo Petrenko 曾在 2014 年 4 月 28 日发表言论，声称自俄罗斯吞并克里米亚以来，乌克兰已损失了至少 9500 亿格里夫纳，若包括在黑海的能源储备的价值和利润损失在内，这一数字将会更高。他认为“克里米亚领土上的任何政府财产都属于乌克兰，俄罗斯对国有企业、部委和部门所产生的损失负有全部责任”。

乌克兰损失巨大的同时，俄罗斯的日子也不好过。欧美对俄罗斯制裁持续扩大，油价暴跌、卢布贬值，俄罗斯经济萎缩，跨境资本外流，股市动荡，通胀加快，这些都是引发金融危机的因素。鉴于卢布的贬值，俄高层的表态透露出俄罗斯已做好放任卢布贬值的准备。美欧与俄罗斯的金融交锋是风险互存的，如果俄罗斯放任卢布贬值，美欧金融市场也将遭受严重打击。有评论认为，如果说短期内最有效的制裁手段莫过于冻结俄罗斯高官和国有企业的海外资产，这将重伤俄罗斯银行业。英国《金融时报》报道称：“俄罗斯银行巨头 Sberbank 和 VTB、能源巨头 Lukoil 正在将存款从与美国有业务联系的银行中撤出。为应对克里米亚公投后美国可能对俄进行冻结资产等制裁，大批俄罗斯公司开始从西方银行撤离数百亿美元资金。”其实冻结资产未必是一张好牌，如果美国冻结俄罗斯资产，俄罗斯也会通过冻结美国企业资产来报复。美国企业在俄罗斯的直接投资也有上百亿美元，如福特汽车、波音公司等，并且美国的能源巨头们与俄罗斯政府关系密切。还有传言，俄罗斯联邦议会（上议院）正在起草一份法案，内容涉及受欧美制裁时可没收欧美企业及个人在俄资产。这种典型的报复，其直接的后果就是两败俱伤。

4 加入世贸组织

2012年7月21日，总统普京签署了有关批准俄罗斯加入世界贸易组织协议（WTO）的联邦法案，俄完成了加入世贸组织的相关法律程序，这意味着俄罗斯结束了历经19年的漫漫“入世之旅”，终于成功加入世贸组织，成为其第一百五十六个成员国。这是一条艰难之路，也是普京面临的诸多困难中的困难之一。

作为联合国安理会常任理事国和对国际事务有着广泛影响力的大国，之前还没有加入世贸组织的俄罗斯与诸如阿尔巴尼亚、柬埔寨、老挝、尼泊尔等30个不发达国家处在同一行列，这极大地刺伤了俄罗斯人的民族自尊心。俄有关专家学者们一再呼吁尽早加入世界贸易体系，如果俄罗斯无法扭转经济落后局面，就有可能“沦为被遗忘的角落”。

总统普京执政以来始终把加入WTO列为新世纪俄罗斯的一项主要任务，他无疑是坚决推动俄罗斯加入WTO的最重要的政治人物。以“9·11”事件之后俄罗斯与西方关系的大调整为契机，普京已经亲自开始了对西方各国的游说工作。在普京看来，作为大国的俄罗斯依然处身于WTO之外，显然对其大国尊严和实际利益极为不利。以俄罗斯的出口为例，“由于不是WTO成员国，我们的出口有时就更加困难”。2001年4月普京在向杜马发表的国情咨文中说：“加入WTO是我们的优先目标。议会的任务是使俄罗斯的法律与WTO的条款与标准相一致。”同时，普京2001年10月底在达沃斯世界经济莫斯科巡回论坛上指出：“我们不会同意在非标准条件下不顾一切地加入世贸，俄罗斯将在权利与义务相一致的基础上加入世贸。”2001年底普京还指出：“既然入世不可避免，则越快越好。”2002年6月他又敦促说：我们必须要在最近的一轮谈判中取得成功，解决各项基本问题，以便在2004年之前完成入世。尽管俄罗斯加入WTO的道路上面临诸多困难和障碍，但普京加入WTO的决心始终没有动摇。

俄罗斯为争取加入WTO进行了长期不懈的努力。早在1978年，苏共中央政治局就通过了关于加强与关贸总协定接触的决议。但因当时的苏联经济与市场经济的要求距离很大，致使该决议遭到关贸总协定主要国家的一致反对而未能实施，直到1990年5月苏联才取得了关贸总协定观察员国的地位。苏联解体后，俄罗斯于1992年继承了苏联在关贸总协定中观察员国的地位。同年，根据俄政府1992年5月18日《关于发展俄罗斯联邦与关贸总协定之间关系》的第328号决议，俄开始加入关贸总协定的进程。1993年6月，俄总统叶利钦向关贸总协定递交了俄罗斯政府加入关贸总协定的正式申请。这是俄加入这一有影响的国际性贸易组织进程的开始。而1994年2月俄向关贸总协定秘书处提交的俄罗斯联邦外贸体制备忘录，是俄罗斯加入关贸总协定的第一个实际步骤。鉴于1995年1月1日成立世界贸易组织，俄又于1994年12月递交了俄政府加入世贸组织的正式申请，从此便开始了加入世贸组织的艰苦谈判。

1995年1月，关贸总协定改为世界贸易组织后，俄罗斯根据加入WTO所规定的程序立即组织专业工作小组开展多边谈判，并在日内瓦的WTO秘书处举行了多次会议。此后，工作组就服务贸易、知识产权、贸易投资措施、价格政策、对外国公司的政策、有关限制进口的措施（关税与非关税措施）等问题与俄进行了多次的磋商与讨论。在讨论中，俄表示愿在平等的基础上解决同其他国家的有关进入世界市场的歧视性限制问题和建立良好的经贸关系，愿在WTO框架内用多边机制解决同其他国家的贸易争端，并加快修订国内经济贸易法律法规，使之适应WTO的规定，进一步促进经济改革，以逐步达到加入WTO的要求。

自1998年，俄罗斯开始了加入WTO的第二阶段谈判，俄罗斯代表团与WTO各成员国就有关关税税率问题举行了一系列的双边谈判。1999年，俄罗斯就其加入WTO问题在莫斯科同日本、美国、挪威、拉脱维亚等国代表举行了双边谈判并取得了一定积极的进展。普京执政后，俄罗斯加快了加入WTO谈判的进程。2000年1月，俄罗斯联邦政府就加入WTO问题召开了第六次会议，确定在2000年谈判进程中的任务，并同意制定更详细的关税建议。会议批准了主管机构措施纲要，即执行WTO协议中贸易技术壁垒及采取卫生和植物卫生检疫措施，还讨论了服务贸易谈判的准备工作以及组织保障俄罗斯法规与WTO要求相符合的工作。尽管如此，由于谈判对方要价太高，俄罗斯在这一年的谈判总体进展不大。

2001年，俄加入WTO的谈判才取得了明显的进展。一是俄与主要谈判代表就75%的商品进口税问题达成一致。二是，在2002年上半年，欧盟与美国先后给予俄"市场经济国家"的地位。在这期间，世界贸易工作组开始起草俄加入WTO条件的议定书。此时看来，西方发达国家已原则上支持俄罗斯加入WTO。俄经济发展和贸易部部长格列夫及俄罗斯加入世贸谈判代表团团长米德沃德科夫曾表示，俄罗斯将于2005年年底前完成与世贸组织其他会员国之间的谈判。这样的话，俄罗斯是否能够加入世贸将于2005年12月份在香港召开的世界贸易组织部长级会议上决定。他们说，考虑到正常的工作程序所花费的时间，俄罗斯很可能于2006年中期正式加入世界贸易组织。米德沃德科夫说，俄罗斯目前已经完成与85%的会员国之间的谈判，包括欧盟、中国、日本和韩国。他说，俄罗斯与美国、加拿大、巴西等国的谈判正在进行中。

2004年5月21日，欧盟签署了支持俄罗斯加入世贸组织的议定书，这意味着俄欧为期六年的马拉松式谈判宣告结束。俄罗斯承诺将承担大幅度提高国内能源价格的义务。在俄罗斯入世过程中，欧盟一直是其最强硬的谈判对手。所以，欧盟支持其入世协议书的达成标志着俄罗斯在入世问题上迈出决定性的一步，尽管还有许多实质性的问题有待谈判解决，但俄罗斯的入世前景已经渐趋明朗。同年，俄罗斯与中国签订关于俄罗斯加入世贸组织的市场准入协议。

2005年，俄罗斯与日本达成双边协议。

2006年11月19日，经过十多年拉锯式的谈判，俄罗斯和美国在俄入世问题上达成一致，两国在越南正式签署入世双边协议。俄罗斯终于扫去了入世道路上最主要的绊脚石。根据两国达成的双边入世协议，俄工业品海关关税将降到3%，农产品约为3%。两国双边协议还规定，在入世之日起的七年内，外国汽车进口税从25%降到15%，而民用飞机进口税由20%降到10%。

2008年8月8日，俄罗斯与格鲁吉亚爆发“高加索五日战争”，为俄入世狠狠地踩了一脚急刹车。俄罗斯承认阿布哈兹和南奥塞梯独立，作为世贸组织成员国的格鲁吉亚因此断绝了同俄罗斯的外交关系，也随即中止了同俄罗斯的入世谈判。美国和欧盟一直借俄格冲突事件向俄罗斯施压，俄罗斯与美欧之间的入世谈判成果也遭到了破坏。俄罗斯入世之路“戛然而止”。俄外长拉夫罗夫2008年8月曾无奈地表示：“目前，有人想用孤立来威胁我们。俄越来越相信，没人愿意接纳我们入世。”

奥巴马就任美国总统后，对俄罗斯执行“关系重启”政策，两国关系有所改善，俄罗斯的入世问题也被重新提上日程。2010年10月1日美国和俄罗斯结束双边谈判。

2010年12月7日，欧盟与俄罗斯正式签署协议，支持俄罗斯加入世贸组织。

2011年3月，在瑞士的撮合下，俄罗斯和格鲁吉亚恢复了双边谈判，并于2011年11月9日在日内瓦签署有关俄入世协议。俄罗斯终于完成了与世贸组织所有成员国的入世谈判。

2011年11月10日，世贸组织俄罗斯入世工作组通过俄罗斯入世协议最终文本。12月16日在日内瓦举行的世贸组织第八次部长级会议正式批准俄罗斯加入世贸组织，俄罗斯入世历程由此画上句号。

2012年7月10日和7月18日，俄罗斯国家杜马（议会下院）和联邦委员会（议会上院）先后通过俄加入世贸组织协议。

俄罗斯的艰难入世原因复杂。从外部因素讲，无疑与一些成员国的阻挠有关。冷战结束后，为防范俄罗斯东山再起，美国、欧盟等西方势力一直对俄罗斯采取既合作又防范的政策，他们对俄罗斯的防范心理没有消失。俄罗斯政策的变幻莫测常常令欧洲政治家们惊恐不安。因此，尽管欧盟支持俄罗斯的市场经济改革与政治民主化进程，但几乎没有一个国家真心希望俄复兴强大。这无疑增加了俄罗斯加入WTO的难度，延缓了其加入WTO的进程。

一些成员国从自身利益的角度出发，要求俄罗斯接受苛刻的条件。如克林顿还在1998年就提出，俄罗斯应当在1998年底前加入世贸。但在谈判过程中WTO中的某些大国又总是提出各种不公平的苛刻要求，如屡屡要求俄罗斯减少对农业的补贴。实际上，欧盟对每公顷的补贴为800美元，而俄罗斯仅5美元。俄总理卡西亚诺夫曾不无指责地说："俄罗斯面临着任何一个想要加入WTO的国家都未曾遇到过的史无前例的困难和难以接受的条件。""有人表示，西方要帮助我们成为WTO成员国，可是在谈判过程中美国和欧盟却令人气恼地提出种种苛刻的要求。"他还批评欧盟国家领导人在俄加入世贸问题上设置障碍，认为欧盟提出的新的要价"可能会使俄罗斯加入世贸组织的时间延误四到五年"。

此外还有政治因素作祟，特别是格鲁吉亚因素延缓了俄罗斯的入世进程。俄罗斯和格鲁吉亚关系一直不佳，2008年两国冲突后更是断绝了外交关系。直至2011年3月才恢复双边谈判。

从内部因素看，自普京执政以来，为尽早加入WTO，俄政府做了大量工作并取得了一定的成效，但国内对加入WTO的看法不统一。俄国内各阶层对俄罗斯是否应加入WTO的思想准备不足，1999年以来随着俄经济的回升，俄决策层及媒体围绕着俄加入WTO问题进行了热烈的辩论。尽管以普京总统为核心的政府积极倡导国家应尽快加入WTO，但是国内各阶层并未形成以此为主流的统一的意见。

多年的思维习惯使俄罗斯民众对世贸组织了解甚少。议会里和学术界的一些人还担心这个高深莫测的WTO大门会把俄罗斯吞噬，纷纷主张把维护国家安全和利益放在首位，并希望在没有对其经济利益造成伤害或者好处多于害处的情况下加入WTO。杜马中也有代表认为，俄目前还不具备加入WTO的条件，俄不能接受超越其发展水平和承受能力的方案。他们要求政府在与WTO的谈判过程中尽可能多地为国家的发展争取优惠条件，国家不要急于加入WTO，更不能因匆忙加入 WTO 而损害国家利益和国家安全。有民意调查显示，90%的企业家担心受到重大冲击而反对加入 WTO。他们认为，企业的设备现有三分之二已经老化，缺乏在国际市场上有竞争能力的拳头产品，如果不顾经济形势加速加入 WTO，会使俄 4 万家企业破产，1000 万~1500 万人失业。

国内外因素的制约，使俄罗斯在加入 WTO 的许多关键的问题上与谈判方存在着诸多矛盾和分歧，注定了普京和俄罗斯要走的加入世贸之路并不平坦。虽然路并不平坦，但在世贸组织的“接待室”里已经等得太久的俄罗斯终于成功入世，这将会进一步提高俄政府在国际上的威望，同时俄罗斯也将获得一个公平的贸易环境。

和其他成员国一样，俄罗斯的入世谈判是一个妥协的过程，并最终达成彼此都能接受的入世条件。世贸组织和俄经济发展部公布的文件显示，入世后，俄总体关税水平将从目前的10%降到 7. 8%，其中农产品关税水平从 13. 2%降到 10. 8%，工业产品关税水平从 9. 5%降到 7. 3%。

俄罗斯在入世之后，必须接受国际贸易普遍规则，履行入世承诺，降低关税和开放市场，改善国内投资环境。这对俄罗斯来说既是机遇又是挑战。不过从长远看来，入世对俄罗斯经济的健康、稳定发展大有裨益。俄罗斯《专家》杂志的文章认为，入世的好处除了有助于吸引外资和先进技术、扩大出口等，还会促使俄罗斯进行内部改革，完善经济制度安排，建设公平透明的竞争环境，由此提高俄经济的整体竞争力。这对社会经济处于转型期的俄罗斯来说，或许更为重要。

5 圣彼得堡建城300周年纪念

2003年5月27日是俄罗斯圣彼得堡建城300周年纪念日。为了庆祝这个特别的日子，俄罗斯早在五年前就开始了各项准备工作，为了庆祝300周年庆典，圣彼得堡全城的人放假十天，从5月23日一直到6月1日。俄罗斯总统普京亲自出面，邀请45位国家元首和政府首脑前来参加盛大的纪念庆典。在古老的欧洲，300年的建城史并不算长，普京此次为何一改往日“低调、务实”的作风，亲自挂帅、不惜重金地大操大办，把这个庆祝活动搞得如此轰轰烈烈、兴师动众？是因为这里是他的故乡、是他爱情孕育的地方、是他走向克里姆林宫的起点吗？

不可否认，圣彼得堡这次盛大的庆典活动与俄罗斯总统普京有密不可分的关系。圣彼得堡是普京的出生地：普京于1952年10月7日生于列宁格勒（现在的圣彼得堡），而且他的小学、中学和大学时代都是在这座环境优美的城市度过的。圣彼得堡是普京获得爱情的地方：普京夫人柳德米拉21岁那年，曾在列宁格勒休假。就是在这里，普京与柳德米拉相识相恋。圣彼得堡是普京从政的起点：1990年任列宁格勒市苏维埃主席索布恰克的顾问，1991年起任圣彼得堡市政府对外联络委员会主席，1994年起同时任圣彼得堡市第一副市长。所以，普京对这里有着挥之不去的深厚感情。任总统后，他多次在这座城市接待外国代表团，与许多国家领导人举行会晤。

但普京大张旗鼓为圣彼得堡办庆典，决不仅仅因为它是自己的故乡，更多的是看中了它的象征意义。圣彼得堡不是一座普通的城市。城市在建立之初就被赋予了“通往欧洲的窗口”的意义。2003

年 5 月 27 日，普京在接受圣彼得堡记者团采访时称，圣彼得堡是俄罗斯国家胜利和苦难的象征，是欧洲人了解俄罗斯的桥梁。圣彼得堡的历史浓缩了整个俄罗斯的历史特征。它是欧洲大陆的一部分，是连接俄罗斯和欧洲的桥梁。

始建于 1703 年的圣彼得堡，完全是彼得大帝个人意志的产物。在彼得大帝之前，俄罗斯的历史围绕着莫斯科展开。彼得一世（1672—1725）是沙皇阿列克谢一世的儿子，17 岁亲政。彼得有雄才大略，他化名到当时的航海大国荷兰和英国学习造船技术，创建了俄罗斯的海军舰队。他不断对外发动战争，其中最重要的是联合北欧的萨克森（今德国北部）和丹麦—挪威，展开对北欧霸主瑞典的北方战争。在战争初期，彼得就在通往芬兰湾的涅瓦河两岸开始构筑堡垒，并命名为彼得堡。这个地方自然条件恶劣，沼泽遍布，交通不便，只有荒无人烟的原野和狼群出没的大森林。但是，这里是通向波罗的海的出口，是俄罗斯通向欧洲的海上通道。彼得以他特有的顽强意志，决定迁都此地。他不顾莫斯科贵族和官员的反对，一意孤行，既向大自然挑战，也向俄罗斯的传统挑战。在无数苦役犯、农奴和士兵的尸骨上，圣彼得堡终于在 1712 年现出了雏形，正式成为首都，造船、火药、造币和纺织等工业逐渐发展起来，彼得大帝建立圣彼得堡就是为了打破莫斯科的封闭和保守。他认为俄罗斯必须有一座全新的、按照欧洲风格设计建设的首都，他做到了。和莫斯科不同，圣彼得堡一直被认为是欧洲的，而莫斯科是俄罗斯的。《莫斯科新闻》在谈到普京的时候曾这样说道：“在苏联解体后的俄罗斯历史上首次由首都出生的人担任国家总统，但不是官方首都莫斯科，而是‘欧洲的首都’圣彼得堡。”

虽然从圣彼得堡到莫斯科坐火车一夜可至（距离 540 公里），但是圣彼得堡是优雅的、海洋的、开放的，莫斯科则是粗放的、内陆的、封闭的。在某种程度上，圣彼得堡和莫斯科这种文化上的区别，有点像中国的上海和北京之间的区别。

到 18 世纪中叶，圣彼得堡已经有 10 万人口。彼得一世在 1721 年接受全俄罗斯大帝的称号。他是俄罗斯历史上最重要的沙皇，运用暴力和强制手段在封闭落后的俄国推行欧化，包括改革政治体制，建立近代军队和造船厂，兴办非宗教的教育，提倡和鼓励商业，兴建科学院、博物馆和剧院，创办报纸，其改革措施几乎包括了当时社会生活的各个方面，甚至不准贵族和民众男子留须，强迫民众穿西式的服装。马克思说："彼得大帝用野蛮制服了俄国的野蛮。"彼得大帝使俄国成为欧洲强国，同时也对俄罗斯人民和邻国造成了巨大的伤害，对俄国历史影响至深至远。

普京与彼得大帝有相似之处：彼得曾游历欧洲，而普京在东德工作五年；他们都对欧洲社会有着切身的体验和特别的好感。普京多次表示，"俄罗斯是欧洲文化的组成部分，我无法想象自己的国家被隔离于欧洲和世界文明之外"。2002 年 1 月，普京在接受中国新华社记者采访时曾明确地说："界定一个国家、一个社会和一个民族的属性时，文明是首要因素。从地理角度看，俄罗斯是一个欧亚国家；但从文明角度看，俄罗斯毫无疑问是一个欧洲国家，因为它具有欧洲文明。"

圣彼得堡建城 300 周年庆典就是要向世界展示俄罗斯同欧洲文化与历史的接近。5 月 31 日，在带领 40 多位国家元首参观曾被纳粹德国摧毁、如今重新修复的凯瑟琳宫琥珀厅时，普京说："这个艺术圣殿已成为我们欧洲大家庭新关系的象征。"在凯瑟琳宫偏殿举行午宴时，普京再次强调："就圣彼得堡的历史和文化而言，俄罗斯明显地成为欧洲不可分割的部分。"此前，普京曾说过，俄罗斯选择的道路是"西欧文化的一部分"，"无论我们生活在哪里，远东还是南方，始终是欧洲人，我们将努力留在我们地理和精神所归属的地方，如果有谁想把我们从这里排挤出去，我们将被逼寻求建立联盟，巩固自己的地位"。

300 年前，彼得大帝建造了圣彼得堡，为俄罗斯开辟了通往西方的道路和走向强大的契机。因为圣彼得堡，俄罗斯成为海洋大国。因为圣彼得堡，俄罗斯融入欧洲。这位俄罗斯强人当时说："设若天假我以年，圣彼得堡将变成另一个阿姆斯特丹。""给我 20 年，还你一个奇迹的俄罗斯。"这是普京的承诺。两人多么相似的语气！

普京向国内外表明：他将像彼得大帝一样，以开放的姿态积极融入西方！

圣彼得堡300周年庆典之际，作为东道主，普京面带微笑地引领着各国政要在圣彼得堡走街串巷参观名胜古迹、畅游涅瓦河领略两岸的怡人风光。圣彼得堡各国元首峰会是自伊拉克战争结束以来全球范围内举行的第一次大型国际首脑会议，这次声势浩大的庆典活动成了普京重振俄罗斯雄风的一次成功尝试。

普京向世人显示：我将使俄罗斯重新崛起！

"强国秀"是普京"做大"这次庆典活动的初衷。普京称此次庆典活动旨在"抛砖引玉"，唤起人们对圣彼得堡、对俄罗斯的重视。圣彼得堡300周年庆典是俄罗斯向世界展示自己、提升本国国际形象、鼓励国人奋发图强、重振大国雄风的良机。普京之所以选择圣彼得堡作为展示俄罗斯的舞台，这跟圣彼得堡在俄罗斯的特殊地位有关。昔日，彼得大帝领导的俄罗斯是个国力日盛、影响力很大的国家；如今，普京领导的俄罗斯也正在重新崛起、重振雄风。在俄罗斯人的心目中，圣彼得堡是俄罗斯辉煌的象征、文明的起点。

圣彼得堡是俄罗斯近代史的一个缩影。它见证了从强悍的沙俄，到内忧外患的苏俄，从集权的苏联，到蛰伏的俄罗斯的兴衰变化，经历了革命和战争的洗礼。从圣彼得堡到彼得格勒、列宁格勒，最后回到圣彼得堡，名字的变迁也折射出这座城市所走过的沧桑。平民出身的普京是一位实干家，他承认俄罗斯衰落的现实，但不能容忍这种情况的继续发展。执政以来，普京一直以重振俄大国地位为己任。此次大张旗鼓地庆祝圣彼得堡建城300周年，是借历史凝聚人心的一个举措。俄罗斯人想以此向世人表明，他们在拥有强大的过去的同时，也将努力创造强大的未来。

俄罗斯民族一向崇尚强势人物，从彼得大帝、叶卡捷琳娜大帝一直到列宁、斯大林，这些领袖人物的一言一行都深刻地影响了俄罗斯人的日常生活。当一个伟人消逝时，俄罗斯人总是期待着另一个伟人能够站出来带领他们。上个世纪末，绝大多数俄罗斯人已经厌烦了叶利钦这样一个反复无常的领导人，他们期待一位年富力强、有主见的人物来带领俄罗斯走出困境。这时，"谜一样的"普京担当起了这个角色。在整个俄罗斯陷入困境的时候，普京一上台就对外展示出强势的形象，圣彼得堡300周年庆典为普京提供了一个个人表演的舞台，通过这次活动，普京的支持率再度攀升，俄罗斯人说："普京很有能力，我们寄希望于他。"

在圣彼得堡——他的家乡，普京周旋在各国元首之间，与他们会见、交谈、举杯、参观古迹、观看演出。普京上演了一出以他本人和俄罗斯为主角的大戏。在流光溢彩的演出背后，普京的潜台词是，相对于三年前那个民生凋敝的俄罗斯，如今的俄罗斯正逐步走出困境、恢复实力，他要像彼得大帝那样，重现俄罗斯的辉煌。

"外交秀"是普京在此次圣彼得堡庆典中的重头戏。外交政策相当灵活的普京总统借圣彼得堡庆典之际邀请各国元首，以创造和谐气氛，拉近关系。中国国家主席胡锦涛、美国总统布什、法国总统希拉克、英国首相布莱尔和日本首相小泉纯一郎等40多位国家元首和政府首脑出席了圣彼得堡市建城300周年的庆典，这些国家领导人借此机会在这里举行了各种各样的双边和多边的会晤。

出席圣彼得堡建城300周年这样的庆典，各国元首当然不能空手而来。各个国家向圣彼得堡赠送了各式各样的贺礼。在各国赠送的礼物中，最大的礼物来自中国。上海市作为圣彼得堡市的友好城市，从2002年8月起就开始在圣彼得堡建造具有中国江南特色的庭院——"友谊园"。"友谊园"是一座开放式街心庭院：园中间部分是一块九龙壁；右侧为中国传统的庭院、云墙、亭子；左侧则是由叠石和一潭清水构成的自然山水景观；一条石板路将左右景观串连成一个完整有序的中国山水画。

法国的贺礼是一座"和平塔"。这是一个高17.5米的透明塔，塔周围用世界32种文字书写着"和平"二字。该塔采用内部照明，塔顶安装有燃烧的红灯。

德国在300周年庆典公园内修建了一条菩提树林荫道。德国总理施罗德还为俄罗斯博物馆带来了根据果戈里小说人物创作的一座高140厘米、重240公斤的青铜塑像。

澳大利亚为庆典公园赠送了一批长椅。芬兰在公园内建造了一个由300棵树组成的苹果园。日本则在圣彼得堡的大小公园内栽种了几千棵樱花树。

意大利在圣彼得堡市修建了三座意大利建筑师的雕像。水城威尼斯市赠送了一条威尼斯游船。瑞士送的礼品是一个和日内瓦市一样的花钟。

瑞典为圣彼得堡市特制了一个气温保持在零摄氏度以下的冰屋。捷克决定在库普契诺镇建造好兵帅克纪念碑。泰国则向佛寺赠送了一座佛像。

俄罗斯圣彼得堡举行建城300周年庆典期间，应邀参加庆典活动的40多位世界各国元首每人都将收到一份特别的礼物：一部由普京总统亲自作序的名为《圣彼得堡1703—2003》的巨著。这部书连同其特制书套重达10公斤，装帧极为考究：书皮为深蓝色，烫金边，印有圣彼得堡市徽，市徽由有色珐琅制成，书签为三色丝带，扉页印有普京总统肖像。《圣彼得堡1703—2003》一书长达1000多页，内有数百幅插图。这部书记述了涅瓦河畔这一英雄城市的历史、传统及其人民英勇顽强斗争的光荣事迹。本书是普京总统特为前来参加庆典的世界各国元首和代表团准备的官方礼品之一。该书分“要人本”和“普及本”两种。“要人本”印数为1000册，“普及本”为4000册。除这一巨著外，每位国家元首还可获赠一台带有圣彼得堡市标志的座钟。而其每个随行人员都将得到一枚圣彼得堡建城300周年纪念章。

昭示着大国梦想的圣彼得堡庆典的辉煌转眼已成过去。对于普京而言，如何在梦想和现实之间成功搭建起桥梁才是关键所在。

6 反法西斯胜利60周年阅兵式

2005年5月9日，历史再次铭记莫斯科。这一天，莫斯科成了全球瞩目的焦点，红场上盛大而独特的欧洲反法西斯胜利60周年阅兵式吸引了众人的眼球。老兵再次列阵走过红场。自豪、胜利、欢庆，充满莫斯科大街小巷。俄罗斯总统普京5月的巅峰之作，不仅展现了他的外交才能，而且彰显了俄罗斯的大国自信——曾经没落的俄罗斯正告别历史的悲情，一个新俄罗斯已站稳脚跟，正在重新发力、崛起。

俄罗斯总统普京、中国国家主席胡锦涛、美国总统布什、联合国秘书长安南等50多个国家的领导人和国际组织的代表，2500多位参加过战争的老战士以及俄各界代表和外国客人共约8000人观看了阅兵式。当天的阅兵式现场，检阅台上坐着来自世界50多个国家的领导人及一些国际组织的领导人，他们检阅了威严走过的方队。在列宁墓正前方搭建的检阅台上一共设置了五组贵宾观礼台。正中央的观礼台是东道主俄罗斯总统普京的。以身着黑西服，佩戴红底白点领带的普京为中心，他的右手边依次坐的是身穿米色风衣的普京夫人；身穿黑色风衣，戴着一副黑框眼镜的法国总统希拉克；身穿黑色西服，脖系金色丝巾的德国总理施罗德夫人和身穿黑色西服，佩戴斜条领带的德国总理施罗德。在普京总统左边依次坐的则是身穿深蓝色西服，佩戴红色领带的美国总统布什，身穿军绿色风衣的布什夫人劳拉和身穿黑色西服，佩戴深蓝色领带的中国国家主席胡锦涛。日本首相小泉和意大利总理贝卢斯科尼坐在中央观礼台左侧另一组观礼台上，与俄、中、美、法、德的元首不在同一组观礼台上。

莫斯科街头巷尾，迎风招展的彩旗随处可见。城市主干道上方拉起了横幅，上面写着“光荣啊，英雄!”“庆祝胜利日!”等标语。街边欢庆节日的广告牌触目皆是。商店里摆满了庆典纪念品。莫斯科书店在橱窗里展出了几十封人们致老战士的信，其中一封信上写着：“亲爱的老兵，是你们给了我们未来，感谢你们带来的和平生活。”市中心的红场已戒严多日，以便筹备胜利日阅兵式。红场上空，一艘悬挂着红旗的飞艇在“游弋”，旗帜上“胜利”一词十分醒目。红场边的历史博物馆外墙上悬挂着指挥卫国战争的数位苏联元帅画像，博物馆前方策马驰骋的朱可夫元帅雕像英姿飒爽。十年前为纪念卫国战争胜利50周年而修建的俯首山胜利广场，现在显得更加雄壮。广场一侧增加了15座形似华表的铜制纪念碑，上面刻着卫国战争期间前苏联主要参战和后勤部队的名称。新竖立的苏、英、美、法四国士兵雕像威武庄严，显示出正义之师不可战胜的气概。广场中央的方尖碑上端，胜利女神像张开双臂，仿佛在迎接庆典的到来。

纪念活动宣传委员会主席马卡罗夫介绍说，为庆祝今年“5·9”胜利日，莫斯科市内共挂了5万面彩旗、200条大型横幅、3000多张宣传画和200多公里长的彩灯。

这次纪念活动中最抢眼的当属俄罗斯总统普京了。对普京而言，这场表演也是一次吸引全世界“眼球”的良机，彰显其恢复俄罗斯大国雄风的努力。普京在阅兵式上发表了讲话，以下是他精彩的讲演内容：

> 亲爱的俄罗斯公民！尊敬的嘉宾！战士、水兵、士官同志们！军官、将军同志们！
>
> 祝你们胜利日快乐。这是和平和公正的节日，这是善良战胜邪恶、自由战胜专制的节日，向你们致以节日的问候。
>
> 60年过去了，在每年的5月9日，我们都要缅怀战争中殉难的死者，我们记住这场战争，它要求我们恢复理智，它要求我们充满崇高的责任感。它使我们更加清醒地认识到，当时的世界处于怎样的危险边缘，暴力、种族仇视、种族灭绝会引起

灾难性后果。我们将记住，这些行径将导致恐惧、死亡和仇视。我们将永世铭记献出生命的人们、战斗的人们，以及在后方辛勤劳动的人们，我们将缅怀死者。

作为被拯救者，我们将最崇高的敬意献给他们。共有61个国家和世界80%的人民被卷入二战的战火，战火不仅席卷欧洲，而且遍及亚洲、非洲国家，甚至到达了美国和阿拉斯加沿岸、澳大利亚边境，但是最残酷的和最具有决定意义——决定这场非人道战争结束——的事件发生在苏联国境。

法西斯德国企图通过闪击战奴役我们的民族和国家，但是它的计划最终破产了，苏联红军首先在莫斯科城下挡住了纳粹的进攻，在随后三年时间内，不仅顶住了进攻，而且迫使它后退并给予它迎头痛击。莫斯科战役和斯大林格勒战役、英勇的列宁格勒保卫战、库尔斯克弧形区战役和第聂伯河的胜利预先决定了第二次世界大战的胜利。苏联红军通过解放欧洲和柏林战役为二次大战画上了句号。

亲爱的朋友们，我们永远不会将胜利分为自己的胜利和别人的胜利，我们将永远记住盟友——美国、英国、法国和其他反希特勒联盟的国家，德国和意大利的反法西斯者——的援助。

今天我们向在反抗纳粹暴政中表现出英勇气质的欧洲人民表示敬意。我们也知道，苏联在战争期间失去了上千万公民，在战场上捐躯的战士来自苏联所有的民族。苏联各族人民和各共和国承受了巨大的损失，悲痛在每家每户中弥漫。因此5月9日对独联体各国家而言是一个神圣的日子。我们和他们有共同的悲哀，共同的纪念以及对后来人共同的责任。

我们将向后人传递我们创造历史伟业共同的理想和抱负的精神。我相信，我们的兄弟情谊和友谊将常在。俄罗斯准备和自己的邻国，和世界上所有的国家共同建立面向历史和面向未来的关系。

历史告诉我们，各个国家和民族不应忽视那些可能造成死亡的纲领，不应忽视新的危险是从哪里以及如何产生的问题。

战争的教训警告我们，纵容暴力、无所作为以及消极等待必将导致世界悲剧的重演。

因此，在当前面临的恐怖主义的危险面前，我们应该忠诚于父辈的遗志，我们应该捍卫基于安全、正义、相互关系新文化基础之上的世界秩序，不允许出现冷战、热战。自全球对抗时代结束后，我们向崇高的目标——保卫欧洲和平、稳定——迈出了实质性的步伐。我们的政策建立在自由、民主、每一个国家独立选择自己的发展道路之上，我们的政策建立在对所有民族的信任和寻找文明前景之上，包括那些走过对抗道路但能够找到全球对话和合作的道路的国家。俄罗斯和德国之间的关系就是这种政策最典型的例子。我认为这是战后欧洲最应该珍视的成果之一。这个例子值得在现代国际政治中推广。

尊敬的俄罗斯公民，尊敬的嘉宾！对我们国家而言，5月9日曾经是、将来也是一个神圣的日子。这个日子将使我们所有的人变得崇高，这个日子使我们的心灵充满了最复杂的感情，既有喜悦，又有悲伤、痛苦以及感激。它呼唤做出最崇高的道德举动，它要求我们再一次向那些使我们得以自由生活、劳动、欢乐、创造、相互理解的人们致敬。胜利日是我国最亲切、最真诚的全民节日。对苏联各民族而言，胜利日将永远是伟大的民族壮举之日，对欧洲和全世界国家而言，它是世界得到拯救之日。我们的祖辈和父辈为了荣誉、自由不惜生命，他们万众一心捍卫祖国。今天我向伟大卫国战争的老战士深深鞠躬，祝他们长寿、健康。光荣属于伟大卫国战争和第二次世界大战的军人——胜利者。祝胜利日快乐，光荣属于俄罗斯，乌拉！

据报道，为准备卫国战争胜利60周年庆典活动，俄罗斯政府总共花费了60亿卢布（约合2.14亿美元）。俄罗斯为何如此隆重地举办这次庆典呢？

首先，普京希望通过这次纪念活动振奋俄罗斯的民族精神。普京举行如此大规模的纪念活动主要是为了弘扬整个民族积极向上的精神，提高国家底气，激发人民建设国家重新崛起的热情。

其次，普京希望俄罗斯的国际声誉和影响力通过活动得到提升。苏联在二战时期的国际威望大幅上升，这次普京希望借卫国战争胜利 60 周年的契机重拾苏联的辉煌，使俄罗斯在国际舞台上发挥更大作用。

最后，普京希望借此机会加强与欧洲国家尤其是欧洲大国的关系。这次普京与德国总理施罗德配合得非常好，他们在庆典前夕同时公开客观回顾历史、承认历史，并表示将铭记历史教训，共同开辟未来。纳粹德国是二战的元凶。二战后的德国努力正视历史，不断采取措施积极反省，得到国际社会广泛认同。相反，日本企图掩盖其侵略历史，极大地伤害了亚洲国家和人民的感情，也引起了公众的警觉。

莫斯科，850 年历史，一座流着血与泪、充满光荣与梦想的城市。横扫欧洲大陆的拿破仑在这里折戟沉沙，不可一世的希特勒在这里一败涂地。正当梨花又开遍天涯，普京又一次彰显莫斯科光辉的历史。苏联在二战中的惨烈贡献，使她获得了世界的尊重。巨大的民族牺牲中，普京的家也未能幸免。在列宁格勒被德军包围的 900 天里，他失去了哥哥，父亲在战斗中负伤，母亲一度濒临死亡边缘。普京说："一支埋尸队已把她放进尸体堆……我父亲把她从那里拖了出来，母亲之所以能幸存，是因为父亲把他在医院的病床让给了她。"战争的惨烈，可能是今天的人无法想象的。普京邀请世界各国领导人齐集莫斯科也是向西方发出信号：这是一个已振作起来的俄罗斯，在世界面临恐怖威胁的时候，西方也应如 60 年前一样和俄罗斯同仇敌忾，慷慨赴敌，而不是采取双重标准，排斥俄罗斯。

第五章 英雄也有落寞时

虽然几乎所有人都认为，普京是轻而易举地当上俄罗斯总统的，但是在这样千斤重担的压力之下，也注定普京的总统之路绝对不会是平坦的。普京展现在人们面前的，是一个强硬的铁腕总统的形象，然而，谁又能理解他心中的悲凉和无奈呢？普京上任以后，一系列突发事件和恐怖事件像噩梦一样困扰着他。

1 “库尔斯克”号的沉没

首先向普京发难的是“库尔斯克”号核潜艇沉没事件。

2000 年 8 月 12 日，在普京就职后不到 100 天，俄罗斯最先进也是最安全的核潜艇“库尔斯克”号在巴伦支海参加北方舰队演习时不幸发生爆炸沉没，艇上 118 名船员全部遇难。事发之后，俄罗斯国内对普京的批评骤然升级，甚至有人提出质疑：普京到底适不适合领导这个国家。

12 日，在巴伦支海参加军事演习的俄罗斯北方舰队“库尔斯克”号核潜艇上的人员在准备发射鱼雷时，由于易燃物质过氧化氢从鱼雷上一个微小的裂缝泄漏，鱼雷装置发生爆炸，爆炸引起潜艇隔仓内温度急剧上升至二三千摄氏度。在第一次爆炸发生两分钟后，潜艇内存放的其他鱼雷发生第二次大爆炸，导致“库尔斯克”号核潜艇沉没。

“库尔斯克”号多用途战略导弹核潜艇是俄罗斯海军奥斯卡级 II 型飞航式导弹核潜艇的第十艘舰艇。该艇由俄“王牌”武器设计局——“红宝石”设计局设计，俄北德文斯克造船厂制造。该潜艇上的许多设计方案都是世界上独一无二的，如采用了双壳体结构，艇体宽大，耐压壳体与非耐压壳体之间的两舷各约有3米的距离。西方国家曾认为，其双层壳体至少需三枚MK—46型鱼雷才能击穿。“库尔斯克”号的续航能力为120天，最大下潜深度为300米，是专门用来攻击航空母舰的，曾被俄罗斯媒体誉为“航母终结者”。目前，世界上任何一支舰队都没有找到对付这种潜艇的有效武器。据英国权威军事研究机构的《简氏防务周刊》透露，一艘“库尔斯克”号级别的潜艇可以击沉一艘航空母舰和航母编队的其他舰艇，同时还可以攻击敌方的潜艇。

“库尔斯克”号于1994年5月下水，1995年1月正式加入俄北方舰队服役，为俄海军最新的战略核潜艇，也是当今世界最大的核潜艇之一，隶属于北方舰队第四十一巡航导弹核潜艇大队。指挥“库尔斯克”号核潜艇的是45岁的海军上校根纳季·利亚钦，他是一位经验丰富的潜艇指挥官和潜艇专家，多次获得奖章。1999年10月，俄海军司令库奥多夫海军上将在“库尔斯克”号从大西洋完成任务返航后，曾高度评价“库尔斯克”号艇员的职业水准，称该潜艇上的官兵为俄海军潜艇部队的精华。

就是一个装备如此精良的庞然大物却突然于2000年8月12日在巴伦支海举行的演习中沉入了海底。在此次演习中，“库尔斯克”号潜艇担任水下演习指挥艇。当天15时前后“库尔斯克”号发现敌“目标”立即下潜，准备向“目标”发起攻击。15时—18时，俄北方舰队司令波波夫海军上将接到根纳季·利亚钦舰长关于发现敌“目标”，准备发起攻击的报告。波波夫上将同意根纳季·利亚钦的请求。此后，“库尔斯克”号便与指挥舰失去联系。指挥舰以为“库尔斯克”号核潜艇通讯设备发生故障，下令每隔30分钟呼叫一次“库尔斯克”号。12日晚或13日晨，临近的舰船和潜艇听到从“库尔斯克”号核潜艇上传来的爆炸声，还以为“库尔斯克”号在发射鱼雷。

13日11时—13时，指挥舰与“库尔斯克”号的联系尚未恢复。波波夫上将立即向俄海军总司令部报告，并亲自率舰寻找。

14日8时—11时，海军总司令库罗耶多夫向正在黑海度假的普京总统汇报了事故和寻找情况。但普京并没有立即结束休假赶往现场，这使他留下了被人指责的把柄。而此时参加寻找的舰只接到命令，立即关机，保持安静，目的是为了通过海底的声音来判断“库尔斯克”号的准确位置。11 时—16 时，深水营救装置“警钟”号微型潜艇发现了已沉入海底的“库尔斯克”号核潜艇，并收到潜艇内敲击艇壁的信号。“警钟”号微型潜艇迅速浮出水面，向波波夫上将报告了勘察结果。经勘察发现，“库尔斯克”号发射报警求救信号弹的装置严重受损。核潜艇的设计人员紧急赶往出事地点。18 时至 0 时，海军总司令库罗耶多夫做出初步结论：在核潜艇进水舱内很可能有人员死亡，船体已不能自行浮出水面。他立即下令，尽一切可能营救艇上人员。同时他指出，舰艇和人员获救的可能性极小。

15 日俄罗斯成立由副总理克列巴诺夫任委员会主席、海军总司令库罗耶多夫任副主席的事故调查委员会，负责处理“库尔斯克”号的救援工作，俄北海舰队司令波波夫亲赴出事地点，直接指挥营救。20 余艘俄罗斯海军舰艇聚集在出事海域，进行紧张的抢救。救援人员试图将救生舱沉入海底与“库尔斯克”号对接，但由于当时空中乌云密布，海面上风大浪高，海底水流湍急，能见度低，对接没有成功。当晚，克列巴诺夫副总理向普京汇报营救的最新情况。

16 日俄罗斯总统普京就潜艇被困一事首次正式表态。普京承认：“目前‘库尔斯克号’潜艇的情况非常危险。”

17 日英国 LR—5 救援潜艇和挪威救援人员分别乘船赶往巴伦支海，俄海军官员前往布鲁塞尔，就救援工作的技术性问题与北约进行协商。“库尔斯克”号面临着灾难性的形势。

18 日俄军方透露，俄海军救援装置首次接触到“库尔斯克”号的逃生舱口，但由于舱口遭到严重损坏，救援装置无法与潜艇对接。与此同时，对潜艇内人员已经死亡的猜测越来越多。

19 日俄北方舰队总参谋长莫察克发表讲话说，“库尔斯克”号的多数密封舱都已经进水，估计艇上人员都已经死亡。

同时，经过两天多的海上航行，应邀而来的英国救援潜艇 LR—5 及挪威深海潜水员终于抵达出事海域。

20日挪威深海水下摄像机拍摄到了“库尔斯克”号的镜头，录像资料显示，失事潜艇的逃生舱口遭到严重破坏，估计LR—5救援潜艇也无法与之对接。在这种情况下，身穿特殊防护服的挪威深海潜水员在海下作业数小时，试图用人工方法打开舱盖，但没有成功。与此同时，俄罗斯总统普京表示，俄将把抢救潜艇内人员的努力进行到最后一分钟。

21日格林尼治时间上午9：00，挪威潜水员在几经努力之后，终于打开了“库尔斯克”号潜艇应急舱的内外两层密封舱门。人们最为担心的情况也随之出现在潜水员们的眼前，潜水艇的隔离舱里早已充满了水，被困在潜水艇中的118名船员已经全部遇难。

挪威潜水员的发现使得在俄罗斯北方海军基地摩尔曼斯克焦急等待着亲人们消息的遇难船员家属心中残存的最后一线希望破灭了。尽管俄罗斯当局声称大多数“库尔斯克”号上的船员在事故发生的最初时分便已遇难，但家属们对当局处理危机的做法还是怨气冲天。

普京在“库尔斯克”号沉没事件中做出的反应，令他受到多方面的指责。很多人因为这一事件而谴责俄罗斯政府是“苏联的翻版”。作家阿科辛诺夫说，悲剧的发生是因为俄罗斯政府的部分官员还没有摆脱“国家机密的纠缠”和固守冷战思维的心态造成的。

《消息报》评论说，谎言与恐惧现今已是俄罗斯政坛的标志，当牵涉到人民的生命时，海军官、将军及政府高层不应只是说谎、推诿、考虑个人政治生命，“库尔斯克”号事件已成为一大丑闻。

俄《共青团真理报》在17日以红色大字写道：“‘库尔斯克号’的船员昨天没有发出声息。为什么总统还不说话？”该报说“全国上下过去五天只关注一个问题——那就是他们是否会获救，他怎么可以默不做声？”“只要普京一声令下，懒散的海军将领一定会采取行动。”同时深受普京打击的俄罗斯“寡头”也开始了疯狂攻击。别列佐夫斯基所办的《商业报》说：“普京认为他无法从这起悲剧中得到任何政治利益，因此选择保持低调。”

《独立报》说：“在最悲惨的时刻，总统普京却在索契逍遥。当时，他的智囊团或他自己本身显然相信宣传和公关官员赢取民心的能力。”

戈尔巴乔夫也批评普京总统没有及时抢救受困在“库尔斯克”号核潜艇的官兵，犯了“大错”。他在接受莫斯科回声电台的电话访问中说：“我以一个决策者和知情者的身份认为，他不是被误导就是对局势误判。”他补充说，俄罗斯总统应该“亲临现场主持抢救行动以及决定是否应该让其他国家也参加”。戈尔巴乔夫说，俄罗斯总统坐失也许可以拯救那艘出事核潜艇官兵的良机，那些官兵的生还机会已经越来越渺茫。

国外媒体也表示了对普京的不满。英国《每日电讯报》认为因为俄罗斯迟迟没有向外国求救，而导致船员未能获救。《每日电讯报》说：“过去几天所发生的事反映出，该国并没有在这名年轻、精力充沛的领导人执政下复兴，而是具有和过去相同的弱点。”“隐瞒意外的严重性以及无谓的尊严，延迟了当局向外国寻求援助，这可能导致人命丧亡，两者反映出俄的最大弱点。”“普京无疑希望，只要他保持低调，就能不对这起灾难负责。”

有人说，普京在事发后没有立刻结束休假前往出事地点是他的“大罪”之一；普京的另一“罪过”，就是他没有及时、准确地向一亿多俄罗斯人报告事件真相。面对责难，普京在 18 日对此进行了驳斥，他认为俄军方在“库尔斯克”号发生意外事故后采取的救援措施是及时和正确的。未能迅速向公众通报，是因为应该提供客观、翔实的信息，军方首先要搞清发生了什么事情。普京说，在得到“库尔斯克号”核潜艇失事的消息后，他的第一反应就是立即赶往出事地点，但是为了不打扰营救失事核潜艇的专家们，他放弃了这一想法。普京在对记者解释他为何没有因俄核潜艇事故中断休假时说：“不懂技术的高官在出事地点不但对营救行动没有帮助，还往往起到反作用。”

其实在“库尔斯克”号核潜艇救援问题上俄罗斯坚持首先依靠自己的力量是可以理解的。“库尔斯克”号是俄海军新型主力战略核潜艇，涉及海军核心机密，如接受外国，即北约等西方国家的援助，等于将自己的战略海军向潜在的对手敞开门户。尽管“救人要紧”，但从国家安全来看，这是一种“痛苦的选择”。

在整个事件中普京的最大错误就是在开始时对船员家属关心不够。尽管他后来有所补救，但为时晚矣。当时如能把这事处理得好一点，他所受到的压力就会小得多。对普京来说，对此次事件的最佳选择就是“忍辱负重”，2000 年 9 月 1 日普京在电视上也承认了对这件事负有责任。后来，普京也坦言，后悔在“库尔斯克”号核潜艇失事时未中断度假，表示“‘库尔斯克号’沉没时他应该从度假地返回”。

2000 年 8 月 23 日，对于俄罗斯全国来说是一个非常沉重的日子。这一天，俄罗斯宣布为那些沉在巴伦支海海底的“库尔斯克”号潜艇遇难的水兵们致哀。普京在答俄罗斯电视记者问时表示，已经感觉到了责任的重大和对这个悲剧的负罪感。普京说：“我们当然要考虑我们的水兵，考虑水兵的家庭。应当考虑军队的未来。毫无疑问，也应当做出一定的结论。您知道，昨天在维佳耶沃会见了受难者的亲属，今天会见了相当著名的和有经验的人、多年从政的人，他们说，必须表现出坚决果断，一定要革某个人的职，最好是把他送进监狱。这对我来说是摆脱这个困境的最为简单的办法。但我认为这是非常错误的，过去有人不止一次地这么做过。但这不能改变问题的实质。如果某人有罪，当然要对有罪的人给以惩罚，这是毫无疑问的。但我们应在弄清发生悲剧的客观原因和救援工作进展的客观情况之后才能做出结论。

“今天，我可以告诉您，在前天，是国防部长伊戈尔·德米理·特里耶维奇·谢尔盖耶夫，在昨天，是海军总司令和北方舰队司令向我递交了辞职报告。我没有接受这些报告。我重申，在没有弄清楚发生了什么事情、原因在哪里、有没有责任人之前，是不会接受他们的辞呈的。是有责任人，还是几个悲惨因素的巧合，这还没有弄清楚。不会因为感情的一时冲动和偶然因素的巧合而不分青红皂白地进行处罚。我要与军队在一起，要与舰队在一起，要与人民在一起。我们携起手来一定会重建陆海军，振兴国家。我对此毫不怀疑。

“近来常常听到的一个论点很使我伤心，说什么舰队的荣誉、俄罗斯的荣誉同‘库尔斯克’号潜艇一起沉没了，等等。您知道，我国经历的动荡年代不只这些。我们，我们的先人经历过更为严重的灾难，我们都挺过来了。俄罗斯总是有前途的。我们今天所经受的是非常沉痛的事件。但是我绝对相信，相信这个事件不会使我们的社会和人民瓦解，而会使我们的社会、我们的人民团结起来。我相信，我们不仅能够一起克服近几年我们遇到的悲剧事件的后果，这里有自然灾害，也有社会的和工业的灾害。我们能克服所有这些灾害，我们能够重建陆海军，振兴国家。”

7月27日俄罗斯总检察长乌斯季诺夫向普京总统呈交了关于“库尔斯克”号事故原因的调查报告。这份千呼万唤始出来的百页报告总算为事故的原因调查画上了句号。报告指出沉没原因是“库尔斯克”号上的鱼雷零件故障导致易燃体泄漏。

2001年10月8日，“库尔斯克”号核潜艇最终由“巨人—4”号大型驳船从巴伦支海海底打捞出水，并停泊在位于科拉湾畔的罗斯利亚科沃镇附近的船坞中。

普京表示：“打捞库艇的第一个原因就是树立政府说到做到的良好声誉。早在第一次为库艇沉没问题召开的会议上，我就保证一定要打捞库艇。我认为我们既然说了，就一定要做到。俄罗斯在过去的几年中存在的一个问题就是民众对政府的不信任。不管是在政治、经济和金融等各个领域，只有政府说到做到，才能重新赢得民众的信任。这对一个国家的内政十分重要，也是我们打捞库艇的首要原因。其次，出于对环境生态方面的考虑，如果存在着把潜艇里的核反应堆打捞出水面的可能，那我们就一定要去做。经过专家的多方论证，证明了我们可以在外国同行的帮助下实施打捞计划，这是我们的第二个原因。最后一点，但却同样重要的是我们希望通过对打捞出水后的库艇的研究，找出其沉没的真正原因。这对于俄罗斯海军和整个军队都是十分重要的。因此，出于上述几点考虑，我们决定打捞沉没的‘库尔斯克号’。”

2001年11月28日，俄罗斯总统普京在接见“库尔斯克”号核潜艇打捞行动参加者的讲话中，指出打捞“库尔斯克”号不仅是国家责任，也是道义责任。普京说：

首先，我衷心地欢迎今天来克里姆林宫的所有人。实不相瞒，我非常想与你们见面，不仅想和来这里的所有人见面，而且还想与参加“库尔斯克”号核潜艇打捞行动的所有人见面。我想见面，不仅仅是为了做总结，总结由专家来做，他们要比我做得更好。首先，我要感谢你们，感谢以你们为代表的参加了这一行动的所有人，对你们的工作成果表示衷心的感谢。

这不仅是艰难的行动，而且也是独一无二的行动。我们都非常清楚，这背后包含的不仅有技术指数，而且还有人们的巨大期望。对于我们，首先我指的是俄罗斯人，打捞“库尔斯克”号不仅是国家的责任，这首先也是道义责任。

我们清楚你们要绷紧神经、抑制自己的情感、耐心地工作到有结果为止所要付出的代价。我再说一遍，对于俄罗斯来说，这既是追悼牺牲的海员所要尽的一种道义责任，也是对他们的亲人所要尽的一种道义责任。

普京坦承，“库尔斯克”号核潜艇的沉没不仅对他本人，而且对俄罗斯军队甚至整个国家都是沉重的打击。

俄罗斯总统普京在受到公众的猛烈抨击后，表现出了一个领导者应有的冷静和果断。他说，对于这起导致118名官兵丧命并激怒全国的潜艇惨案，他必须负责，同时也感到很内疚。虽然俄罗斯国防部长谢尔盖耶夫和海军首长库罗耶多夫上将已经因“库尔斯克”号沉没事件而引咎辞职。不过，普京说，他不会接受他们的辞呈。他说，寻找代罪羔羊将是“最错误的反应”，“对于这起惨案，我全权负责”。

普京在安抚遇难官兵家属和平息国内外舆论方面，也表现出了非凡的驾驭能力。普京在维佳耶沃潜艇基地会见悲恸的殉职官兵家属数个小时，接受家属质问。一身全黑的普京脸色深沉，他说：“没有任何言词能表达出我想要说的话。很难选择这些言词。简直要号啕大哭一场。”出事潜艇的副舰长谢尔盖的遗孀杜德科说：“这番谈话是他的由衷之言。他承认他问心有愧，而且反应迟缓。他也说，主要的原因是缺乏资金。”普京会见家属长达六小时，一直到午夜过后仍未结束。俄罗斯老百姓和总统齐聚在一个拥挤的小礼堂里是前所未有的。

虽然许多俄罗斯人极其不满政府在早期采用保密的方式处理“库尔斯克”号潜艇遇难事件，但是一些观察家认为，与苏联时代处理意外事件的方式相比，俄罗斯政府的处理方式还算是透明和公开的。前苏联时代曾在苏联红军服务的陆军上校库迪耶卡瓦说：“如果这次灾难发生在15年前，我们很可能会一无所知，或者我们也许会听到诸如‘技术问题，3人死亡和2人受伤’之类的只言片语。”来自《俄罗斯商业日报》的卡巴可夫也说：“在过去几十年中，没有人知道在这个国家发生的飞机相撞、轮船沉没和工厂爆炸事故，我们生活在一个各方面都是最好的国家里。”也有评论指出：“在俄罗斯这个独裁主义历史根深蒂固的国家，普京的言论显示出他已经感受到民意，并积极想恢复国家的信心。这种作风是前所未有的。”

“库尔斯克”号事件虽然已经结束，但却对普京及俄军产生了深远的影响。

首先，俄核潜艇事故对普京是个沉重打击。普京正决心重建俄海军昔日雄风，一直让俄海军为之自豪的核潜艇沉没对于声称要做海军大国的普京来说无疑是当头一棒。普京上台后，一直大力加强俄海军建设。所以，俄《独立报》说，此次在巴伦支海发生的悲剧性的事件无疑给这位雄心勃勃的新任总统泼了一盆冷水。对“库尔斯克”号的拯救“不仅仅是‘库尔斯克’号战略核潜艇以及潜艇中的海军官兵本身，而且还是在拯救这支舰队，乃至俄海军的未来”。

其次，“库尔斯克”号的沉没暴露出了俄军存在的问题。强兵必先富国。自苏联解体之后，俄经济持续危机，对包括海军在内的俄军队建设造成了巨大影响。据报道，俄每年的军费开支仅有50多亿美元，这与美军每年2800亿美元的国防开支简直无法相比。“库尔斯克”号核潜艇事件沉重打击了俄罗斯海军的士气，也使得当时正在度假的普京形象受到一定损害，更让普京深刻地意识到加强国防的重要性。为改善俄军队形象，俄罗斯政府和军方做了大量工作。随着“库尔斯克”号的成功打捞和“猎豹”号多用途核潜艇的下水以及军事改革的展开，俄罗斯军事大国形象有所恢复。

2　莫斯科轴承厂文化宫大劫案

2002年10月23日晚，50多名车臣恐怖分子，潜入莫斯科轴承厂文化宫，将正在现场的大约800名观众和演职人员扣为人质，要求俄罗斯政府与车臣分裂分子进行谈判，否则将炸毁剧院。该剧院距克里姆林宫仅45公里。这一事件立刻成为国内外关注的焦点。

当晚剧院正上演着一部在莫斯科颇受欢迎的美国音乐剧《东南风》。21时30分左右，就在音乐剧第二幕将要结束之时，一个大汉在50多名穿着传统的伊斯兰黑色长袍，蒙着脸，挥舞着手枪，身绑炸药的女恐怖分子——“寡妇军”的簇拥下突然出现在舞台，宣称接管了整个音乐厅，全体观众及100多名演员和文化宫的工作人员已成为了他的人质。

恐怖分子疯狂地叫嚣道：“俄罗斯军队必须在一周内撤出车臣，并要释放所有被俘的车臣战斗队员。否则，我就要引爆整个大楼。”并警告说，如果警方敢采取强硬手段，那么，他们每牺牲一人，就杀死十名人质作为抵偿。

此时普京正准备出访德国和葡萄牙，闻讯后立即取消了计划，进行严密的部署。他在电视讲话中公开表示绝不向挑衅让步。普京明确指出，这次劫持人质事件是国际恐怖主义分子犯下的又一罪行，俄罗斯“决不会屈从”。普京一再强硬地表示：“俄罗斯是不会向绑匪妥协和从车臣撤出军队的。”因为普京深知，如果政府妥协，让绑匪的目的得逞，将发生更多的恐怖事件。

紧急情况指挥中心立即组建起来。莫斯科警方、内务部和“阿尔法”特种部队马上赶到了现场，并将事发地区周围的街道严密封锁。在米尼科夫大街及其周围的街区，布满了上千名荷枪实弹、身穿迷彩防弹背心并且头戴钢盔的军警。在临近剧院的高层建筑物上，也安排下了狙击手以防不测。几十辆装甲车和消防车、医疗救护车停在街道两边待命。在剧院外围街道上，警方设置了几道警戒线，阻止行人通行，只允许军警车辆、消防车和医疗救护车辆进出。随后"阿尔法"成员化装成工人，在剧场附近以挖凿排污和供暖管道为掩护监视恐怖分子的行动。

普京还积极寻求全球范围内的舆论支持。普京深知他所采取的这种强硬行动必将引起人质的伤亡。因此，普京把这起绑架事件定性为"恐怖活动"，以求在当前全球反恐大形势下获得大多数国家的支持。

同时，普京还要求俄各方展开积极的营救活动。在车臣武装分子劫持剧院事件发生一个小时后，俄罗斯车臣共和国在国家杜马的议员阿斯拉哈诺夫，就联合了俄罗斯原最高苏维埃主席，车臣族的政治家哈斯布拉托夫赶到出事地点，并来到剧院入口处，与盘踞在那里的车臣武装分子交涉，要求他们保持理智和克制，不要干傻事。他们还表示：他们愿意用自己去换取剧院里的无辜人质，以求事态的圆满解决，但遭到了车臣恐怖分子的拒绝。就在同一时间，生活在莫斯科的车臣人领袖也表示，他们准备前往被劫持的剧院，用自己的身体换取人质的安全，但同样遭到了拒绝。

23时，恐怖分子在近两个小时中陆续释放了近20名儿童和人质中的高加索人，并再次扬言，如果当局采取行动，他们就要炸平大楼。几位被劫持的人质也偷偷从大楼中给警察局打电话说，恐怖分子已经开始在楼中布置炸弹了。情况十分危急。

24日一大早，一名俄罗斯警察佯装醉酒，走进了剧院的中央入口，结果被武装分子开枪打死。此外，武装分子还枪杀了一名企图逃出剧院的年轻女子。在对峙过程中，从剧院中数次传出爆炸声，10月25日早晨6时30分，七名男女人质被释放。中午12时30分，包括一名瑞士女孩在内的八名8～12岁的儿童被释放。但绑匪原先答应释放所有75名外国人质的诺言没有实现。下午4时45分，俄罗斯联邦安全局长帕特鲁舍夫向媒体宣布，若绑匪释放人质将保证其生命安全。晚上7时，普京总统再次召开强力部门负责人会议，说这次危机的当务之急是确保人质的生命安全，表示愿意与车臣绑匪谈判，并授权总统驻南部联邦区全权代表卡赞采夫担负这一重任。8 时，普京在电视上讲话，表示他对车臣战争的立场不变。10 时 35 分，俄罗斯官员说，又有三名妇女和一名男性人质被释放，他们都是阿塞拜疆人。

在人质事件发生后不久，俄罗斯情报部门就很快证实了此次劫持人质事件的策划者和实施者是已被击毙的车臣军阀阿尔比·巴拉耶夫的侄子，非法武装“伊斯兰特种战团”团长马夫扎尔·巴拉耶夫。阿尔比·巴拉耶夫是个人人皆知的恐怖人物。此人是车臣最有名的匪首之一，其家族在车臣也臭名昭著。在摸清情况后，普京命令“阿尔法”特种部队做好突然袭击的准备。

到了中午，科布津和三名红十字会代表手持白旗进入剧院，同里面的车臣武装分子对话。稍后，一名 60 多岁的英国人质获准离开剧院，他看起来非常虚弱，并且显得忧心如焚。数分钟后，一名女子和三名儿童同时获释，他们都是俄罗斯人。据一名被释人质透露，武装分子在剧院内的座椅、柱子、墙壁、走廊和自己身上都绑上了炸药。下午 2 时，普京首次公开声明说，这次人质危机是“外国恐怖组织中心策划的”，他命令特种部队“准备解救人质，同时最大限度地保障人质的安全”。

此时，人们对应如何处理危机也众说纷纭。被劫人质给普京写信，恳求总统快速结束车臣的战事，更使普京处于进退两难的境地。人质发表声明说：“我们恳求您做出合理的决定，结束车臣的战事。请停止战争，我们要的是和平。如今我们处于生死关头。您的良心将决定我们的命运。请寻求和平的解决方案，否则将发生流血事件。”俄罗斯媒体也对普京政府没有预防这场危机进行谴责。《独立报》评论说：“幻想已经破灭。这（起危机）不就验证了当局的无助吗？”

50 多名人质家属还上街游行，要求俄政府接受绑匪要求，停止车臣战争。国家杜马召开紧急会议，杜马主席谢列兹尼奥夫强调，应同绑匪进行谈判。戈尔巴乔夫也出来说话，主张通过谈判解决人质危机。许多国家纷纷发表声明，在谴责车臣恐怖分子的同时，希望人质危机和平解决。

普京上台后为俄罗斯政坛带来的秩序，加上国家经济表现强劲，使这名外表冷酷的总统享有高达75%的支持率。然而，普京此刻面对的是几乎没有胜算的两难局面，也是他上任以来，继“库尔斯克”号潜艇沉没事故后，再一次棘手的政治考验。如果他向劫持人质者屈服，不但要冒人质事件可能重演的风险，而且也等于是向恐怖主义势力低头。然而，如果采取强硬举动，将导致人质伤亡，而必须面对国际人道舆论的责难。

在这种进退两难的处境下，普京仍然坚持强硬立场，并力主采用铁腕手段。普京宣布，俄政府决不向绑匪妥协，决不向车臣叛乱武装让步，决不让俄军撤离车臣。唯一的让步是“如果释放全部人质，可免绑匪一死，并将他们送出俄罗斯国土”。25日午夜，为了迷惑马夫扎尔，俄罗斯著名的车臣战地女记者波利特科夫卡娅被任命为当局和马夫扎尔的调停人，并与马夫扎尔进行了面对面的会谈。会谈中马夫扎尔强调，如果当局不给出计划从车臣撤军的证据，他们将采取“最极端的措施”。绑匪要求“普京必须表态结束车臣战争，从车臣撤出一切军队”。

3时30分，马夫扎尔提出的“最后期限”已到，于是他开始枪杀人质。一些人质见后试图逃跑，却遭到了“寡妇军”的举枪射击。顿时剧院内的枪声和爆炸声响成了一片。其中八名人质成功逃脱。

凌晨5时30分，“阿尔法”特种部队开始发动袭击。他们从通风管道向剧院内施放了大剂量的“神秘气体”——一种强烈麻醉剂，并用炸弹在大楼墙壁上炸开一个大洞。冲入了剧院的“阿尔法”特种部队与“寡妇军”展开了激烈枪战。激战中，“寡妇军”引爆了一些被绑在支撑天花板支柱上的炸弹。

经过数分钟的战斗，包括绑匪头目马夫扎尔在内的30多名绑匪被击毙。特种部队士兵无严重伤亡。7时，爆炸声和枪声沉静下来。7时10分，特种部队士兵将活着的绑匪押出剧院，许多被救人质也陆续离开。安全部队已经彻底控制该剧院，所有人质已经被解救。官员后来宣布：750名人质被救，34名绑匪被击毙。这起历经

57 小时、震惊世界的事件至此总算落幕。

26 日晚，普京亲自到斯克利福索夫斯基医院看望获救人质，并逗笑了一名刚刚恢复知觉的获救人质。

莫斯科人质危机的圆满解决，使普京再次成为一些媒体瞩目的焦点人物。普京不受恐怖活动威胁的硬汉风格，使他在国内外的声望大增。他在处理绑架问题上的方法独树一帜及其强硬的态度得到了不少评论人士的肯定。据民意调查，有 85%以上的俄罗斯公民对普京所采取的行动表示赞同。

这次解救人质虽然获得成功，但也并非十分圆满，主要是因为施放的“神秘气体”。普京虽然强调，最重要的任务是保护人质的生命安全，但整个过程仍然导致 128 名人质死亡，还有 500 多名人质受伤，必须住院治疗。

“神秘气体”问题使俄政府面临着巨大压力。死难人质的家属表示了不满和愤怒，部分居民更是感到困惑不解。媒体则指责军方“行动鲁莽”“滥用药物”，事先没有计算好准确的剂量，也没有充分考虑被劫人质的虚弱体质，加之军方未能及时告知医院，致使医生现场救护失当，造成过多人质死亡。俄共领导人久加诺夫发表文章说：“100 多人死亡，还有许多人身心受到严重创伤，这是不能原谅的损失。”但俄罗斯特种部队的一位官员说：“我知道这听起来很残酷，但是这帮助解决了莫斯科的人质危机。如果某个人身上捆有 2 公斤的塑料炸弹，我们找不到还有什么其他解除他们武装的方法。这是一个合乎常理的行动。”

10 月 26 日晚，看上去有些疲惫的俄罗斯总统普京出现在电视上，他说：“今天清晨，我们发动一项解救人质的行动，完成了几乎不可能完成的任务，即拯救了数以百计的人命。我们证明，俄罗斯政府不会屈服妥协。不过，现在我要请求死难人质的亲友原谅我们。我们无法救出每一个人。”普京宣布 10 月 28 日是全国哀悼日，以悼念罹难人质。俄罗斯国际文传通讯发布的总统命令说，全国降半旗，电视台和电台停止播放所有娱乐节目。

普京诚恳地为人质伤亡而向全国人民道歉：“我们没能解救他们（人质）所有人的生命。请原谅我们。让我们与对于死者的怀念同在。”普京诚恳的态度赢得了人们广泛的赞誉，在俄罗斯人看来，普京与那些逃避责任的政客截然不同，他是一位有胆识、有责任感、有人情味的政治家。“对死难者的怀念使我们更团结一致”——普京的这句话开始在俄罗斯民间流传，他也因此得到了人们更多的信赖和支持，民意也变得更加倾向于反对车臣独立。

与此同时，俄罗斯政府也正式对人质危机中的种种疑虑做出解释，通过公开而不是掩饰化解了可能会对俄罗斯政府不利的传言和误解，透明在这里战胜了躲藏。

3　别斯兰人质事件

在车臣战争取得突破性进展的同时，普京当局高举反恐旗帜，宣布车匪为国际恐怖主义分子，阐明其反恐怖行动是为了维护国家主权和领土完整、铲除车臣恐怖主义和分离主义，宣传政府反恐怖行动的正义性，揭露车臣匪徒恐怖活动的残暴性，使俄剿匪行动得到国际社会的理解和支持。对总统普京来说，是非不断、麻烦不断的车臣是一块心病。惨案又发生了。

2004 年 5 月 9 日，苏联卫国战争胜利日。上午，俄罗斯车臣共和国首府格罗兹尼市狄纳莫体育场内正在举行包括阅兵式、音乐会等活动在内的纪念卫国战争胜利 59 周年庆典。10 点 35 分，随着一声巨响，一枚地雷在会场主席台下面爆炸，曾经饱受战乱之苦的车臣共和国又一次遭遇恐怖主义罪恶的“洗礼”。

调查结果表明，爆炸是由主席台下的一个 152 毫米弹头改制的地雷引起的。爆炸造成包括车臣总统卡德罗夫、车臣国务委员会主席伊萨耶夫在内的 7 人死亡，63 人受伤，其中包括多名俄车臣政府的主要官员。此前车臣政府对这个体育场的修复，工期长达三个月之久，直到 5 月 8 日才最后交付使用。警方怀疑，一周前这个体育场正进行维修时，爆炸装置就被安放在主席台下的水泥中了。爆炸发生后，车臣警方立即封锁了通往体育场的所有道路，并对体育场内的所有人员进行严格盘查，当即逮捕了 16 名可疑分子；警方还在观众看台上分别又发现了两枚没有爆炸的地雷并随即引爆。

2004 年 9 月 1 日俄罗斯北奥塞梯共和国别斯兰市第一中学人质事件再一次震惊了俄罗斯和全世界。那天学校正在进行开学典礼，一伙车臣分离主义武装分子制造了一起劫持学生、教师和家长作为人质的恐怖活动。

别斯兰人质事件是继 8 月 24 日晚俄两架民航客机几乎同时爆炸坠毁和 8 月 31 日晚莫斯科市里加地铁站外自杀性恐怖爆炸之后，九天内俄境内发生的第三起严重恐怖事件。在这起事件中，恐怖分子首次把枪口对准了无辜儿童，使人质遭受重大伤亡。这引起俄罗斯人民空前的悲愤。普京指出，别斯兰人质事件是恐怖分子犯下的“空前残忍和毫无人性的罪行”，“是对整个俄罗斯和全体俄罗斯人民的挑战”。

北奥塞梯强力部门的调查显示，别斯兰第一中学的人质事件是经过精心策划的。有报道说，恐怖分子在劫持人质过程中使用的炸药和武器是事先运到学校的。可能是在 2004 年 7 月暑假期间，这所中学进行维修时，恐怖分子将大批炸药和武器弹药混在建筑材料内运进了学校，并藏在学校体育馆地下室。经人质证实，绑匪占据学校后从地下室取出了这些武器弹药。

这一事件的主要过程如下（莫斯科时间）：

9 月 1 日 10 时：一伙不明身份的武装恐怖分子突然进攻并占领了北奥塞梯市第一中学，将参加开学典礼的约 1200 名师生和家长扣作人质。恐怖分子在进攻时与警察发生交火。

11 时 30 分：恐怖分子在扔出的纸条中提出下列要求：俄罗斯从车臣撤军，释放 6 月因袭击印古什而被逮捕的恐怖分子。他们同时要求北奥塞梯总统扎索霍夫和印古什总统贾济科夫以及儿科医生罗沙利抵达别斯兰。

12 时：以扎索霍夫为首的解决人质指挥部与恐怖分子取得了联系。

12 时 15 分：约 50 名儿童从学校成功逃脱。

13 时：普京从俄黑海海滨城市索契返回莫斯科，在机场立即召开了俄强力部门领导人参加的会议。

13 时 50 分：第一次试图与恐怖分子接触，但遭到恐怖分子的拒绝。

15 时 30 分：恐怖分子释放了 15 名儿童。

15 时 45 分：恐怖分子通过手机发出威胁：如果一名武装分子

被打死，他们将杀死50名儿童；如果1人受伤，将打死20名儿童作为报复。

22时50分：解救人质行动指挥部为人质亲属开通了“热线”电话。

9月2日凌晨1时15分：罗沙利医生与恐怖分子进行了电话联系。

3时：恐怖分子中断了电话谈判。

10时30分：俄总统新闻局宣布，普京推迟定于9月2日~3日对土耳其的正式访问。

12时：谈判人员通过手机恢复了与恐怖分子的“技术联系”。

13时50分：普京会见来访的约旦国王阿卜杜拉二世时表示，当前最主要任务是挽救人质的生命。

14时：俄联邦安全局驻北奥塞梯官员表示，不会动用武力解救人质。

16时40分：恐怖分子在印古什前总统奥舍夫的调解下，释放了26名妇女和儿童。

9月3日凌晨2时：谈判人员与恐怖分子的电话联络再次中断。武装分子发射了数枚火箭弹，1名警察受伤。

8时：谈判人员恢复与恐怖分子的联络。

11时：行动指挥部宣布加强与恐怖分子的联络，以便能够向人质提供食品和饮水。

12时45分：行动指挥部与恐怖分子商定从学校向外运送匪徒占据学校时被打死的人质尸体。

13时零5分：紧急情况部的人员进入学校运送尸体。此时发生数次爆炸，部分人质开始外逃，恐怖分子随即向逃跑的人员开枪。

13时15分：特种部队冲进学校解救人质。

13时50分：一些恐怖分子窜出学校逃跑，俄军警与之交火。

16时：俄军基本控制学校，只是还有零星抵抗。

17时：在学校体育馆发现100多具尸体。

17时40分：俄联邦安全局驻北奥塞梯官员表示，军方并没有考虑使用武力解决人质事件，特种部队是在恐怖分子向人群开枪后才开始行动的。

19 时 30 分：据行动指挥部统计，行动中消灭 20 名恐怖分子，其中有来自阿拉伯国家的雇佣兵。

19 时 50 分：俄总统顾问阿斯拉哈诺夫透露，死亡的人质超过 150 人。

4 日凌晨：普京飞抵别斯兰看望伤员后，于当天上午返回莫斯科。

对于这一惨痛事件，有媒体指出普京正面临严峻挑战：普京执政以来对车臣反政府武装采取了十分严厉的打击行动，然而仍然无法阻止丧心病狂的恐怖分子发动袭击。在发生一系列恐怖袭击事件，特别是这场人质危机最后以惨重伤亡告终后，普京正面临着执政以来最严峻的挑战之一。

英国《金融时报》援引“尤里—列瓦达分析中心”研究资料显示，俄罗斯总统普京的支持率在别斯兰人质事件后已经跌至近四年的最低点，仅次于“库尔斯克”号核潜艇事故时的支持率，当时普京的支持率降到其在任最低点，只有 60%。“尤里—列瓦达分析中心”副主任阿列克谢·格拉什塔金认为，俄总统支持率之所以下降是由于人们不满政府在别斯兰人质事件中所采取的行动，不满政府修改苏联时期的工资制度以及选民对总统连任时提出的希望没有实现的失望。但格拉什塔金强调，即使是这种情况，普京的声望依然明显高于俄罗斯前总统叶利钦。

别斯兰人质事件后，普京匆匆飞赴现场，神色匆匆而凝重，一言不发地离开。或许他也明白受难者的家属没心思听他说些什么，再温暖的大手也不能抚平这些受害者的痛苦。普京在后来的只有十分钟的电视讲话中，承认低估了恐怖威胁的复杂性，同时重申俄罗斯政府打击恐怖活动的决心。普京誓言，将严格审查现有的执法机构，加大执法力度，并承诺，政府将尽快采取措施加强国家的安全，同时打击司法和执法部门内的腐败现象。

“我们没有充分理解在我们国家和在全世界范围内出现的恐怖主义的复杂性和危险性。”神情严肃的普京在讲话中说，“我们不知道该如何采取恰当的方式进行回应。面对危险，我们显示出脆弱的一面，结果遭到了袭击。”尽管普京在讲话中向国民表达了深深的歉意，但是对于恐怖分子的威胁，普京仍然显示出强硬本色，他说：“恐怖分子认为他们比我们强大，想通过这种暴行来吓倒我们，摧毁我们的意志。他们绝不会得逞。”“恐怖分子在别斯兰市制造的人质事件是灭绝人性、史无前例的，是对全体俄罗斯人民的挑衅，是对整个国家发动的进攻。俄罗斯别无选择，因为一旦向恐怖分子屈服，将会出现更为惨烈的冲突。”

莫斯科时间9月4日傍晚6点，俄罗斯总统普京就人质事件发表电视演说：“这是一场残酷的战争，历史告诉我们战争不会很快结束，我们必须找出更有效的应付方法。”普京面色阴沉，声调悲痛，但态度一如既往的强硬，他强调，俄罗斯不会向恐怖主义屈服，必须建立更加有效的安全体系。

恐怖事件的一再发生，使普京认识到：“这是一个强大和危险的敌人，它既残忍又没有人性。这就是国际恐怖主义。只要一天不击败这个敌人，人们在世界任何一个地方都不会感到安全。这个敌人必须被击败，这个敌人将会被击败。”

普京指出，对于恐怖行动来说，最好的礼物莫过于松散、无组织、手忙脚乱。面对恐怖主义一再犯下的滔天罪行，普京宣称：同恐怖主义做斗争，人类只有一种有效方法。这唯一的药方，便是以眼还眼，以牙还牙。普京以坚决的行动向车臣叛军传递一个强烈信号：俄罗斯对恐怖活动决不手软！普京发布命令，责成俄罗斯军方拟订打击恐怖主义的作战计划，用以压制恐怖分子“越来越冒险、也更为残忍的”袭击手段。这种明确的态度无疑给了惊魂未定的莫斯科人以积极的心理暗示，政府不会就此罢休，为了俄罗斯人民的利益，普京会把反恐进行到底的。

此次人质事件带来的影响是使俄罗斯国内各界和国际社会对普京在车臣问题上强硬立场的不同声音减少了。在过去几年里，西方对俄罗斯处理车臣问题的做法颇多指责，并要求俄罗斯政府通过和谈解决车臣问题，其中包括接受车臣分裂分子的部分条件，而恐怖组织也正利用了这一点制造了莫斯科人质事件，希望通过内外压力迫使普京政府妥协，从而实现车臣独立的战略目标。对此，普京有着清楚的认识，他保持了必要的冷静，很快便下了决心，宣布“决不向恐怖分子妥协”，并迅速采取有效措施，解除危机。

面对危机，普京采取了重拳出击的做法。普京责无旁贷地成为了保卫者，他满怀信心地表示，要严惩犯罪分子，并很快严厉而无情地行动起来。在一次又一次的危机和挑战中，普京表现出不怕威胁的坚毅，他不是推卸责任，而是着手去解决问题。

普京表现出的智慧、勇敢、真正的男人的形象，赢得了俄罗斯人民的理解和尊重。事件过后，这位以强硬著称的冷面总统在媒体前表露心声时，说到动情处竟然红了眼眶。普京说，俄罗斯人民已经付出够多，自己不跟他们说实话不行，绝不会把自己打扮成一个伟大的政治家。普京的反恐态度同样赢得了各国的普遍尊重和支持，就这样，普京又一次把一副看起来尴尬的牌打出了气势，也打出了成果，并创造了一个自己、国家和世界反恐事业共赢的局面。

4 卢布贬值事件

卢布最早为沙皇俄国的货币单位。1800 年开始确立与黄金的比价，1897 年卢布纸币的含金量为 0. 774234 克。1917 年十月革命后，彼得格勒武装起义推翻了资产阶级统治，建立了世界上第一个无产阶级领导的、工农联盟为基础的社会主义国家，但没有废止使用沙俄卢布。1991 年 12 月 25 日苏联解体，卢布成为俄罗斯的本位货币单位。前苏联的其他加盟共和国在独立后，有的发行了该国货币，有的仍采用卢布。在前苏联时，卢布的币值曾高达 2 美元，在 1991 年 12 月 25 日苏联解体后，通货膨胀惊人，卢布的币值随之急剧下降，最低时达 1400 卢布兑换一美元。1993 年 7 月，俄罗斯宣布要发行新卢布，以往时期的卢布停止流通。1994 年俄罗斯开始发行新卢布，开始控制通货膨胀，特别是普京上台后，通货膨胀得到有效的控制，新卢布一度曾达到将近 26 卢布兑换 1 美元。乌克兰事件后，欧美对俄罗斯实现了严厉的制裁，卢布又大幅度贬值，截至 2015 年 2 月，67. 1908 卢布才能兑换 1 美元，而目前 1 元人民币可兑换 10. 7553 卢布。

2014 年 10 月，在接受俄罗斯报纸 Politika 采访时，普京对美国及其盟友发出强势警告，一切利用乌克兰危机“敲诈”俄罗斯都是徒劳无功的，而且别忘了，核大国之间不和产生的后果影响战略稳定。这种对俄国经济领域的制裁，普京称之为“敌对方式”，并毫不留情地说：“几乎在决定施加新制裁的同时，又要达成和平进程的协议，我们怎么可能在这种情况下谈什么制止乌克兰的局势升级？如果主要目的是孤立我们的国家，那么目标既是荒谬可笑的，也是虚无缥缈的。”

有分析人士指出："从维护财政平衡的角度而言，俄罗斯可能会让卢布进一步下跌。"卢布贬值的幅度和油价大致相同，这意味着以美元计价的情况下，俄罗斯原油销售所带来的卢布收益基本处于平衡状态。如果不是卢布贬值，俄罗斯经济状况早就处于崩盘状况。从普京的强势态度可知，放任卢布贬值原来也是他手上一张极好的牌。

卢布贬值让对峙双方都苦不堪言，无意中也以一种痛苦的方式暂时"成功"转移了各界对乌克兰危机的关注。卢布贬值的原因，各方的揣测、分析也纷纷出炉。卢布是在怎样的大环境下骤跌的？普京下一步该怎么走？简单归结起来，原因大致有几点：

一是俄经济结构体系单一、脆弱，"石油帝国"不能承受之痛便是油价暴跌。十几年前，普京将几大寡头的堡垒逐个击破，被私有的石油企业逐一变成"国家的产业"，然后，普京苦心经营打造"石油帝国"。在政局未稳，急需复苏经济的年代，石油起了顶梁柱的作用，对整个国民经济的发展都是至关重要的。但凡事有利，也时常有弊，打造"石油帝国"无形中也导致俄国经济和金融体系的单一、脆弱，产业结构性问题突出，矛盾的积累所需的只是时间而已。试想下，能源企业在国有经济和整个经济的比重如此之大，单一化地依赖石油、天然气等，政府需要承担多大的风险？如今，这种风险再也不需揣想，已如实地摆在眼前了。试举一例，2015 年 1 月 26 日，国际信用评级机构标准普尔宣布把俄罗斯主权信用评级由 BBB—降为 BB+，并将其评级展望定为负面。主权信用评级是信用评级机构进行的对一经济体政府或当局作为债务人履行偿债责任的意愿和能力的评判，目前主要国际评级机构包括标准普尔公司、穆迪投资者服务公司以及惠誉国际公司。三大评级机构中，标普是最先下调俄罗斯评级的，另外两家国际评级机构也先后下调对俄罗斯评级，由于信用的降级，那些投资者也许将不得不出售持有的俄罗斯债券，唯有如此才能得以满足所持债券评级要求。

二是"收回"克里米亚遭制裁。其实，自乌克兰危机以来，欧美虽然在制裁细节实施方面迟迟难以达成一致，但从窥视时机、时刻酝酿方面来说，"未雨绸缪"的准备早已开始。克里米亚一并入俄罗斯，欧美国家颜面尽失，真正动怒，开始了一连串的经济制裁，其中包括让俄罗斯人最为刻骨难忘的对经济机构的制裁。俄罗斯储蓄银行、外贸银行等多家国有控股银行均被列入制裁名单，欧盟国家企业及公民被禁止向被制裁银行提供中长期融资，禁止买卖上述银行新发行的期限90天以上的债券和股票。俄罗斯相关行业资金告急，融资困难，沉重打击了卢布汇率。有评论甚至认为，这实际上也是制造了诸如“次贷危机”和“欧债危机”一样的美元需求市场，进一步增加了俄罗斯的外汇需求。

三是俄罗斯的反制裁带来的“内伤”。作为对西方制裁的回应，俄政府于2014年8月公布一份食品进口禁令清单，宣布未来一年内禁止进口原产于美国、欧盟、加拿大、澳大利亚、挪威的部分食品，包括牛肉、猪肉、鱼类、禽类、乳制品、水果、蔬菜、坚果等。也因此，一些与俄罗斯相距遥远的食品进口来源地则面临着运输成本的增加问题，俄罗斯也无法足够地获取低成本的进口食物，抑制食品价格上涨之战显得有心无力，通货膨胀持续进行中，又在一定程度上影响了卢布的贬值。不过，虽然居民的生活成本压力增大，但毫无向西方妥协、让步的姿态。

四是美元持续走强，俄却大幅提高基准利率。随着美联储执行“退出QE”的决定后，美元持续走强，那些主要国家的货币都出现了对美元贬值的势头，英镑、欧元、日元等半年来对美元汇率跌幅均超过10%，我国的人民币也不例外，对美元汇率收跌。在如此错综复杂、相互牵连的全球经济大背景下，卢布也本来面临着贬值的局面，在石油价格坚挺不住、国内金融机构遭到恶性制裁下，资本外流、汇率下跌那更像被打开了缺口的堤坝，洪水流泻势不可挡。

反观诸国，为了应对美元持续走强而带来的风险，日本继续执行日元贬值策略，这也是安倍晋三2012年底上台后所实施的一系列政策中最引人注目的一项。

欧元区开始执行全面量化宽松，美国和欧元区的经济走势进一步分化。

中国央行也启动全面降息，可以说迎来了全球央行降息忙的时期。

全球主要经济体除了美国之外，都在应对因美元流动性减弱而带来的通缩风险。日本将继续日元贬值策略、欧元区开始执行量化宽松、中国央行启动降息，但俄罗斯方面则将其基准利率从9.5%提升到了17%，是否能有效地拯救卢布汇率还有待检验，但很明显的是，俄罗斯发展经济的成本以及风险升高。

卢布贬值伤了谁？毫无疑问，俄罗斯民众首当其冲。俄罗斯财政部指出，卢布贬值、经济制裁让俄罗斯经济每年损失约400亿美元，而油价下跌所带来的损失高达1000亿美元。对俄罗斯本国的消费者来说，他们必须得缩衣节食，再也不能大手大脚地购物、挥霍，这其中包括了那些打造全世界最大的游艇、购买了最昂贵的豪宅的富豪们。有数据表明，卢布贬值，控制俄罗斯经济至少35%的富豪们身家财富动辄蒸发，根据彭博社的信息，俄罗斯亿万富豪损失已超过500亿美元。其中俄罗斯最大的独立天然气生产商诺威特公司的董事长米赫尔松资产缩水估计达87亿美元，个人身家损失近一半，“赢取”财富损失排行榜榜首之位。

而且更糟的是，普京政府曾允诺的提高工资、改善医疗、降低房价等，如今看来这些签署令已成为了沉重的财政负担。在卢布贬值如此大的挫折下，这些美好的目标会不会就此成为梦幻泡影？至少目前是实现不了了。

除了俄罗斯本国人民，在俄罗斯投资的外国企业包括嘉士伯、日产等跨国企业在当地的投资一蹶不振，卢布贬值使得进口原料的价格“高高在上”，经济利益受到严重打击。

这场货币大战，欧美制裁国的日子也不好过，特别是能源进口国。表面看起来，卢布一贬值，能源价格便可以显得更便宜，但别忘了，大部分能源是以美元结算的，俄罗斯一旦以能源作为反制裁手段，双方都将是伤痕累累，被逼到墙角。

对一些人来说生不逢时，但对另外一些人来说，卢布贬值则迎来了大大的福音，比如俄罗斯的黄金开采商们正在迅速地获利，开采黄金行业迎来了大好时机。黄金在俄罗斯通常以美元定价，而劳动力与其他成本却以卢布支付，也因此，目前的局势下，黄金开采的成本大幅度下降，有数据显示，俄罗斯的黄金开采成本比全球的平均水平还要低15%，成为全球最低。俄罗斯本来就是仅次于中国的第二大黄金生产国，随着开采成本的减低，黄金厂商也就无法淡定，开采量不断上升，他们迎来了有史以来毛利率最高的年份。俄罗斯央行正向国内公司尽可能多地收购黄金，莫斯科经济学家Orlova认为，这是“俄罗斯央行通过增持黄金来回应制裁”，是“鉴于与美欧关系陷入危机，俄央行希望减少美元和欧元在其国际储备中的比重”。国际的制裁，使得俄罗斯也频频出招遏制经济危机蚕食其外汇储备的势头。再比如卢布贬值后，那些赴俄的游客也在获利之列，人数也在不断增多。举中国为例，新华网黑龙江频道曾报道，中俄边境口岸黑龙江省黑河市，去往俄罗斯的中国游客队伍日渐变长，对旅客而言，摊上如此的好时机，旅游、购物的成本都大幅度降低。

第六章 他改变了俄罗斯

1　让人人“过上应有的生活”

普京，深邃的眼神，带着俄罗斯民族特有的忧郁的气质，在对俄罗斯人民讲话的时候，常常会说“我们俄罗斯民族……”其语气中透露着对人民深沉的热爱，表现出随时对国家肩负起责任的态度，这些无不令俄罗斯人民折服。

普京坚韧的性格和干练、果敢、务实的工作作风深得俄罗斯人民的认可。这一点从俄罗斯民众对普京的心态变化上就可以看出。当名不见经传的普京刚就任总理时，支持他的人仅有2%，但是，100天后，支持他的人一跃达到50%。

普京的声望之所以能够迅速扶摇直上，舆论普遍认为这主要得益于他在打击车臣恐怖分子、捍卫俄罗斯领土完整方面的坚定立场和敢于承担责任的勇气。普京的确是位政治强人。在重大事件处理中，普京处处显示出惊人的决断力和超常的理智，这使得他曾获得83%的民意支持。盼稳定、要秩序、求强权的国情民意都寄希望于这位未来国家的缔造者身上。

然而，除了车臣战争的辉煌，普京的成功更在于对俄罗斯人民的真心关怀：“造福于人民，为普通公民谋福利，这才是每一个政府的最终目标。”2000年2月25日，千呼万唤下才与公众见面的普京的竞选纲领，充溢着普京的这一思想。普京以致俄罗斯选民的公开信的形式发表了竞选纲领：

“参加竞选是我经过认真思考后做出的决定。……一个领导人的任务就是要制定共同的目标，使人们各安其位，帮助人们确立自信心。只有这样才能走向胜利。因此，今天最重要的是认清我们的根本问题，确定轻重缓急。”

普京对政府工作列出了四个优先方向：首先，战胜贫穷，发挥精力充沛的年轻一代的优势，从经济和道德上复兴俄罗斯，并使赢得伟大卫国战争和使俄罗斯获得世界强国声誉的老人老有所养。第二，要保护市场，防范官僚和犯罪集团对市场经济的非法侵害。强大的国家需要有富足的人民为基础，经济政策的关键是要使诚实的劳动者比为非作歹者生活得好，应当打击经济领域的犯罪和腐败，降低税金负担并提高完税率。第三，应当恢复国家崇高的民族尊严，恢复公民的个人尊严。年轻一代的历史使命是建立一个可以问心无愧地传给后人的俄罗斯。第四，从本国民族利益出发制定对外政策。国内目标高于国外目标，“一个被软弱和贫穷所主宰的国家不可能有大国雄威。该明白了，我们在世界上的地位，我们的富裕程度以及我们新的权利，全都直接取决于我们能否成功地解决自己的内部问题”。

普京最后说道：“我相信，新世界的一个基本特征不是意识形态的斗争，而是为生活质量、国家财富和社会进步而展开的激烈竞争。有可能取得成功，也可能没有进步。只要人民还忍受贫穷，无论以何种党派原则的纯洁性为借口，都无法开脱责任。”

“如果要为我的竞选观点找个口号，那非常简单。这个口号就是：‘过上应有的生活’，那种我的大多数同胞都希望和相信能过上的生活。”

普京虽然没有也不可能在四年时间里解决十几年来积累的所有问题，但是老百姓从他的身上看到了国家发展的希望。经历了多年的贫困和动荡，俄罗斯人对普京执政以来出现的政治稳定和经济增长格外珍惜。多次民意测验表明，普京在第一个总统任期内社会支持率长期保持在70%以上。普京执政四年赢得了俄罗斯民众的心。

一段新华社记者对普京的采访，也可以使我们感受到普京的用心：

新华社记者问：还有一个比较轻松的问题。您就任总统以来，一直受到俄罗斯人民的很大支持。您认为，您得到人们如此信任的主要因素是什么？

普京答：您觉得这是一个轻松的问题吗？我倒认为这是一个最

复杂的问题。也许我记得不准确，中国是不是有句俗语，叫作“生不遭逢动乱时”？从 1985 年以来，整整 17 年我们都生活在动荡变化之中。人们渴望稳定，不希望看到停滞不前、不景气等那些令人忧愁和冷漠消沉的现象。人们渴望的是那种有积极内容的真正的稳定。人们希望看到隧道尽头的光亮，渴望能生活得好一些，希望自己的孩子将来能生活得更好。您知道，我从来不搞政治上的平民主义，从不开空头支票。我给自己、给政府只提出可以完成的任务。应该说，并非所有的任务都能如愿以偿地完成，并非所有的问题都能像我们所期待的那样得到彻底解决。然而，毕竟人们的实际收入逐步增加了，尽管增加的速度很慢。目前虽然还存在欠发工资或退休金的个别现象，但已不像两年前那样普遍了。

俄罗斯人普遍认为普京制定的政策对俄罗斯的长远国家利益有利，肯定了普京的功绩。一个基金会在 2001 年 4 月对城市和乡村的 1500 位居民进行了问卷调查，在被问及“普京取得的最主要成就”时，11%的被调查者认为是提高了退休金；9%的人认为是按时发放退休金、工资、津贴及提高机关工作人员的工资，6%的人认为是使解决车臣问题向着好的方向发展；5%的人认为是稳定了国内的政治、经济局势；5%的人认为是提高了俄罗斯在世界上的威望；4%的人认为是发展了俄罗斯的经济，降低了通货膨胀；4%的人认为是稳定了联邦政权等。

而在回答“普京最主要的失误是什么”时，14%的人认为是联邦政府和军队在解决车臣问题上效率低下，未能制止战争。此外，7%的人认为是“库尔斯克”号核潜艇沉没事件及事发时普京的表现；还有 4%的人认为是物价上涨，“有发生经济危机的可能”等。在这次民意调查中，76%的被调查者认为普京今后的工作将会发生变化，而其中 71%的俄罗斯人认为这些变化将是积极的。

法国《解放报》2004 年的一篇文章说，俄罗斯人对普京充满信心，认为有了普京他们的生活会变得更好。文章介绍：萨马拉（古比雪夫）是苏联的军事装备城，位于莫斯科东南 1000 公里，是苏联的军事和航天工业中心，1992 年之前是不允许外国人进入的，那时这里的经济发展一直非常落后。现在，人们为工业生产的增长而感到高兴，为普京总统取得的成功而欢呼。在萨马拉市中心，尽管建筑物的墙皮已有些剥落，但到处挂着的新彩色招牌似乎想把这些建筑装扮得漂亮些。这里开了许多店铺，有意大利家具店、得克萨斯烤肉馆、美容院、日本料理……这些状况显示了俄罗斯又有了欢笑和色彩。这里的经济出现了全面复兴。在伏尔加河岸边，一幢幢宏伟建筑拔地而起。

尽管萨马拉的工业生产还不及1990年水平的一半，但却成为继莫斯科和圣彼得堡之后，近几年经济增长最强劲的地区。这主要靠的是当地的石油以及工业的增长。在当地的就业办公室里，墙上挂着长长的招聘名单。这里官方公布的失业率是0.78%，有1.1万个就业岗位空缺。很显然，普京时代给这里的人们带来了利益。

在3月14日俄罗斯大选前夕，这里的人们表达了他们的感激之情。该市负责工业的副市长叶夫根尼·斯特列利尼科夫说："普京恢复了这个国家的秩序和纪律。他与寡头作斗争，与腐败作斗争，这些我们已经感觉到了，而在总统大选后，为了恢复秩序，他可能还会采取一些新的具体措施。"

当地某工业集团下属的一家电缆厂的财务主管，虽然对当局镇压寡头的措施感到不安，但他也表示："回想一下最近四年走过的路，必须承认，现在的经济情况非常好。工业方面，由于普京采取了减税措施，我们从中受益匪浅。"他接着说："普京也有失误，但总的趋势是好的。你们法国人很喜欢拿破仑，可在他统治下也并非一切都那么美好。"在该工厂的车间里，一边是从奥地利购进的新机器，一边是苏联时期陈旧的生产线。工厂正开始更新设备，使生产现代化。员工从原来的1500人减少到700人，但工资增加了。44岁的女工科托娃笑着说："我现在每月工资6000卢布（约合171欧元），而四年前只有2000卢布（约合57欧元）。由于物价不断上涨，这点钱虽然不多，但仍可以不时地逛逛商场，买件新衣服。"她表示，3月14日她将投普京一票。她说："他年轻、现代，注意向外国学习，并促进俄罗斯的发展。我认为他适合当总统。"近几年，失业工人很多。51岁的瓦西里耶夫娜原来是一个大企业的厨师，现在她在摆地摊卖浴巾。她说，平均每天可以赚到7至8美元，她很高兴。她说："现在做小买卖比以前容易了。过去，每月要花一天时间去填纳税表。现在手续简化了，五分钟就可以解决问题。"她也要投普京的票。她说："有了他，我们的生活会变得更好。"

在普京执政期间，人质危机、"库尔斯克"号核潜艇沉没等事件也曾大大影响了普京的支持率。据莫斯科的一家民意调查机构2000年11月进行的一项民意调查显示，俄罗斯总统普京的支持率已由9月初的56%回升至10月份的71.5%。据这项向2000人进行的调查，总统的不支持率由9月份的19%下降至10月份的14%。这家民意调查机构负责人说："'库尔斯克'号核潜艇的沉没和莫斯科发生的炸弹爆炸事件对总统的支持率产生了不利的影响，但总统在9月的行动和其10月初采取的措施以及他的对外访问提高了他的支持率。"

俄罗斯前总理普里马科夫说，普京是"强有力国家政权的拥护者"，"我一直认为他很能干"。事实上，从普京上台前后俄罗斯发生的变化可以看出，普京确实是能力不俗。普京不仅有才能，而且还有自己坚定的信念，那就是富国强民、重振俄罗斯雄风的理想。自普京上台以来，他就一直朝这个方向不断努力着。

2 吸取教训，直面困境

普京出现在俄罗斯政坛的顶峰是出人意料的，更令许多人意外的是他在获得了俄罗斯公民很高支持率的情况下，顺利地走完了第一个任期，成功连任总统。这位领导人是应时代、历史进程和俄罗斯人民的召唤而生的，他不仅在世界舞台上自信地、全面地展现了俄罗斯的形象，而且在很短的时间里根本性地扭转了俄罗斯的衰落。弗拉基米尔·普京是在紧急状况下接管国家政权的。

那时，俄罗斯经济衰弱、国家政治乏力、战争的危险一并袭来，在这种形势下，普京被赋予了一种特殊的责任。执政之初，普京在《千年之交的俄罗斯》中，就曾坦率地指出俄罗斯面临的困境："正如我已经说过的，这些年来的改革导致俄罗斯经济和社会领域积累了大量的棘手问题。情况确实错综复杂。"

普京认为，现在摆在俄罗斯面前的一个迫切需要解决的问题是：今后怎么办？怎样才能使新的市场机制全速运转起来？怎样才能消除社会上日益严重的思想和政治分裂？在21世纪，俄罗斯在国际社会中应占有什么样的地位？再过10年、15年，俄罗斯人希望经济、社会和文化的发展达到什么样的水平？俄罗斯的强项和弱项是什么？俄罗斯今天到底拥有什么样的物质和精神资源？这是生活本身提出的问题。如果我们的答复不能让全体人民都理解，我们的伟大祖国就无法以其应有的速度前进，就无法取得应有的成就。

普京指出必须吸取教训，他说：

要回答这些问题和对未来进行展望，就必须弄清我们应当从过去和现在吸取哪些教训。对于全社会来说，这不是件花一年的时间就能做好的工作。但是有些教训现在就已经看得十分清楚了。

1. 在即将过去的这个世纪里，俄罗斯有四分之三的时间是在为共产主义原理而奋斗的标志下生活的。看不到这一点，甚至否定这一时期不容置疑的成就是错误的。然而，如果我们不意识到社会和人民在这一社会试验中付出了哪种巨大代价，那就更是大错特错了。主要的错误是：苏维埃政权没有使国家繁荣、社会昌盛、人民自由。用意识形态的方式搞经济导致我国远远地落后于发达国家。无论承认这一点有多么痛苦，但是我们将近 70 年都在一条死胡同里发展，这条道路偏离了人类文明的康庄大道。

2. 政治和社会经济动荡、剧变和激进改革已使俄罗斯精疲力竭。只有幻想家或那些对俄罗斯和人民冷酷无情的政治力量才会呼吁再进行一次革命。无论打着什么样的招牌（共产主义的也好，民族爱国主义的或激进自由主义的也好），国家和人民都经受不住再一次翻天覆地的变革。现在国家的忍耐能力、生存能力以及建设能力都已处于枯竭的边缘。社会简直要崩溃，即从经济上、政治上、心理上和精神上崩溃。

有责任心的社会政治力量应该给人民制定出一个能使俄罗斯复兴和繁荣的战略。这个战略应依据市场和民主改革过程中所创造的一切好的经验，并且只能用渐进的、逐步的和审慎的方法实施；实施时既要保证政治稳定，又不能使俄罗斯人民的各个阶层和群体生活水平下降。这是摆脱我国目前所处困境的一个无可争辩的要求。

3. 20 世纪 90 年代的经验雄辩地证明，只是将外国课本上的抽象模式和公式简单地照搬到我国，我国的改革不付出巨大的代价就能取得真正的成功是不可能的。机械照抄别国的经验是不会取得成功的。

每个国家，包括俄罗斯，都必须寻找自己的改革之路。我们在这方面还不是很有成效，只是在最近一两年才开始探索自己的改革道路和寻找自己的发展模式。只有将市场经济和民主制的普遍原则与俄罗斯的现实有机地结合起来，我们才会有一个光明的未来。

在这方面专家应该进行科学的分析，与此同时各级国家机关，政治和社会团体都应为此而努力。

以上就是这个世纪给我们留下的主要教训。它们勾画出长期发展战略的轮廓，应保证在比较短的历史时期里消除持续已久的危机，为国家经济和社会快速和稳定发展创造条件。我想强调，必须尽快快速发展，因为俄罗斯已经没有时间晃来晃去了。

专家们是这样计算的：如果使俄罗斯人均国内生产总值达到葡萄牙或西班牙现在的水平，还不是世界经济领先国家的水平，在国内生产总值年增长速度不低于8%的情况下，我们大约需要15年的时间。如果在15年里我们都能保持年增长速度为10%的话，那么我们可以达到英国或法国现在的水平。

也许专家们的计算不那么准确，我们与这些国家的差距没有这么大，我们可以更快地追赶上去。但不管怎样都需要多年的努力，因此应当尽快地着手制定和实施长期战略。

有资料显示：1990—2000年俄罗斯国内生产总值减少了一半以上，蕴含国家发展潜力的工业部门全面萎缩。与此同时，社会贫富差别急剧扩大，4000万穷人衣食无着，暴敛国家资产的20多位亿万富翁却上了全球首富排行榜。原有的社会保障体系被打破以后，新的替代体系迟迟没有建立起来，由此引发的社会问题甚至威胁到整个民族的生存。俄罗斯人口较苏联时期大幅减少，人均寿命不足66岁，全欧洲倒数第一。生存环境的恶化和精神世界的危机导致吸毒者近十倍地增长，每年自杀者总数由1990年的2.6万人攀升至2001年的3.97万人。从俄罗斯百姓的口中也验证了上述情况，他们说：虽然苏联时期经常排队，但总可以把冰箱装满食品。从盖达尔政府实施休克疗法到普京出任总统才是最艰难的一段时间。那时物价飞涨，一个月的工资买不回几件物品，人们几乎丧失了对未来的希望。

普京执政之初对俄罗斯局势也有着清醒的认识，他阐述说：

我认为，如果我说，我们大家的这种担忧和希望并存的感觉特别强烈，这不会错。因为，世界上在即将过去的20世纪里像俄罗斯这样饱经风霜的国家为数不多。

首先，我国不属于当代世界经济和社会发展高水平的领先国家；其次，我国现在面临着十分复杂的经济和社会问题。20世纪90年代俄罗斯国内生产总值几乎下降了50%，按国内生产总值计算，我们的国内生产总值仅相当于美国的十分之一，相当于中国的五分之一。在1998年危机之后，我国的人均国内生产总值降至3500美元，这还不到“七大国”的平均水平的五分之一。

俄罗斯的经济结构发生了变化。在国民经济中关键行业是燃料工业、电力工业、黑色和有色冶金工业。它们在国内生产总值中约占15%，在整个工业产值中占50%，而在出口中所占的比重已超过70%。

产业部门的劳动生产率极低。尽管原料和动力部门的劳动生产率已接近于世界平均水平，然而在其他行业这一指标要低得多，比美国大约低20%~24%。使用期在五年以下的设备在所有设备中所占比重的多少在很大程度上决定生产产品技术工艺水平的高低。我国五年以下的设备的占有量已由1990年的29%下降到1998年的4.5%，70%以上的机器设备使用期已经超过了十年，这比经济发达国家的指标高出一倍。

这种状况是国内投资持续下降造成的，特别是向产业部门的投资在减少。外国投资者迟迟不向俄罗斯投资，目前俄罗斯的外国直接投资累积总额为115亿美元略多一点。试比较：中国的外国直接投资为430亿美元。俄罗斯用于科学研究和试验设计工作的费用不断削减，而世界上最大的300家跨国公司在1997年用于此项的投资却高达2160亿美元，1998年的投资大约为2400亿美元。俄罗斯只有5%的企业在搞新产品的开发，并且规模都相当小。

由于投资不足、不重视新产品的开发，导致在国际市场上俄罗斯在价格和质量指标上有竞争力的产品大大减少。尤其是在科技含量高的民用产品市场，我们遭到外国竞争者的强烈排挤。俄罗斯在该市场上所占份额还不到1%，而美国和日本所占份额分别为36%和30%。

居民的实际货币收入在改革的这些年不断减少，尤其是1998年8月的危机更使人们明显地感到收入下降。今年仍未使人们的收入恢复到危机前的水平。据联合国的统计，俄罗斯人目前货币总收入还不到美国人收入的10%。与此同时，有些重要指标不断下降，例如像健康状况和平均寿命这样一些重要的生活质量指标都在下降。

普京指出：

目前我国经济和社会所遇到的困境，在很大程度上是由于继承了苏联式的经济所付出的代价。要知道，在改革开始之前我们没有其他经济。我们不得不在完全不同的基础上，而且有着笨重和畸形结构的体制中实施市场机制。这不可能不对改革进程产生影响。

我们不得不为苏联经济体制所固有的过分依赖原料工业和国防工业而损害日用消费品生产的发展付出代价；我们不得不为轻视现代经济的关键部门付出代价，如信息、电子和通讯；我们不得不为不允许产品生产者的竞争付出代价，这妨碍了科学技术的进步，使俄罗斯经济在国际市场上丧失竞争力；我们不得不为限制甚至压制企业和个人的创造性和进取精神付出代价。今天我们正在饱尝这几十年的苦果，既有物质上的，也有精神上的。

毫无疑问，改革中的某些缺点不是不可避免的，它们是我们自己的失误和错误以及经验不足造成的。要回避俄罗斯社会遇到的主要问题是不可能的。通往市场和民主的道路，对于90年代走上这条道路的所有国家来说，都是十分艰难的，它们都遇到了这样或那样的困难，只是在不同的国家困难的程度不同而已。

美国前总统国家安全事务助理、著名战略家布热津斯基曾在他的《大棋局》一书中谈到苏联解体后的俄社会生活状况，“实际上是第三世界国家水平”。而现在，国际人士普遍认为，普京吹响了俄罗斯重新崛起的号角。

正因为胸怀强烈的危机感和使命感，使普京执政短短几年便取得了巨大的成绩。他当机立断发起反车臣恐怖集团的军事行动、加强联邦中央对地方的治理和监督、大刀阔斧扭转混乱的经济状况，清除寡头干政势力，而且还一往无前地反对美国构筑国家导弹防御体系、加强同亚洲国家的外交关系、与中国签订中俄睦邻友好合作条约……这一切使俄罗斯的政局发生了戏剧性的激烈变化。他的强硬立场，迎合了俄罗斯人激昂的爱国主义情绪；他的雷厉风行，满足了俄罗斯人渴望恢复正常社会经济、政治秩序的心理需求。他没有辜负叶利钦的重托，在短短几年，用实际行动证明了自己是一个“有用之人”。

3 结束持续十年的衰落

在这位冷面总统的带领下，俄罗斯终于结束了持续十年衰落的尴尬和噩梦，进入一个稳定的复苏期。随着俄罗斯的发展，“俄罗斯重新崛起”在西方日益成为热门话题。2003年，美国著名投资银行高盛公司发表专题报告，称俄罗斯、巴西、印度和中国是未来40年经济发展最快的四个新兴市场国家，俄罗斯将在2020年前超过意大利，2025年前超过法国和英国，2030年前超过德国。

政治上，普京冲破重重阻力，果断推进一系列改革，全面协调地方和中央的权力关系，巩固以总统权力为核心的国家政体，坚决打击寡头干预政治，使俄政治和社会日趋稳定。经济上，普京充分利用油价上涨的契机，有针对性地调整产业结构，促使俄经济连续五年稳步增长，财力不断上升。从2002年起，俄联邦财政开始进入稳定的盈余期。俄对外资越来越具有吸引力，2004年仅能源领域吸收的外资就有望达到190亿美元，同比增长10%~12%。俄罗斯的企业也开始进军境外市场。外交上，普京既利用“9·11”事件后的反恐机遇，全面拉近对美关系，又积极发展与中法德等大国的关系，还恢复、发展了与传统友好国家越南、古巴、朝鲜等国的关系，拓展了外交回旋空间。俄近两年大力发展与独联体国家的关系，成功地聚拢了独联体的关键成员。

经济发展是普京实现政通人和的关键。在普京接掌政权大刀阔斧改革下，俄罗斯的经济状况持续好转。1999年，俄罗斯GDP增长达到3.3%。普京1999年11月24日在向俄国家杜马汇报国内经济状况时说，1999年前十个月的工业产量比去年同期增长了7.5%，通货膨胀率已控制在31%左右。俄财政收入也比预算高出了580亿卢布。他预计2000年俄国内生产总值增幅将在1.5%~2%之间，1999年财政年度预算范围内确定的所有指标也将全部完成。政府决定从11月起为退休人员增加15%的工资，2000年2月再增加12%。1999年12月6日，普京提出，俄新政府今后的目标是：摆脱经济危机和实现经济新的质的增长，使俄国内生产总值的年增长率达到8%至10%。这些，无疑都抬高了普京的"身价"，增强了他竞选总统的"竞争力"。

2002年7月31日，俄罗斯国家统计委员会主席弗拉基米尔·索科林在莫斯科举行的记者招待会上说，俄罗斯居民的生活已经达到了1998年金融危机前的水平。但索科林同时透露，俄罗斯退休者的生活指标仍然要低于1998年危机前的水平，2002年6月俄罗斯的失业者人数比1998年8月下降了30%，但人民的生活水平还远低于1998年的水平。

根据俄罗斯中央银行的统计数字按汇率计，2000年俄GDP（国内生产总值）约2500亿美元，2003年为4330亿美元，2004年为5543亿美元，人均约4000美元；俄外贸顺差一年达400亿~800亿美元，外汇储备已超过1200亿美元；职工月薪提高86.6%，达到6590卢布（约29卢布合1美元），退休金增长117%；居民存款增长近一半，总额超过千亿美元；俄投资环境改善，2004年吸引外资约百亿美元，累计吸引外资约700亿美元。

为尽快实现强国目标，普京一再要求加快经济增长，并提出中长期目标：2010年GDP达1万亿美元，即经济大国的规模；到2015年人均GDP突破1万美元，即达到经济强国的水平。世界权威咨询机构高盛公司对俄罗斯前景相当乐观，预计2025年、2050年俄的GDP将分别为22640亿美元和58700亿美元，到2050年将排在中国（44.453万亿美元）、美国（35.165万亿美元）、印度（27.803万亿美元）、日本（6.673万亿美元）和巴西（6.074万亿美元）之后，居世界第六位。背负如此业绩，普京头顶的光环日见辉煌，国人立铜像，写颂歌，把他同彼得大帝、叶卡捷琳娜女皇相提并论。

为减轻财政负担，体现效率和公正，俄2004年下决心抛弃苏联留下的福利“大锅饭”，搞社会改革：从2005年起取消免费公交和疗养等约30项优惠，改发现金补贴；停止福利分房，让居民贷款购房；水、电和燃气收费逐步提高，逐渐由居民承担住房公用事业费用；取消公费医疗，治病靠医保。

俄当局还通过打击霍多尔科夫斯基等寡头，加强了对石油天然气和本国经济命脉的控制。经济景气除了得益于政通人和，还要归功于普京的运气。这五年，国际市场油价从每桶约10美元已升至近50美元，普京一上台，就遇到国际石油、天然气一路抬价。这给作为世界第二大石油出口国、每年出口一二十亿桶石油的俄罗斯带来了数百亿美元的额外进账。“天降”的财政收入，使GDP增长率从2000年的4%，上升至2003年的7%。2004年俄经济增长速度达到7.6%。在西方世界经济普遍低迷的情况下，这一成绩显得相当不错。

普京以“强国富民”为目标实施了一系列稳定和促进经济发展的改革政策，俄罗斯的经济不仅止住了下滑，而且从2000年开始全面复兴。在这一过程中，受惠最大的就是俄罗斯百姓，如今贫困人口大为减少，由于工资和养老金的提高，居民的收入大幅度增长。莫斯科复兴资本银行的投资银行首席经济学家罗兰·纳什这样评价普京：“在他担任总统的头五个月里，他在处理结构性改革方面所做的事情超过了叶利钦在此前五年里所做的事。”据美国南德公司发表的统计数据显示，普京的第一代政府是俄罗斯走向富强的开始。这也是俄罗斯公民再次选择普京的主要原因。

4 大国情结依旧

“大国情结”一直是俄罗斯国民性格的一个重要特征。这种社会心理和国民性格使普京致力于恢复俄罗斯大国地位的追求和努力拥有广泛的群众基础。与戈尔巴乔夫和叶利钦相比，普京冷静务实的态度，推动了俄罗斯对外战略的调整，获得了已经饱受创伤的民众的认可。民意调查显示，对普京总统政务活动的基本评价持肯定态度者始终维持在较高的水平。2002 年 7 月民意调查显示：认为普京总统成功或非常成功地捍卫了俄罗斯的国际地位的占 66%，认为在这方面没有什么特别成就的为 22%，认为完全没有成就的仅为 4%。

俄罗斯对外战略的基本目标是确保大国地位。普京说：“俄罗斯今天在世界舞台上碰到的问题是重大的和范围广泛的……在人们大量谈论的日益发展的全球化的条件下，我们国家还需要给自己找到在世界上的定位。”普京多次明确指出：“俄罗斯唯一现实的选择是选择做强国，做强大而自信的国家。”俄罗斯的外交方针是确保国家“在国际社会中的牢固和权威地位，这种地位应在最大限度上符合俄罗斯联邦作为一个大国、当今世界一个有影响的中心的利益”。

然而，由于国力的制约，俄罗斯的大国主义情怀与现实中的国际作用存在反差。俄罗斯的许多经济、社会发展指标在世界上只占无足轻重的位置，不拥有大国的实力。普京坦率承认了自己地位和影响力的衰落，集中精力关注国家内部的发展问题。普京意识到俄罗斯确保大国地位的关键是振兴经济，他说：“俄罗斯需要一种有竞争力的、有效益的、社会公正的、能够保证政治稳定发展的经济体制。稳定的经济是民主社会的主要保障，是世界上受尊敬的强国的基础之基础。”俄罗斯外长伊·伊万诺夫也指出：“不论我们在欧洲或者东方有何打算，我们都将得出一种结论，即为了自己的安全，为了自己在国际舞台上的强盛以及为了和平和普遍平衡，俄罗斯的首要任务是完成内部变革。俄罗斯和所有斯拉夫民族的未来取决于此。”

为了重振大国雄风，普京在立足于国内发展的同时，又奉行积极“融入西方”的策略，但是，俄罗斯融入西方的道路却是漫漫长路、一波三折。

普京执政以来，俄罗斯与美国的外交关系获得了很大改善，但一路多坎坷。布什上台后，认为克林顿对俄的接触政策是美国示弱的表现，而对俄采取了强硬姿态。2001 年 3 月，美国宣布驱逐俄驻美 50 名外交官，美俄又在北约继续东扩、导弹防御系统、《反弹道导弹条约》等问题上争论不休。俄美关系阴云密布。面对美国方面发起的具有挑衅性的出击，俄总统普京不甘示弱，全力展示自己的总统胆识，给美国以相应的回击，也驱逐美国驻俄罗斯的外交官等。一时间，俄美剑拔弩张，大有冷战卷土重来之势。

这种局面非常不利于怀有富民强国之志的普京施展抱负，幸好美国发生的“9·11”事件为普京提供了机会。2001 年 9 月 11 日恐怖分子对美国的袭击发生后，普京做出了异常迅速的反应。他是第一个给布什打电话进行慰问的外国领导人；普京表现出了不计前嫌、宽容大度的姿态。“9·11”事件后俄罗斯同美国和西方关系中出现的急剧升温与全面合作态势，超出了许多人的预料。但是俄罗斯与美国的关系仍然是有冷有热。“9·11”事件后普京利用大国之间在反恐问题上出现的战略利益契合点，给美国的反恐斗争以大力的支持和合作，普京表示要从外交和情报方面协助美国铲除“基地”组织，并允许美国使用俄罗斯的领空，使俄罗斯在国际反恐联盟中成了除英国以外美国最重要的盟国。美俄双方关系的敌对和对抗性质在相当大的程度上得以缓解。这样，俄罗斯在很大程度上摆脱了被美国视为敌人的境遇，它的国际环境由此变得比较宽松，也为国内的经济和社会发展创造了比较好的外部氛围。

俄罗斯还接连采取了一系列与以往立场不同的行动，如：俄对美国向阿富汗开战持全面合作立场，表示允许美国军队在中亚的苏联共和国采取军事行动。宣布精简俄罗斯驻巴尔干的军队，撤销俄设在越南和古巴的基地，对北约东扩的态度有所缓和，提出建立摆脱冷战思维的新安全体系的主张。普京还缓和了在“反导条约”问题上的立场，暗示对美国退出“反弹道导弹条约”可能会采取容忍的态度。俄罗斯的适度退却是其十几年外交史中罕见的。普京2001年11月5日答美国广播电视公司记者问时说：“俄罗斯不仅完全能够，而且应该成为整个文明社会的战略同盟军，当然，也包括首先成为美国的同盟军。”他还说：“今日之俄罗斯已经是一个不可逆转的要同自由、民主国家共同体实现一体化的国家。”

俄罗斯利用“9·11”事件完成了战略调整，使俄美、俄罗斯与西方关系得到改善。不过，改善的主要是氛围，而不是实质：美国承认了俄罗斯市场经济地位，但在加入世贸的具体条件上没有实质性松动；俄美经济合作说得多做得少。

事实上，俄、美在许多问题上的立场相距甚远。如俄罗斯不顾美国的多次警告，继续帮助伊朗建设核电站，同其在核领域保持着长期的合作关系。又如，在美国紧锣密鼓地准备对伊拉克发动军事打击之时，俄竟然宣布同伊签署400亿美元的合同。至于普京与朝鲜劳动党总书记金正日近年来频繁互访，更表明俄准备进一步同朝鲜发展密切的外交关系。这些行动都有与美国对着干的意味，也表明俄罗斯在涉及国家利益问题上对美国的退却不是无限的，必要时俄罗斯会考虑新的政策选择。这表明俄并不是盲目地追随美国，而是从自身的战略利益出发考虑制定政策的。

而实际上，美国也依然把俄罗斯视为自己的主要政治对手。美国的21世纪战略是不允许世界上出现与其实力相当的对手，维护和加强唯一超级大国的地位是其国家战略的宗旨。俄罗斯作为世界上第二个核大国和一个幅员辽阔、资源丰富与经济潜力巨大的国家，不会甘心在世界舞台上久居“二流国家”的地位。对此美国和西方其他国家都心知肚明，事实上防止俄罗斯作为一个能与其争雄的世界强国重新崛起，是美国和西方长远战略考虑中的一个重要因素。遏止和防范俄罗斯，依然是美国长远的战略目标。

普京与布什“论剑”这个小插曲从一个侧面表现了俄美的微妙关系。

美国一直自诩是个“民主自由”的国家，但是所谓的“民主自由”并不是到处都有人捧场。2005年2月24日，俄罗斯总统普京和美国总统布什在斯洛伐克首都布拉迪斯拉发会晤后举行的记者招待会上，就民主问题展开了一场舌战，普京一点也不让步。

布什首先发难。布什对普京说：“建立强国的途径是发展强大的民主。”他又说：“我想弗拉基米尔听到了我清晰响亮的声音。”

他扬扬得意地说：“一个国家的强大离不开民主。我生活在一个透明的国家里，我们政府所做的决定完全公开。”布什显然是在借所谓的“本国民主”来暗指权力过度集中的克里姆林宫。

普京自然不会接受对方的“栽赃嫁祸”，他说：“我们既然在14年前选择了民主之路，就不会回到苏联时代那样的政府模式。但是民主原则的体现和民主目标的实现不能建立在这个国家崩溃和瓦解的基础上，我们必须按照自己的步伐和自己的概念来发展民主。俄罗斯现在的做法并没有破坏民主的本质，而是为了更好地实现民主。”

普京说：“我们不打算修补、创造任何一种特别的俄罗斯民主，我们依然忠实执行在世界已经建立起来的那些基本民主原则。但是很明显，所有现代民主的体制和民主原则，都应该适合于俄罗斯当前的发展情况，适合于我们的历史和我们的传统。”

但是布什说：“民主要反映一个国家的文化和习俗，这一点我明白，但是它们有共同的东西：它们要法治、要保护少数、有新闻自由和有一个独立的政治反对派”。布什在同普京会谈前，多次在民主问题上批评俄罗斯，指责俄罗斯民主倒退、压制新闻自由和把权力集中在克里姆林宫。

在提到民主的时候，布什还含蓄地批评了俄罗斯终止地方州长直选的做法。布什首先说了几句俄罗斯的好话：“我们非常赞赏俄罗斯政府通过改革实现了社会的历史性转型，我也明白民主要反映一个国家的文化和习俗。”接着他话锋一转谈起了“实质性问题”，

"但是它们有共同的东西：它们要法治、要保护少数、要有新闻自由和有一个独立的政治反对派。"

面对布什的含蓄批评，普京将他终止地方州长直选的行动同美国也不是直接选举总统的程序进行比较，聪明的普京反问道："俄罗斯地方州长实行间接选举同美国总统选举的程序基本相同，那美国总统选举究竟是否民主呢？"

布什与普京在会见记者时，也谈到了新闻自由的问题，布什同样含蓄地批评了克里姆林宫过度限制新闻自由。普京立即借用美国的行为记录反唇相讥，言下之意是指美国哥伦比亚广播公司（CBS）新闻主播丹·拉瑟，因错误报道布什兵役记录而被迫"下岗"，才是对新闻自由的最大限制。

一名俄罗斯记者问道，"9·11"事件以后，美国以自由的名义发动战争，到底何时才会停止？美国记者的权力是否会受到侵犯呢？布什怒气冲冲地对记者说："我非常欣慰地告诉你，我们的国家是保障人权和人的尊严的，我们是以一种和平的方式解决分歧的。"他说："美国新闻界的确有人被开除，但他们是被主编或者制片人或者其他什么人开除的，而不是政府。"布什的辩解立即引起了台下一片哄笑，因为许多人都知道，"9·11"事件之后，许多美国新闻人因"口风不紧"而倒了大霉。

布什最后"吹捧"了一番普京总统："普京总统是一位实实在在的人，他不会拐弯抹角，也不会故弄玄虚。他不同意我就直接说出来，而且说到的一定会做到，在这一点上我非常尊敬普京总统，这也是友谊最珍贵的部分。"

普京毫不逊色。他说："他的一些看法我不同意，也不想做出评论，但是他的建议我会很诚恳地听取。我相信，对于一些好的建议，我不仅会非常关注，并保证会把它们实践到我的工作中去。"

同俄美关系的大起大落相比，俄欧关系似乎显得平稳一些。普京执政后多次强调俄罗斯的欧洲属性，他指出："从地理、文化和经济统一的观点来说，俄罗斯和以往一样是欧洲的一员"，"俄罗斯要成为欧洲大国，要回归欧洲，改变游离于欧洲各条约之外的局面"。普京多次强调，俄罗斯战略利益的核心在欧洲。他在 2003 年向联邦会议提交的《国情咨文》中指出："广泛接近并与欧洲实现一体化是我国对外政策的重要内容。显然，这是一个复杂而漫长的过程。但这是我们大家的历史选择。选择既已做出，就要不断去实现。在现阶段上就是要通过搞活双边关系，发展与欧盟的战略伙伴关系，通过积极参加欧洲委员会的工作等，来实现这个选择。"借庆祝圣彼得堡建市 300 周年的机会，俄罗斯与欧盟举行首脑会议，双方在为实现"欧洲的统一"而加强关系上取得一致意见。会上通过的欧盟与俄罗斯的联合声明强调，它们将在共同的价值观的基础上深化战略伙伴关系，宣布将在未来建立共同经济空间的方针。普京在大庆中，与欧盟领导人举行峰会时激昂地说："三百年前，彼得一世打开通向欧洲的窗口使欧洲人很好地了解了彼得堡人，今天欧洲人则会更好地了解俄罗斯人。"有俄罗斯评论家认为，这次峰会"标志着俄罗斯与欧洲接近的第一阶段的结束……俄罗斯已进入欧洲，它是欧洲的最后一个梯队"。可见，借鉴欧洲模式、与欧盟实现全面合作，在普京的对外战略中居于突出地位。俄罗斯主张形成统一的欧洲地缘政治、经济活动空间，建立"欧洲人自己的大欧洲"，显现了普京"联欧制美"的倾向。

不过，尽管俄罗斯十分迫切地表示要融入欧洲，但要真正实现这一目标还受到很多因素的制约，短期内难以实现。

俄罗斯与欧盟尽管都提出要建立"统一的欧洲"，但双方却有着不同的战略考虑。对俄罗斯来说，希望通过"回归"和"融入"欧洲的进程实现国家的变革和振兴，并为将来适当的时候与欧洲实现一体化创造条件。而对欧盟领导人来说，他们提出与俄建立"统一空间"主要是出于同俄罗斯改善关系的策略需要。欧盟委员会主席普罗迪称，俄罗斯"永远不会成为欧盟组织的正式成员国"。欧盟并未在扩大的"欧洲统一体"内为俄预留位置，而只准备与其建立稳定的相互合作机制。在俄罗斯加入世贸组织问题上，欧洲就设置了许多难题。在 2003 年 10 月就俄加入世贸问题举行的俄罗斯与欧盟的谈判几乎是不欢而散，俄罗斯经济和贸易部长格列夫称"双方的接触可能会中断一年"。双方分歧的焦点在于，欧盟要求俄将其国内能源定价提高到欧洲平均价格水平，并允许欧盟参与经营和使用以及分割俄罗斯天然气工业股份公司。俄对欧盟的苛刻要求非常气愤，普京称“欧洲的这种做法是要扭断俄罗斯的左膀右臂”。

俄罗斯与欧盟的关系是双方互有需要、建立在共同利益之上的。但由于俄欧双方在一些涉及国家利益和价值观问题上存在差异，俄欧互有戒心。随着欧盟的扩大和利益的多元化，欧盟制定共同的对俄罗斯政策的难度加大，多数国家因历史原因对俄罗斯充满不信任感，因此在俄罗斯融入欧洲的道路上还有许多障碍需要克服。英国前首相撒切尔夫人在《国家战略：应对变化中的世界》一书中写道：“尽管俄罗斯许多年后可能成为稳定、繁荣、自由和民主的国家，但由于地理、种族、文化、宗教等因素，它既属于欧洲又属于亚洲、既属于西方又属于东方的特性不会改变，俄罗斯不可能完全成为西方国家。”这种看法在欧洲普遍存在。俄罗斯虽然实行了民主化，但在西方看来，仍然不符合标准，况且俄罗斯历史上是一个民族主义极强的国家，现在也仍然有民族主义的势力存在，因此，欧盟认为，俄罗斯的未来走向仍然是不确定的。

俄罗斯的战略雄心是妨碍欧俄合作深入稳定发展的一个重要因素。在欧洲人眼里俄罗斯毕竟太大也太复杂。在人们的心中，俄罗斯过去、现在和将来都是个伟大强国。欧洲对俄罗斯有戒备和防范心理。他们担心如果欧盟完全接纳俄罗斯，将有可能打破欧盟内部的力量平衡。俄罗斯目前处于战略收缩时期，但谁也不能忽视俄罗斯具备重新成为世界大国、强国的某些基础条件。事实上，普京执政以来，俄罗斯的情况已经发生了显著的变化：政治体制转型基本完成，普京的强国主义路线和政策赢得广泛支持，近几年来经济增长强劲，社会趋于稳定，国际环境不断改善。这就为俄罗斯在可预见的将来跨入经济强大、先进、有影响力的国家行列创造了有利的条件。

俄罗斯追求大国地位及称雄世界的历史传统仍深深影响着当代俄罗斯人，从叶利钦到普京，俄罗斯从未放弃成为欧洲和世界大国的抱负。普京目前奉行的是以退为进的外交策略，最终目标还是要恢复俄罗斯的大国地位。德国一学者曾指出：“普京正在把心中的理想变成现实，使俄罗斯重新成为伟大强国”，为此他提醒说：“邻居可能成为好朋友，也可能成为最恶毒的敌人。”此类顾虑的存在，将使俄欧合作在日益扩大和加深的同时，也难以完全避免双方之间的竞争与摩擦。

5　重返克里姆林宫

2008年，普京从总统的光辉舞台走下，转身二度出任俄罗斯政府总理。虽然在担任总理期间，普京非常低调，在与总统梅德韦杰夫同时出现时，也从不抢风头，处处尊重并维护总统的权威。一向低调的总统，再加上此时低调的总理，梅普组合也出炉，二人默契合作，轮流执政，以不屈从西方显示俄罗斯人形象。2010年1月1日，俄罗斯国家电视台播出了“梅普组合”卡通形象，打破了以往国家领导人卡通形象是电视台的禁忌。俄总统梅德韦杰夫和总理普京一段长达两分钟半的迎新年卡通舞蹈给民众拜年，让人忍俊不禁。只见总统边拉手风琴边跳足旋舞，而一旁的总理则表演俄罗斯传统舞蹈，并有节奏地摇铃鼓。同时，梅、普两人甚至还以说唱的形式幽默地拿体制开了个不大不小的玩笑。梅德韦杰夫说，“我第二次向俄罗斯人民祝贺新年”，普京则说：“我知道。但是这里有人已经向俄罗斯人民祝贺过九次新年了。”

正如美国《世界政治评论》载文所说：“普京从2000年开始担任总统，并于2008年离开这一职位，此后他一直是最有影响力的人物。他能够决定任何领域的政策，也能决定政策的走向，唯一的制约因素是与俄罗斯国力相关的客观因素。”从2012年1月16日在《消息报》发表《俄罗斯正在养精蓄锐，以应对必须应对的挑战》这篇文章开始，王者归来之路已势不可挡，普京也已时刻准备着。2012年5月7日，普京重返克里姆林宫，宣示就职总统，并提名卸任的总统梅德韦杰夫为新一届政府总理。梅、普“轮流坐庄”，也终于为猜测多时的疑问打上了句号，那就是普京到底会不会放弃权力？这种执政方式招来了不少质疑，普京予以回应称两人都不为追求个人权力，只想构建一个更为强大的体系，他说：“四年前，我和梅德韦杰夫说，下一步会发生什么取决于那时的政治形势。我们那样说并不是虚伪。”

落选后的俄罗斯共产党领袖久加诺夫无疑是非常失意的，这位四次竞选总统选票都屈居第二的老将，被国民戏称为“最忠诚的陪跑者”，他不无伤感地说：“对于我们来说没有任何新意。梅普组合不得不随机应变，但是与此同时，任何试图破坏这种组合的举动都意味着他们近年来实施的政策彻底失败。四年来国家没有任何重大改变，政府仍然不合格，也不专业。‘王车易位’令国家毫无改变。”

普京此次上台，除了延续政策，就毫无新招吗？其实，普京所说“改革不会一蹴而就，而要循序渐进”并非接口，他认为自己只是希望改革能以平静、渐进方式推进，保持执政者与民众立场的和谐。

回头来看，普京在大选前连续发表了六篇竞选文献：《俄罗斯：民族问题》《谈谈我们的经济任务》《民主与国家素质》《构建公正——俄罗斯的社会政策》《强大：俄罗斯国家安全的保证》和《俄罗斯与不断变化的世界》，而且就职当天还签署了十余项总统令。这些文件既是普京为自己参加竞选所做的充分准备，也是为俄罗斯的未来所作的谋划。2012 年 12 月 12 日，普京发表了新任期首个国情咨文，为俄罗斯勾勒出一条美好可及的“大国之路”。具体而言，涵盖了俄罗斯的军事建设、经济发展、民生保障、政治清廉、外交政策等领域。

首先，俄罗斯以军强国的战略不会变。“没有强大的武装力量，便没有强大的俄罗斯。”这位有浓郁“军事情结”的总统如是宣言。其实这也是普京在传承和实践着这个民族“以军强国”的传统。不论沙皇俄国、还是苏联以及俄联邦，都是不断通过强大军事实力来恢复大国地位。俄罗斯人民尽管对目前经济发展的状况不太满意，但对普京延续传统，以军强国的战略表示出相当热情的拥护。在经济发展缓慢的局势下，聪明的普京以重振军威为突破口可谓棋高一着。不仅鼓舞士气，而且是顺应民心的必然之举。对于有严重大国情结的俄罗斯民众来说，任谁也无法接受堂堂俄罗斯沦为二三流国家。大体说来，普京强硬地推行了军事编制体制改革，加强队伍建设；在航天兵基础上组建新兵种——空天防御兵，集中了俄罗斯现有的防空、反导系统以及导弹预警系统和太空监测系统，大量招收官兵和合同制军人为新兵种服役；试射了 S-400 反导系统，这明显是为了对抗美国的反导系统，除战略核潜艇及第五代战机外，普京此举扩大了俄罗斯在全球的布局，主动出击，与美国博弈。

其次，强大的军事实力是保证普京兑现当年“打造奇迹般的俄罗斯的”战略支撑，而实实在在的经济发展则迫在眉睫。没有钱，哪来的装备，没有钱，如何将强军计划落到实处。而近期俄罗斯经济遭遇了近年来最寒冷冬天。2014 年 12 月 29 日，据俄罗斯政府发布的数据显示，俄罗斯经济已现萎靡不振。国内生产总值 GDP 再跌 0.5%，卢布再贬值 7%，全球原油已下跌近 50%，目前维持在每桶不足 50 美元。俄罗斯经济发展部长乌柳卡耶夫在年底表示，如果油价继续维持在每桶 60 美元左右，并且西方继续对俄罗斯实行制裁的话，俄罗斯 2015 年的经济将萎缩 3%，2016 年才能恢复增长。而俄经济发展部预计，2015 年全年俄罗斯通胀率将高于 10%。由于融资困难，俄罗斯很多银行会面临破产危机。据世界银行、欧洲复兴和发展银行、国际货币基金组织近期分别作出的预测，2015 年俄罗斯经济会萎缩 2.9% 到 5%。

也因此，普京此次上台后提出的建设现代技术基础上的多元化经济策略，力图改变俄罗斯单一依靠原料型的国家地位，也是基于对经济发展困境的深刻认识。俄罗斯经济陷入困境，不单是因欧美的制裁，更深层的原因则跟过度依赖能源出口经济结构有关。普京的具体措施包括选择工业优先方向，克服技术落后，借鉴他国推动现代化的经验；增加教育和科研投入，促进经济的创新循环；扩大国内市场规模，改善投资环境，特别是在融资困难的情况下，吸引私人资本；提高劳动生产率，创造高薪工作岗位；控制开支，灵活运用税收调节机制；与此同时减少国家对经济领域中那些不必要、甚至僵硬、腐败的干预，继续推进一些关键性资产的私有化。2015

年1月27日，普京再次批准了由总理签署的反危机计划，进入了全面救市的状态。主要从三个方面实施：一是促进经济增长，将采取措施支持骨干企业和中小企业的发展；二是支持特定行业，将根据经济形势的发展和需要，对特定行业和企业予以扶持救助；三是保持社会稳定，继续监控重要社会商品价格，采取额外措施保障劳动力就业市场，帮助老人、残疾人、多子女家庭等社会弱势群体。

三是政治清廉方面。经济是基础，而政治则是经济的集中表现。在政治上，普京将反腐败提升到全民族事业的高度，并提出为了提高反腐败效率，要整顿国家机构，调整干部政策。2013年2月21日，总统办公厅主任伊万诺夫做出表态："反腐败斗争中不应该存在'碰不得'的人，社会公众希望反腐败斗争取得重大成功。"总统办公厅表态一个多月后，普京向国家杜马（议会下院）提交法案，禁止官员在海外拥有银行账户、持有国外发行的股票以及其他金融票据。普京还签署一项法令，要求严格执行俄官员收支申报制度，包括申报购入房产、土地、汽车、贵重物品、股票和在海外持有资产的信息，同时解释购入这些资产所用资金的来源。俄罗斯官员要申报财产，不能有海外资产，并且在梅德韦杰夫当总统之时，颁布了《国家反腐败纲要》和《反腐败法》，其中还有一项规定，官员只能接受价值在3000卢布以下的礼品，当时的1卢布约合0.21元人民币，也即630元人民币。这笔钱能买到什么样的送得出手的礼品呢？

听烦了俄国民众长期以来对民主和腐败问题的抱怨和抗议，普京也表态称政府的服务质量确实下降，跟不上民众的需要，他也将更新民主机制，也因此他支持实行互联网民主，让抱怨不停的民众在网络留言，议论政治，还建议议会必须审议在互联网上征集到10万及以上签名的社会倡议。

四是外交方面的是否打开新局面？这是西方国家无时不在关注的。俄罗斯主流舆论一致欢呼普京总统归来，而对西方国家则是头疼、沮丧的坏消息。普京上台后，外交方面会有哪些新策略，西方国家对这一点真是心情忐忑不安，引发诸多揣测。但有一点是肯定的，俄美关系始终还是最为棘手的问题，普京与奥巴马的口水战不会停止，也免不了要礼尚往来互相嘲讽一番。不过，话说回来，普京和奥巴马棋逢对手，也有惺惺相惜之时，双方仍然希望能在遵循平等和互相尊重的原则基础上取得双边关系的实质性突破。

诸多风险和挑战在普京接下来的任期中席卷而来，除了直面无所遁避，但普京在其竞选纲领中说："俄罗斯不是在挑战面前退缩的国家。俄罗斯正全力以赴、调动一切力量来应对各种挑战。经受住考验，将无往而不胜。"

6 “新普京时代”之隐忧

两届总统和一届总理之后，已经开始第四个任期的普京并不轻松，身份换位简单，要面对的问题却越来越复杂。在“新普京时代”，俄罗斯主要在三个方面存在着隐忧。

一是在由能源型经济转向创新型经济的情况下，如何促进经济快速增长。普京在选举时许诺要增加民众的福利待遇，也就是说政府的财政支出也骤增，必须通过经济的快速增长才能缓解压力。从目前局势来看，经济形势难以乐观。所谓知易行难，说得轻松往往做起来难，普京所说的要加大投入力度，要解决教育、医疗、住房、养老、环境等是每个国家都最为头疼的难题，另外，教师和医务工作者的工资要达到该地区平均工资的两倍，到 2014 年底俄罗斯居民平均工资将增加 50%，达到每月 3 万到 3.2 万卢布，2020 年彻底解决贫困问题，2030 年彻底解决住房问题。瞧这口气，这位总统总是这么自信！这还不算啥，普京给自己定的经济目标是未来五年要使俄罗斯跻身世界经济前五强。普京说这话的时候，肯定没想到俄罗斯在 2014 年底，民众迎来的不是福利和年终奖，而是缺钱到过不起年了。2014 年 12 月 25 日，卢布兑美元汇率暴跌 13%，俄央行一夜之间紧急宣布将基准利率由 10.5%提升到 17%，百姓生活成本上涨，蔬菜肉类等价格上涨 20%左右。在困难面前，俄罗斯民众再显幽默，人们互相揶揄：“吃得省一点，用红色甜菜根当口红，女士不穿法国内衣，改穿国产棉内衣。”加夫纳议员甚至说：“如果钱不够，你得记住，我们是俄罗斯人，我们曾战胜饥寒，现在应该考虑下我们的健康并且少吃一点。”鉴于此种困局，普京总统的一诺千金只能有待时间检验了。

二是反腐方面。腐败是世界性的痼疾，也是俄罗斯一直无法治愈的顽疾。《俄罗斯头条新闻》曾戏谑般地认为，“腐败似乎成为一种必须接受的俄罗斯文化”。2011 年 7 月，当时的总统梅德韦杰夫曾就腐败问题说出这样的话：“我们国家的青年人特别想当官。这让我很不安。青年人热衷于成为公务员。为什么？是因为这个工作很体面吗？不，似乎不完全是这样。工资很高吗？一点也不高。那是为什么呢？因为这是快速致富的手段。”随着俄罗斯官僚体系的成熟，官僚制度的漏洞也层出不穷，民主常被架空，监督易于失效，腐败更多地呈现出集体化和制度化的倾向。也因此，在第三次出任总统时普京高调反腐，成为其任期内的一大亮点。

普京的高调反腐经过媒体大力宣传，产生了很大的社会影响力。但仍有调查显示，很多人除了对腐败现状感到失望之外，并不相信政府能够彻底反腐，毕竟权力带来的腐败如同毒瘤一样，一旦侵蚀着这个国家的肌体，就难以除根。全球反腐败非政府组织“透明国际”曾公布了 2012 年全球清廉指数，在 182 个国家中，俄罗斯排名第 143 位，这一排名让一向骄傲、自豪的俄罗斯人颜面尽失，这一排名远在一些非洲不发达国家之后，仅比那些动乱国家如利比亚、伊拉克、阿富汗等稍强些。好在俄罗斯的民众足够幽默，敢于自嘲并编了个笑话：国际组织评审年度各国清廉指数，俄罗斯出人意料地由头年的垫底变为荣登前十名。俄国官员透露，“那是因为咱给评委送了礼……”

三是人治与法治之间不可避免的矛盾。“梅普组合”摇身变成“普梅组合”，不少民众表示出了对民主之隐忧。俄罗斯的总统制与法国一样，都被称为超级总统制，总统凌驾于行政、立法、司法三权之上，不仅不必向三权中的任何一权负责或报告，还有权对三权的活动进行协调。这一总统制都产生于国家危机之时，内外交困之际也就必然要呼呼强势总统。另外，普京的坚定支持者——统一俄罗斯党，也被号称政权党，其他政党相比之下力量悬殊，无力与之抗争，普京此次大选之前的闹得沸沸扬扬的杜马选举舞弊案也表明这一点。权力不受制约，隐忧便无穷。俄罗斯曾经还流行一首歌，叫作《普京来到皮卡廖沃》，歌词这样写道：“当工人骚乱，谁能让工厂恢复平静，是普京，普京来到将让我们冷静；商店物价每天都在上涨，谁能帮助我们，是普京，普京执行的速度快。”歌词的大意是：老板拖欠薪水，工人骚乱，普京前去“讨伐”；物价上涨，普京亲临超市，逼迫降价。这么事必躬亲，办事虽有效率的普京形象，显然很受爱戴，但也暴露出体制的问题了，如此一个大国的运作，元首岂能事事亲力亲为，岂不累死，只有法治和宪制才是真正的解决之道。

四是不得不面对与西方国家更为复杂的国际关系。普京在大选前发表的《俄罗斯与不断变化的世界》在简要提及外交政策理念时，还不忘美国及其盟友一直试图左右俄罗斯的选举之事，普京措辞严厉：“美国常常试图进行‘政治操控’，包括在传统上对我们至关重要的地区，以及在俄罗斯举行选举时。”西方国家媒体曾在大选前一厢情愿地纷纷唱衰普京，英国《经济学家》甚至发表《普京终结的开始》的文章，认为普京时代将一去不复返。

毫无疑问，普京上台后，与西方国家新一轮的对抗赛再次拉开帷幕。在伊朗核问题、“阿拉伯之春”、叙利亚、利比亚问题的军事行动，俄罗斯与美国等依然是争锋较量。普京表示将与华盛顿反伊朗的导弹防御计划作斗争，他声称这一计划会破坏俄罗斯与美国之间的核导弹平衡，还认为，“阿拉伯之春”是西方为获得影响力和市场所做的努力，而利比亚正是西方之得、俄罗斯之失。

虽然在中央集权下，普京政府还是一直为遏制俄境内一些少数民族要求摆脱控制甚至谋求独立而时常焦头烂额。俄国学者分析认为，以民族特征划分和组建自治实体，是由苏联到俄罗斯民族矛盾和祸患不断的根源，这其实也是苏联制度的沉重遗产。普京在谋求连任时，不仅重谈对抗美国的老调，也在不断呼吁俄罗斯团结。鉴于国内的团结问题，普京新时期的外交政策重在自保性而非攻击性。普京说：“俄罗斯只有在强大和自立时，才会受到尊重。”他认为，确保全球安全的唯一途径是，与俄罗斯一起努力，而不是试图降低俄罗斯的地位，从地缘政治上削弱俄罗斯或者削弱其国防潜力。

7　新俄罗斯思想

作为在国家衰落时刻登上权力巅峰的领导人，普京清楚地认识到，俄罗斯“正处于数百年来最困难的历史时期”。普京上台伊始，就以重振俄罗斯为口号，将俄罗斯的历史传统、当今的社会现实和未来的发展方向巧妙地糅合在一起，提出了能够为大多数俄罗斯精英与民众所接受的“新俄罗斯思想”。普京能够赢得广大俄罗斯民众的信赖，不仅是由于其朴实无华的平民风格，更是由于他的治国思想符合俄罗斯的现实需求，符合俄罗斯民众的心理需求。

普京在1999年年底发表的题为《千年之交的俄罗斯》的讲话中，明确提出了作为其治国理念的“俄罗斯思想”，其实质就是强国思想，强调俄罗斯过去与将来都是“强大的国家”，并认为这“决定了俄罗斯人的思想和国家的政策”。普京将俄罗斯定位于“不属于当代世界最高经济和社会发展水平的国家”，承认俄罗斯与先进国家的差距越拉越大，认为俄罗斯面临沦为“二三流国家的危险”。

面对现实，普京认为：“我们国家迫切需要进行富有成效的建设性的工作，然而，在一个四分五裂、一盘散沙似的社会里是不可能进行的。在一个基本阶层和主要政治力量信奉不同的价值观和不同的思想倾向的社会里也是不可能进行的。”

普京分析了俄罗斯人的思想：

> 在即将过去的这个世纪里，俄罗斯曾两次遇到这种情况：1917年十月革命之后和90年代。第一次的公民和睦和社会团结不是像当时所说的是通过思想教育工作达到的，而是靠暴力手段达到的。凡是不同意当局的意识形态和政策的人都遭到了

各种迫害甚至直接镇压。顺便提一下，正是由于这个缘故，我不认为一些政治家、政论家和学者呼吁建立“国家意识形态”的提法会达到预期效果。它会使人联想到过去。凡是在国家意识形态被当作一种官方赞同和有国家支持的一种思想的地方，严格地说，在那里就不会有精神自由、思想多元化和出版自由。也就是说，不会有政治上的自由。

我反对在俄罗斯恢复任何形式的国家官方的意识形态。在民主的俄罗斯不应当强制实行公民意见一致。任何的社会一致都只能通过自愿的方式达到。正因为如此，在这样一些重要问题上意见一致是十分重要的，例如，大多数俄罗斯人所期望和关心的是目标、价值观、发展水平这些问题。我国的改革艰难而缓慢的原因之一就是公民不和睦、社会不团结。精力都耗费在政治内讧上，没有用在解决俄罗斯改革的具体问题上。最近一年到一年半的时间里出现了一些积极的变化，大多数人民群众比许多政治家更富有理智和责任心。人们希望稳定，希望有信心和有可能安排不是目前而是今后几年或几十年的生活（安排自己和孩子们的未来）。他们希望在和平、安全和法制条件下工作。他们希望利用多种所有制、经营自由和市场关系提供的各种机会和可能性。

在这一基础上，我国人民开始掌握和接纳高于各种社会、集团和种族利益的超国家的全人类价值观。人们已经接受了言论自由和出国自由、个人拥有基本政治权利和自由这样一些观念。人们珍惜可以拥有财产、从事经营活动和创造财富这样的机会，等等。

俄罗斯社会团结的另一个支柱是被人们称作俄罗斯人自古以来就有的传统的价值观。如今这些价值观依然十分明确。

爱国主义。这个词往往被用于嘲讽，有时甚至被用于辱骂。但是对于大多数俄罗斯人来说，这个词仍保留了它原先的完全积极的含义。这是一种为自己的祖国、自己的历史和成就而产生的自豪感，憧憬着自己的国家变得更美丽、更富足、更强大和更幸福的心愿。这种情感一旦摆脱了民族傲慢和帝国野心，没有什么可指责的，也不是因循守旧。这是人民英勇顽强和力量的源泉。丧失爱国主义精神，就丧失了民族自豪感和尊严，我们将丧失人民创造伟大创举的能力。

强国意识。俄罗斯过去是，将来也还会是一个伟大的国家。它的地缘政治、经济和文化的不可分割的特征决定了这一点。在俄罗斯整个历史进程中，它们还决定着俄罗斯人的思想倾向和国家的政策。即使在今天它们依然起着决定性的作用。但如今这种思想倾向应当充实新的内容。当今世界上一个国家的实力与其说表现在军事方面，不如说表现在它能够成为研究和运用先进技术的领先国家，能够保障人民高水平的生活，能够可靠地保障自己的安全和在国际舞台上捍卫国家的利益。

国家观念。俄罗斯即使会成为美国或英国的翻版，也不会马上就做到这一点，在这两个国家里，自由主义价值观有着深刻的历史传统，而在我国，国家及其体制和机构在人民生活中一向起着极为重要的作用。对于俄罗斯人来说，一个强大的国家不是什么异己的怪物，不是要与之做斗争的东西，恰恰相反，它是秩序的源头和保障，是任何变革的倡导者和主要推动力。

现今的俄罗斯社会不会把强有力的和有效的国家与极权主义国家混为一谈。我们已经学会了珍视民主、法治国家、个人自由和政治自由。与此同时，人们又在为国家权力在明显削弱而担忧。社会希望根据传统和社会现状恢复国家必要的指导和调节作用。

社会团结。在俄罗斯，集体活动向来比个体活动重要，这是事实；而专制作风在俄罗斯社会根深蒂固这也是事实。大多数俄罗斯人不习惯通过自己个人的努力奋斗改善自己的状况，而习惯于借助国家和社会的帮助和支持做到这一点。需要很长的时间才能改掉这种习惯。我们姑且不谈这样做是好还是坏，重要的是这种习惯还存在，有这种习惯的人还大有人在，因此不能不引起重视。应当在社会政策中首先考虑到这一点。

我认为，俄罗斯新思想是一个合成体，它把全人类共同的价值观与经过时间考验的俄罗斯传统价值观，尤其是与经过20世纪波澜壮阔的100年考验的价值观有机地结合在一起。重要的不是强行加快这一进程，也不是中断和摧毁这一进程。不允许让公民和睦的最初萌芽在热衷于搞政治运动或各种各样的选举中被践踏。从这个意义上讲，不久前国家杜马的选举结果使人十分乐观，它反映出社会正在向稳定和公民和睦转化。激进主义、极端主义和革命派的反对立场遭到大多数人的排斥。大概，这是改革以来头一次为执行权力机构和立法权力机构发挥建设性的相互协调提供了这种良好的政治条件。

在新的一届国家杜马中自己的党团和组织占有席位的严肃政治家不能不从这一事实中得出应有的结论。我相信，对祖国和人民命运的责任感会占上风的，俄罗斯各党团、组织和运动的领袖是不会为狭隘的党团利益或一时利益而去牺牲，只有团结所有健康力量，才能实现整个俄罗斯的利益和前途。

从普京的各种言论中可以看出，普京的“新俄罗斯思想”的第一面旗帜是弘扬俄罗斯历史传统。普京深知，对处于过渡时期的俄罗斯来说，要想实现国强民富的目标，就必须以一个共性的东西将不同信仰、不同倾向、不同民族的俄罗斯人团结和凝聚在一起，激励人民去复兴和发展俄罗斯。这个共性就是俄罗斯人共同走过的历史。只有历史自豪感，才能最大限度地激发民族凝聚力和爱国主义精神。为此，普京一改叶利钦时期对过去全盘否定的做法，而是大力弘扬俄罗斯、包括苏联时期的历史传统。普京明确表示“毫无意义地否定历史将使整个民族数典忘祖”，苏联时期有某些领域值得骄傲，“看不见，甚至否定这一时期不容置疑的成就是错误的”。

普京心中有“苏联情结”，他认为只有“把全人类的普遍价值观与俄罗斯的传统价值观有机地结合在一起”，俄罗斯的未来才有希望。在这种思想的指导下，普京决定在联邦安全局总部内重新竖立安德罗波夫的雕像，使安全部门的工作人员重又获得久违了的光荣感与自豪感；在胜利节的庆典上，他让5000名来自苏联15个共和国的老战士走在阅兵式的最前列，使经历十年生活磨难的俄罗斯人重温昔日战胜法西斯的无限荣光，这一画面让观看庆典的许多人泪流成行。普京不仅以法律形式确定了彼得大帝时期的已有 300 年历史的白蓝红三色旗为俄罗斯国旗、伊凡雷帝时期的已有 500 年历史的双头鹰标志为俄罗斯国徽，而且力排众议，决定沿用前苏联国歌的曲调为俄罗斯新国歌，使那激昂的旋律重新振奋了俄罗斯人的精神。同时，普京充分肯定东正教在培养人的道德与精神方面所起的作用，不仅自己经常去教堂，还经常就重大决策征求大牧首阿列克西二世的意见。

“新俄罗斯思想”的第二面旗帜是爱国主义。普京自幼就受到了爱国主义启蒙教育，从小就立志要报效国家。当他发现，“一个情报员往往能够做到整个军队都做不到的事情”时，便义无反顾地加入克格勃。在一次访谈中普京坦言，“俄罗斯的训练只有一项，就是爱你的国家”。普京强调，“丧失爱国主义精神，就丧失了民族自豪感和尊严，也就将失去能够创造伟大成就的人民”。爱国主义在普京的对内对外政策中体现为“国家利益至上”。正是由此出发，在车臣问题上，普京宁愿冒着与西方决裂的危险也不允许俄罗斯经受屈辱，宁愿背负暴君的恶名也不愿看到分离主义分子存在。在国际交往中无论是进还是退，普京首先考虑的也是国家利益。尽管美国对伊拉克早已磨刀霍霍，但考虑到俄罗斯在伊拉克的巨大经济利益，普京始终坚持反对美对伊动武的立场。普京的这种品质赢得了外国同行的尊重，不仅布莱尔、施罗德对普京十分敬重，连布什也承认，一看到普京的眼睛，就可以感觉到他的坦诚。

2012 年，在普京重掌总统大权后，他进一步丰富和发展了自己提出的俄罗斯新思想特别是爱国主义教育思想。2012 年 9 月 13 日，克里姆林宫官方网站发布了普京与政治、宗教、国防、科教和体育界精英会谈时的讲话文稿，呼吁向年轻人推介“新型爱国主义”。在此前一天，普京在俄南部城市克拉斯诺达尔又特别强调，俄罗斯现代化进程得以推进，却忽略了构建新型爱国主义，所以“我们必须为未来奠定坚实基础，而基础就是爱国主义”。普京认为，应该“尊重历史和传统”，然而并不是去照抄过去的模式与经验。对于如何构建新型爱国主义，普京反对在实施爱国主义教育过程中沾染

“种族、民族主义和宗教排他”等色彩，强调“爱国不只是好听的话，最重要是行动，保卫祖国、民族和人民”。普京的这番话主要着眼对年轻一代的教育，因为在普京看来，只有在青年学生中倡导先辈们遗留下的优秀价值观与爱国主义优良传统，才能凝聚起下一代为国家奋斗的力量，才能最终赢得俄罗斯的美好未来。

“新俄罗斯思想”的第三面旗帜是强国意识。普京曾在东德工作五年，经常走访西德、瑞士等发达国家，对西德的社会和经济运作有着切身的体验，对德式社会市场体制有着特别的好感。这种海外经历使普京具备了宽广的国际视野，也使他更深刻地体会到以往俄罗斯自我封闭、与世界发展脱轨的后果。普京明确强调，俄罗斯人民的生活富贵与国家的强大必须与世界的发展紧密地联系在一起，俄罗斯必须全面参与世界经济一体化，并在与不同文明的对话与合作中实现俄罗斯的利益。

普京认识到，历史上长期形成的帝国观念不符合俄罗斯的真正国家利益与当今世界的现实，俄罗斯必须抛弃帝国思想，全面融入世界。“俄罗斯只要务实地考虑问题就无往而不胜，而在帝国思想占上风或自誉为救世主的时候就必然失败。”普京曾公开表示，帝国思想和对外政策意识形态化给俄罗斯带来的是“国困民穷”，他要将“国强民富”作为国家政策的根本目标。在放弃帝国野心的同时，普京坚信，通过努力，昔日的俄罗斯是一个强大的国家，这个曾经打败过不可一世的拿破仑和希特勒的英雄国家，必将重新成为世界强国。

普京相信，欲要治国，必先恢复俄罗斯人的精神和信念。普京深深了解俄罗斯国民特有的崇尚强权和强大的心态。“俄罗斯自古就是超级中央集权国家，这一点已经植根于俄罗斯的遗传密码、传统和民众的思想。”因此，他要求俄罗斯人在俄罗斯精神的感召下团结起来，恢复民族自尊和自信，重塑俄罗斯的辉煌。用他自己的话说，他梦想着有一天俄罗斯年轻一代可以骄傲地说：“我为生在俄罗斯而自豪。”

努力实现俄罗斯大国梦的普京，就任总统以来尽情展现了他的个人魅力，并成为国际政治舞台上耀眼的明星。普京是在需要的时候，出现在需要的位置上。俄罗斯经济复苏、政治稳定以及在国际形象上的改善，昭示着普京没有辜负叶利钦的重托。在普京的带领下，俄罗斯这条几乎倾斜的航船重又找回了自己的方向。当前的俄罗斯在普京的统率下，正在扬帆远航。

8 普京的 2018

2018，注定是不平凡的一年。单边主义、保护主义抬头，对当前国际政治经济秩序构成严重挑战，地缘政治斗争依然紧张……

2018 年，俄罗斯头等大事就是总统选举。

3 月 18 日，俄罗斯第七届总统选举，普京以绝对优势获胜。普京连创两项总统选举历史纪录得票最多，超过 5440 万张支持票支持率最高，超 76%的支持率。同时，选举投票率亦达 67. 54%，此次选举进一步显示了普京的民意基础稳固，普京获胜后表示，“为国家的和平与繁荣、为每一个俄罗斯家庭的福祉而鞠躬尽瘁是自己的职责和生命意义”，他呼吁民众“为伟大国家的未来，团结继续前进”。

5 月 7 日，普京正式就职总统，同时提名梅德韦杰夫再次出任政府总理并获国家杜马批准，梅氏新内阁中官员大多仍是近 10 年来一直在联邦政府中工作的老面孔。普京延用老臣，保持执政团队稳定，旨在保持政策的延续性与稳定性。可以预期，未来 6 年“普京治下”的俄罗斯政局稳定不成问题。但同时，普京新任期将面临民生挑战、权力过渡和社会不满情绪累积等诸多难题，未来几年执政压力或将持续增大。2018 年下半年启动的退休年龄改革引发民众不满，就凸显稳定隐忧犹在。

5 月 7 日，普京就职当天即签署颁布《2024 年前俄罗斯联邦发展的战略任务和国家目标》总统令（简称“五月命令”），明确规划未来 6 年的民生保障和经济发展主要方向。“五月命令”以提高民生保障水平为核心，明确了 2024 年前社会经济发展的 9 项任务人均 GDP 提升 50%，跻身世界经济五强居民人口自然增长，人口平均寿命提高至 78 岁居民实际收入稳步增长，贫困人口减半大力发展高新技术与数字经济年通胀率低于 4%等。

“五月命令”颁布后，政府立即开始着手落实，近日俄政府已完成制定人口、医疗教育、住房和城市环境、生态、交通安全和高质量公路、科学、生产和就业、数字经济、文化等 9 个方面的国家发展规划，普京希望 2019 年这些规划能够实现积极进展并有成果显现。

回首 2018 年，俄罗斯经济保持平稳运行。2018 年前三季度，俄 GDP 增长 1.6%，预计全年增长 1.8%出口总额达到 3270 亿美元，同比增长 27.8%失业率从 2017 年的 5.2%降至 4.8%黄金外汇储备增加 7%，达到 4640 亿美元联邦预算盈余约占 GDP 的 2.1%，这是自 2011 年以来首次出现盈余。

农业成为俄罗斯经济增长的新引擎，农业出口成为新的创汇来源，与 2000 年相比农产品出口量增长 15 倍。上述经济发展的亮点为普京新任期开了个好局，一定程度上增添了发展经济的底气。但受制于内外多重难题与挑战，实现普京的经济发展目标绝非易事，低速增长或成未来数年俄经济发展常态。

2018 年，普京的外交以稳为主，力求有所突破。纵观一年来的俄外交态势，可以说波澜不惊，看点不少，亮点不多。

首先，西向外交“困局欲破难破”。

对美关系有心无力，僵局持续加剧。特朗普上台后，俄各界曾对改善俄西关系抱有极大期待，普京也将之作为最重要的外交任务，预期俄美关系将迎“重启”机遇，但特执政一年多以来，由于双方结构性矛盾难解、美国内反俄情绪高涨，双方关系不仅未见好转，反而不断恶化、冲突加剧。看未来俄美关系走势，双方关系继续恶化的空间也已不大，再斗只能是核大国间的直接军事对抗，俄美都不想走到这步。同时，特朗普和普京仍有强烈的改善俄美关系意愿，俄美关系将可能局部缓和。

对欧关系用心为之，有所作为。2018年，普京重点加大了对欧洲国家的外交投入，希望以务实合作改善俄欧关系。一年来，普京与欧洲国家领导人互动频繁。6月，普京新任期首次外访选择奥地利，这是其首次将总统新任期首访地选在非独联体国家，凸显对欧重视俄德、俄法领导人还实现互访。同时，俄欧领导人恢复互动也促经贸合作不断升温。此外，欧美矛盾也助推了俄欧关系的改善。

其次，东向外交“好局稳中有进”。

2018年俄亚太外交延续近年来的良好发展态势。中俄全面战略协作伙伴关系继续在高水平上运行俄日2018年首次互办“国家年”活动，5月和9月日首相安倍两度访俄普京与印度总理莫迪5月和10月两度会晤11月普京首次出席东亚峰会，提升俄对东南亚地区的重视。

第三，独联体外交“固本护源”。

2018年俄延续以往策略一是以欧亚经济联盟、集安组织、独联体等组织为平台聚拢核心国，打造强化地区核心圈，推进地区的一体化。二是以双边合作为纽带夯实与核心国关系基础。

第四，持续提升在中东的地缘政治影响力。

中东是近年俄外交的最亮点。俄通过两年经营，已掌握叙利亚问题绝对主动，基本实现将叙打造为中东战略支点的目标，并通过涉叙合作巩固了与伊朗的盟友关系，发展了与土耳其、伊拉克等国的合作关系。俄在中东战略布局基本实现，影响力攀至苏联解体后最高点。

第七章

并不完美的婚姻生活

1 从“不是一见钟情”到共结连理

有报道说，在大学里，普京曾有过第一位恋人——一位漂亮的学医的大学生。据说，女方是一个很有个性的人，她非常关心普京的健康。在大学里，他们已经谈婚论嫁，甚至连结婚证书都已经申请下来了，苏联的大学允许学生在上学期间结婚。双方的父母也同意这门婚事，为他们购买了戒指、婚纱、西服等东西。然而，不知出于什么原因，在最后时刻，普京把这个婚约取消了。后来，普京回忆说：“取消婚约是我一生中做出的一个最困难的决定。非常困难！我当时真想躲起来。但是与其日后痛苦，不如当时痛苦。”普京的第一段恋情就这样夭折了。

普京的夫人与一些国家第一夫人不同，俄罗斯的第一夫人柳德米拉·普京娜不太爱抛头露面。有消息说，在普京担任俄罗斯国家领导人之日，普京娜曾憋在家里痛哭了一天，她为即将失去的自由自在的平民生活苦恼。现在俄罗斯第一夫人柳德米拉·普京娜对外交场合还不是那么习惯，她总是尽量不突出自己，拒绝接受采访。当普京成为总统后，为了满足公众的好奇心，关于第一家庭的介绍也多了起来。

柳德米拉比普京小七岁。出身于普通人家，父亲亚历山大·什克列布涅夫在机械修理厂工作，母亲叶卡捷琳娜是车队的收款员。柳德米拉是个美人，中学毕业后，当过邮递员，还在工厂当过车工，后来在加里宁格勒工学院学习了两年。但是她对工程方面的课程实在没有兴趣，就退学了。之后她考进航空公司，当了一名空中小姐。

柳德米拉回忆说，她和普京的交往一直是很低调的，就连她的妈妈叶卡捷琳娜·什克列勃涅娃，都是在他们相识两年以后才知道的。柳德米拉给母亲写了一封信，告诉妈妈她认识了一个好男人，她要嫁给他。这两家的人甚至是在普京和柳德米拉的婚礼上才彼此相识的。

柳德米拉将永远记得她和普京相识的场景。“我是加里宁格勒人，21岁那一年的夏天，我约了一个女伴一同飞往我们向往已久的列宁格勒休假。虽然，这次旅行对我来说是一件心驰神往的事情，可是我哪里知道，事实绝不那么简单，它从根本上改变了我的命运。我们两人刚到列宁格勒的第一天，就被邀请去看戏，剧院的名字叫列宁苏维埃。我和沃洛佳（普京的小名）就是在剧院的台阶上认识的。”普京当然也不会忘记两人的初识。他不止一次谈到了那个夜晚：“我的一个朋友给我打电话请我去看戏。他有几张票，还有女孩也去。我们就去了。还真的有女孩。我和其中的一个开始约会。我们交上了朋友。她就是柳德米拉，后来成了我的妻子。我当时跟她说，我在警察局工作，因为我实际上是在安全部门工作，是保密的。要是你让更多的人知道你在安全局工作，就不会把你派到国外去了。当时我还不知道我们能不能成……”

当时，普京并未给柳德米拉留下什么印象。用柳德米拉的话说：“当时他穿着俭朴，其貌不扬，如果在街上，我绝对不会注意他。”

也许是一见钟情吧，第二天普京又请柳德米拉及其女伴到剧院观看演出。在第三次见面时，当普京与柳德米拉互相道别时，普京就将自己的电话号码告诉了柳德米拉，柳德米拉·普京娜回忆当时的情景时说：“第三天该说再见了，当时在地铁里，普京的朋友站在一侧，当他发现普京把电话号码递给我时，他对普京说道：‘怎么，你疯啦？’作为克格勃，普京从来不把电话号码给别人。”普京深情地对我说：“我在警察局工作，因为工作需要，我暂时不能告诉你真实情况。”

“我不是一见钟情，我是后来才爱上的。普京身上有种东西吸引我。三四个月之后，我心想他就是我要找的男人。”柳德米拉是后来才知道普京在克格勃工作的。

随着感情的递增，为了解除思念的煎熬，柳德米拉就利用工作便利，乘飞机去和普京约会。“一般人是乘公共汽车、电车或出租汽车赴约，而我是乘飞机去谈恋爱。”经过几个月的交往，柳德米拉从内心深处感到普京是她心目中向往的男人。虽然他貌不惊人，但是他内在的魅力像磁铁般吸引了柳德米拉。“我们认识三四个月以后，我就决定到列宁格勒去找沃洛佳。他当时建议我去上列宁格勒大学的预科班，然后报考列宁格勒大学语文系。我同意了。”柳德米拉后来回忆说：“我一来到列宁格勒就喜欢上了这个城市，正因为如此，我过得非常愉快。城市令人喜欢，遇到一些好人，很让人开心……”

时光荏苒，一晃三年半过去了。有一天，柳德米拉坐在普京家，两人进行了一番有趣的交谈。

普京神色严肃地对柳德米拉说：“你现在知道我是什么人了，你知道我的性格是很不容易相处的。我自己是那种不善言辞的人，遇到事情很急躁，甚至冒犯别人。”“我还是个有危险的生活伴侣。”

普京又对柳德米拉说：“现在你该决定与我的关系了。”“三年半了，拿定主意了吧？”

“这话让人一听好像是要分手。”柳德米拉的心一下子凉到了极点。

“是的，拿定主意了。”柳德米拉回答。

“真的决定了？”普京显得很惊讶，旋即用探求的目光注视着柳德米拉，似乎想从中发现些什么似的。

“于是我心想我们一定要分手了”，柳德米拉以为他们的关系就要告吹。

可是普京接着说：“那好啊，如果是这样的话，我正式向你求婚。”

柳德米拉想不到，普京居然说出了令她激动万分的肺腑之言：“我爱你，想选择一个日子和你结婚。”两人就这样定下了终身大事。这个不苟言笑的普京求起婚来也格外有特色！

1983 年 7 月 28 日，他们终于双双携手前去办理结婚登记手续。

在列宁格勒最美好的夜晚，在涅瓦河的一艘游轮的“浮船”餐厅，这对有情人举行了简单的婚礼，大家按照俄罗斯传统的方式，祝贺这对新夫妻。

柳德米拉说，她的姐姐在参加完婚礼之后告诉她，从外表看，普京是一个很有魅力的人，并且给人一种踏踏实实过日子的感觉。婚礼结束之后，普京和柳德米拉去波罗的海进行蜜月旅行。蜜月回来之后，他们就和普京的父母住在一起，因为他们当时还没有自己的房子。当时住的是列宁格勒市斯塔切克大街的一幢楼房，那是一套两居室的房子，他们房子的面积才 27 平方米。柳德米拉说，普京的父母与她的关系相当融洽。

难道她和普京的生活中就没有过不愉快吗？对于这个问题，柳德米拉直言不讳地说：“怎么会没有呢？最让我们头疼的事情就是没有钱。”为了挣钱，柳德米拉做过翻译。

柳德米拉觉得，她和普京结婚之后最美好的一段时光是在德国度过的。当时普京被派往德国工作，柳德米拉和孩子也一同前往，他们住在国家给他们租的一幢德国公寓里。公寓和普京的办公室只有一墙之隔，从家里走到办公室也就几分钟的路程。“沃洛佳经常从办公室的窗户朝家的方向眺望，他特别想见到他的女儿。”柳德米拉回忆道。普京上班的时候，柳德米拉就在家里照顾他们的女儿玛莎和卡佳。那时，家里经常有同事和德国朋友光顾。周末的时候，普京一家会到郊外呼吸新鲜空气。柏林墙倒塌后，他们又回到了列宁格勒。当时普京还没有站稳脚跟。柳德米拉就在列宁格勒大学的外语补习班上教德语。

据柳德米拉回忆，在克格勃工作曾使普京与她的私人生活受到很多限制，她甚至是在与普京第一次幽会之后，过了十八个月才知道她的未婚夫普京是个克格勃。她记得，那次幽会普京迟到了一个半小时。柳德米拉说：“他在克格勃工作的那段日子给我内心留下了烙印：因为我来自另一个世界。对于我来说，与人谈话推心置腹要容易得多，而不用什么时候都得想哪些话该说，哪些话不该说。”

在很多俄罗斯女性眼里，普京是好丈夫的最佳人选。然而普京的妻子、俄罗斯第一夫人柳德米拉却道出了丈夫许多小缺点，不仅约会爱迟到，还是个大男子主义者。柳德米拉说，普京对家庭生活有两个原则：一是“一个女人必须把家中收拾得干干净净”；二是“不要夸奖老婆，以免惯坏她”。妻子柳德米拉透露，普京“非常挑食。如果做出来的饭菜里有点什么东西他不喜欢，他就不吃”。虽然如此，普京夫妇的感情还是相当不错的。

柳德米拉最终选择了普京作为自己的终身伴侣，因为在她眼中，丈夫虽然不是个完人，但的确是个真正的男子汉。柳德米拉·普京娜说：“在我看来，普京不是个沉默的男人，女性通常喜欢他。我想他也会被漂亮女性所吸引，这一点我不吃醋，一个男人如果无法接受漂亮女人的吸引，那还算是什么男人呢？不少做丈夫的一天工作结束后，总会把工作上的烦恼带回家。他从不这样，而是自己默默解决遇到的难题，从来不拿烦心事跟我出气。他心情不好，我总能察觉，虽说他这人遇事不乱，但在这个时候，还是别去惹他。我每天晚上都要等他回家，早晨和他一起起床。他当总理前没这么疲劳，即使半夜就寝也会早早起来。如今要做的事情太多，每天总是睡眠不足。有一次在电视上看到他会见奥尔布赖特，我害怕极了，因为前一天夜里他只睡了一小会儿，那可是三个小时的重要外交会谈。这么至关重要的外事活动，我真担心他会撑不住，但他还是非常精彩地完成了那次历史性的会晤。”

2 多才多艺的一家人

普京当选总统后，人们对他们的家庭十分关注，柳德米拉也渐渐开始向媒体介绍一些他们的家庭状况，以满足公众的好奇心。柳德米拉对记者说：“可能人们难以置信，我们的日子始终不富裕，领工资之后就要精打细算。家里的钱基本上由我管理，他过去不注意家里的财政状况，现在也不善于省钱。他认为钱应该给人带来舒适的住房、美味的饮食、体面的衣着，为孩子提供良好的教育，每隔一段时间，最好能到什么地方休假。除此之外，他不知道钱还有什么用处。普京说过，如果我们有足够的钱，他会带着全家出去走走。他没去过几个国家，去过两次美国——而且是在大热天去的纽约，还有洛杉矶。他现在还为自己疲于在机场和各种外交场合之间穿梭，没能更多地了解美国的自然风光和风土人情而遗憾。虽然公务缠身，可我知道，他现在最想做的事是去非洲打猎，去肯尼亚，想带孩子们去那里。但是，我们的两个女儿还小，因为害怕枪声，这个愿望看来要到她们长大后才能实现。他也想到印度旅游，对古老的文明有着很奇异的憧憬和幻想。他没去过阿拉伯国家，很想看看埃及和沙特阿拉伯。拉丁美洲对他也有强大的吸引力，他从未踏上过那片土地，认为那里也很有意思，很像50年代的苏联。”

普京和柳德米拉在一起生活了20多年，柳德米拉说普京是个不近烟酒、很有自制力的丈夫。他们对目前的婚姻和家庭状况还是满意的，尽管普京是俄罗斯的大忙人，但柳德米拉和孩子们还是能够随时感受到来自他的爱与关怀。在柳德米拉看来，普京比别的父亲更加喜欢两个女儿。在家里，只要有时间，他就会陪两个女儿玩，一同做游戏或者坐在地板上嘻嘻哈哈地看动画片。

对于普京政治生涯的平步青云，柳德米拉并不感到意外，她坦露说：“不知为什么，我总是相信普京会有当总理的一天。他目标明确，坚定不移。有人为金钱拼命干，而他是为了理想而拼搏。拼搏的过程使他感到愉快。”令柳德米拉最钦佩的是丈夫具有“过目不忘”的记忆力。她记得在圣彼得堡时，法国总领事馆请普京夫妇参加招待会。将近两小时普京侃侃而谈，从容不迫地回答各种各样的问题。柳德米拉坐在他的旁边，感到非常惊讶：“他从哪里知道这么多东西的？怎么什么问题也难不倒他？”柳德米拉还介绍说，人们以为普京平时不大爱说话，实际上是普京不喜欢说不合时宜或者不感兴趣的话题，一旦是他喜欢的话题，他的谈锋很健，很有分寸，能说到点子上。在穿着上，普京从不特别重视服装。现在他经常抛头露面，所以比较讲究服饰了。他也不大讲究发型，是柳德米拉喜欢他把头发理得很短。

普京和柳德米拉有两个女儿，大的叫玛莎，小的叫卡佳。玛莎1985年出生在列宁格勒市，比她小一岁的妹妹卡佳出生在德国。2001年普京在与美国总统布什闲谈时曾透露，为表示对老一辈的尊重，大女儿用的是祖母的名字，小女儿用的是外祖母的名字。布什当即惊喜地说：“太巧了！我的两个女儿也是这么起名字的。”据说，玛莎长得很像父亲，卡佳则酷似母亲。

总统一家人个个多才多艺。普京对体育运动的兴趣非常广泛，除了摔跤和柔道外，还有游泳、高山滑雪、漂流和骑马等。普京说：“体育锻炼已经成为我的一种生活方式。”他还喜欢音乐、读书、桑拿和钓鱼。普京精通德语，另外为了工作需要，他自2000年起也开始学习英语。普京很少饮酒，偶尔喝一点也是啤酒，他对烈酒很反感。

当上总统后，普京休息得很少。但是他已经习惯紧张的工作了。他可以工作到深夜两点，虽然工作效率会下降。为了保持良好的体力，普京每天坚持体育运动。普京说他在总统就职仪式上曾庄严宣誓，要忠心耿耿地为国家工作，以不辜负人民对他的重托。只有坚持锻炼才能始终保持健康的体魄和充足的精力去完成国家赋予的使命。他每天至少进行半个小时的体育锻炼，一方面为了磨炼意志，另一方面为了保持体形。

普京曾讲过他从事体育运动的历史：“我是在 10～11 岁的时候开始从事体育运动的。当时，桑勃式摔跤这种运动很时髦。我来到离家不远的一个摔跤小组参加训练。这里有一间普通的大厅，属于一个体育社团。在那儿我有了自己的教练——阿纳托利·谢苗诺维奇·拉赫林。他把一生都献给了自己的事业，直至今日仍在为那些少年男女担任教练。教练在我的生活中起到了决定性的作用。如果我不从事运动，真不知道后来的一切将会是怎样的。实际上，是阿纳托利·谢苗诺维奇将我从院子里拉出去的。开始我从事桑勃式摔跤，而后教练做出了改练柔道的决定，于是我改变了运动项目。柔道——不仅仅是运动，还是一门哲学。”

柳德米拉是罗马语系语言的专家，精通法语和西班牙语。普京在前东德工作期间，她又学习了德语，后来曾一度在列宁格勒大学执教。1996 年全家搬迁至莫斯科之后，她就辞职在家照顾孩子。熟悉的人认为总统夫人待人亲切，讨人喜欢。柳德米拉自认为是个很有主见的女人，“我不要别人抱着”，“我属于那种‘能拦住惊马，能冲进大火熊熊的屋子’的女人”。

柳德米拉同普京一样精力充沛，在同伴中很有威信。她念中学时，学习成绩优良，是共青团积极分子，擅长朗诵诗，还曾憧憬当一名演员。她一直参加区少年宫的戏剧小组活动，扮演过该小组排演的剧目《钦差大臣》、《樱桃园》、契诃夫的小说以及俄罗斯民间故事中的许多女主角。在毕业晚会上，班主任曾问起她今后的打算，她的回答是：要到莫斯科去学习表演。柳德米拉还爱好运动。除了高山滑雪，她还喜欢打网球和乒乓球。

因为步入政界的原因，出于安全的考虑，普京从未让女儿玛莎和卡佳在任何媒体上露过正脸。她们俩都非常勤奋，学习成绩也都很优秀。2004 年，玛莎和卡佳先后考入了父亲的母校、俄罗斯最有名的圣彼得堡大学。但两人并未继承普京的法学“衣钵”，而是分别选择了生物和土壤科学系、东方研究系。值得一提的是，她们并没有利用特权，而是和普通考生一样，是凭着自己的努力通过入学考试的。

玛莎和卡佳语言天赋极佳，除德语外，英语和法语学得也很不错。两人还都特别喜欢上音乐课，最擅长的乐器分别是小提琴和钢琴。此外，在父亲普京的影响下，玛莎和卡佳也非常地喜欢高山滑雪、游泳和骑马等体育活动。和普京喜欢柔道不同，两姐妹都非常喜欢武术，还曾拜少林武僧释延康为师，可谓“文武双全”。

他们一家可谓多才多艺之家。

3　第一夫人是贤妻良母

近年来，俄罗斯政坛先后出现了三位叱咤风云的政治人物：戈尔巴乔夫、叶利钦和普京，如果说三人在评点江山方面有类似之处的话，三位政治家的夫人在习性、爱好、性格上却迥然不同。

在俄罗斯，女人一般是不能登大雅之堂的，夫人总是深深隐在幕后，不为众人所知。苏联总统戈尔巴乔夫的夫人赖莎首次打破了这种惯例，伴随着“民主化”和“公开性”的呼声从幕后走到了前台，帮助丈夫分忧解难，承担一些社会工作，第一次揭开了第一夫人的神秘面纱。但打破一种旧的传统并不是容易的，赖莎受到了许多人的指责，认为她干预朝政，左右戈尔巴乔夫治理国家。甚至有人认为戈尔巴乔夫是“妻管严”，对夫人指示言听计从。戈尔巴乔夫在任期间，赖莎虽未能得到社会的理解，但在赖莎的葬礼上，成千上万的俄罗斯人来到了莫斯科，向她致意。

叶利钦总统的夫人奈娜是一位典型的贤妻良母形象，从不过问政治，也不担任任何职务，除极个别场合外，她极少在电视屏幕上抛头露面。她经常为叶利钦的身体感到忧虑，为社会对丈夫工作的不理解感到痛心。她常常抱怨，叶利钦在做出某种决定时，从不事先与她通气，她总是最后一个知道。叶利钦在去年新年到来之际提前辞去了总统职务，她才总算一块石头落了地，她终于有可能实实在在地拥有安静的生活。对奈娜来说，叶利钦首先是丈夫，其次才是总统。

不过，与赖莎和奈娜相比，柳德米拉具有前两位第一夫人无法比拟的优势：她年轻漂亮，只有 43 岁，她初入克里姆林宫，身上并没有许多官场上的污泥浊气。她既有很强的社会活动能力，但又十分克制，从不张扬，既温柔贤惠，但又不唯命是从。与一些国家第一夫人不同的是，柳德米拉·普京娜不太爱抛头露面。柳德米拉给人们的印象是一个不慕虚荣、崇尚务实的人，她不愿抛头露面，深居简出；她平易近人，从不在公开场合对政治问题说三道四，只想做贤妻良母。在平静生活中，据说柳德米拉是一位坚强、严厉的女人，从不轻易低头认输，有一股不达目的誓不罢休的韧劲。也许是多年来作为克格勃官员夫人养成的习惯，柳德米拉很少对新闻界谈及自己的丈夫。柳德米拉与普京在德国工作时，由于在国外从事的秘密情报工作是一项非常危险的职业，为了能在国外复杂的环境中立住脚，夫人通常需要缄口不言。直到现在，柳德米拉仍然是深居简出，很少接受记者采访。

虽然柳德米拉深居简出，但对国家大事仍然十分上心，特别令她担忧的是独联体国家中俄语的地位和女刑事犯的生活问题，这是她社会工作的重要组成部分。但真正当上“第一夫人”之后，对政治毫无兴趣的柳德米拉也渐渐地进入了角色。从 2000 年元旦随普京冒着纷飞大雪去车臣慰问军队，第一次作为“第一夫人”的身份出现在俄罗斯人面前，到 2000 年 6 月随普京出访欧洲三国，首次在外交场合中闪亮登场，再到 2002 年 3 月她第一次以“第一夫人”的身份应波兰总统夫人之邀单独出访，柳德米拉努力配合丈夫，为普京加分不少。

柳德米拉对子女教育也特别上心。她说：“我的两个孩子都是由我自己负责培养的。我在她们身上花了许多时间，整整 14 年，分分秒秒都用在她们身上。我认为，这样的效果很好。”普京和他夫人都能讲一口流利的德语，对两个女儿的培养也早早开始。还在 20 世纪 90 年代初，普京就将女儿们送进一所私立学校学德语。他调到莫斯科工作后，又将姐妹俩送进德国驻俄大使馆在莫斯科开办的德语学校。普京当选总统后，出于安全考虑，玛莎和卡佳干脆不再去德语学校了。据说，当时她们的德文成绩十分突出，还是该校最出色的学生呢！

在普京的地位发生了戏剧性的变化之后，他们的生活也受到了很大的影响。为了让孩子有个正常的生活环境，普京夫妇轻易不让她们在媒体前亮相。因为增加了安全措施，两个一向活泼可爱的女儿玛莎和卡佳立刻就失去了自由，出门有保镖跟随，学校被家所替代，书房改成了教室，老师专门到家里来给她俩上课。失去了朝夕相处的小伙伴，听不到学校的铃声，不能与同学们自由玩闹，她们不像从前那么自由自在了，没有办法，谁让爸爸是总统呢？

2002年10月，在亚太经合组织领导人非正式会议期间，普京的两个女儿曾到中国旅行。回国后，玛莎和卡佳开始迷上中华文化。当年年底，普京总统在北京大学演讲时透露："让我感到意外的是，我的两个女儿都开始学习中国武术，其中一个女儿还开始学习汉语。"普京还幽默地说，女儿学汉语对他本人非常有好处，因为他又多了一个了解中国的渠道。

4 相忘于江湖

在感情的世界里，要做到相濡以沫，共同扶持，需要坚定的毅力；而要做到相忘于江湖，放弃深厚的感情来换取安稳的生活，则更需要坦诚相待和勇气。所谓相濡以沫不如相忘于江湖，柳德米拉和普京做到了。20多年来，柳德米拉选择了默默承受诸多的压力，与丈夫共患难、同进退，但却在丈夫第三次荣登总统宝座时，毅然选择离去，放弃了总统夫人这一耀眼的舞台。

普京和柳德米拉在观看完克里姆林宫剧院的芭蕾舞后，接受电视台采访，公开表示两人的婚姻走到了尽头，记者追问道："这是不是意味着离婚?"柳德米拉回应："可以说这是文明离婚。"当年相识于剧场的两人，依旧是在剧场宣布分手。

俄罗斯曾一度被看作是全球离婚率最高的国家，统计结果显示曾达到了54%，俄罗斯政府甚至不得不考虑大幅提高离婚税。硬汉如普京也没能逃脱离婚这一劫，当消息一经公布，多少俄罗斯民众拒绝相信，毕竟这是总统的婚姻，备受关注。

宣布离婚时，还差50天就是普京夫妇30周年结婚纪念日。2013年6月6日晚，普京夫妇在克里姆林宫共同观看芭蕾舞《艾斯米拉达》演出，这是一年多来两人首次公开露面。上一次两人公开露面还是在2012年5月7日，普京当选俄罗斯总统的宣誓就职仪式上。"俄罗斯—24"电视频道记者提出了一个非常大胆的问题："你们很少一起出现，有传言说，你们已经没有生活在一起了。"

普京平静地说："情况的确如此，我的所有的工作都与抛头露面联系在一起，有人喜欢这样，有人不喜欢。柳德米拉则喜欢坚守'岗位'，已经八九年啦。总的来说，这是我们共同的决定。"柳德米拉承认："这确实是我们两个人的共同决定。"她说："我们的婚姻之所以终结，的确是因为我们谁也见不着谁，普京完全投入到工作中去了。我们的孩子们也都长大成人了，她们都有着自己的生活。每个人都有自己的生活，我真的不喜欢抛头露面的生活，乘飞机飞来飞去对我来说很困难，我们实际上根本互相见不着面。"

一句话，近 30 年的婚姻毁于聚少离多。总统的私生活总是让人讳莫如深，但普京也是普通人，不是神，也有工作和家庭难两全的困扰。从俄罗斯总统新闻发言人德米特里·佩斯科夫在接受"莫斯科回声"电台采访中也可听出言外之意，那就是如果细看总统的工作日程表，就会发现普京已经忙得没时间和所谓其他女性有任何关系，也因此两人的离婚并非婚外情的缘故，总统的声誉依旧。

再回头来听听普京夫妇那晚的对白，普京说："我和柳德米拉永远是非常亲近的人，我相信，永远是。"柳德米拉则说："我们大家之间的关系都非常好，我非常感谢普京，他一直对我和孩子很支持。他非常关心我们的孩子，孩子们也能感受到这一点。"每个人都有追求幸福的权利，与其痛苦地凑合在一起，不如快刀斩乱麻。普京夫妇离婚后，依然是家人，依然是朋友。

我们暂时不得而知，他们的两个女儿如何看待父母的离婚一事。虽然总有太多人好奇总统的家庭生活，但佩斯科夫一再强调："与普京总统个人生活有关的一切，都属于个人的隐私。普京总统从未将个人隐私公布于众，这是他的原则，他有权利这样做，让我们大家尊重他的这一权利。"而对于柳德米拉今后的计划，佩斯科夫表示并不知情。2014 年 4 月 2 日，克里姆林宫已确认，两人已彻底办完了离婚手续。

对于政治人物来说，宣布离婚远比塑造家庭和睦的形象要来得困难。自 1689 年沙皇彼得大帝离婚以来，俄统治者在任期宣布离婚绝无仅有，普京是第一个。以国家元首的身份做出这一决定，无惧社会上的轩然大波，确实非常需要极大的勇气。普京其实还是俄罗斯东正教会的信徒，而东正教是不主张离婚的，并且政府一直在宣扬维持家庭的观念，甚至还曾提出加收离婚税的建议，试图降低居高难下的离婚率。总统的离婚处在风口浪尖，实在不是个好榜样。撇开政治评判和道德绑架，如果两人离婚后都能够按照自己的理念、习惯、情感做好自己想做的事，有自己的目标和计划，则对双方都是一件好事。而当年被称为“世纪童话”的婚姻爱情，就只能留在回忆里。

柳德米拉与苏联、俄罗斯的那些“第一夫人”相比，几乎是主动消失在公众视野的。她很少和普京一起出现在公共场合，外界也一直揣测两人的婚姻，甚至一度认为她移居一家修道院。2010 年，两人更是传出要离婚的消息，克里姆林宫急忙公布了两人的合影以辟谣，晒出总统的“第一家庭”是那么的和谐、幸福。但此后，关于两人分手的消息还是渐渐地甚嚣尘上，任何的“掩护”措施已阻止不了漫天的议论纷纷。

普京离婚的消息，尽管很多具有浓郁家庭观念的民众难以接受，甚至失望地表示此事会大大降低普京的选票支持率，但更多人对普京夫妇坦白、如实地公开表示了理解。据俄罗斯 Superjob 门户网站公布的民调显示，71%的被调查者认为，虽然总统对俄罗斯人民来说是一位极具声望的政治家，但他也是一个活生生的人，他有权选择自己的生活。

第八章 普京趣闻

1 “嫁人就嫁普京这样的人”

普京成为俄罗斯总统后，一首“嫁人就嫁普京这样的人”的歌曲开始风靡俄罗斯。这首由三个女孩合唱的歌曲将普京形容为一个强而有力的、值得依靠的人：不酗酒也不会弃女友而去。伴随着歌曲动人的旋律，一个充满男性魅力的俄罗斯男子汉形象就会在听众脑海里浮现出来。

论长相普京绝不是那种让人一见钟情的美男子，但他却具有一种独特的魅力。普京已成为俄罗斯妇女眼中最受欢迎的人，在俄罗斯，总统普京至少赢得了一半俄罗斯居民——妇女们的爱。在俄罗斯的一项民意调查中，普京以绝对优势当选为女性眼中世界最有魅力的男士，曾荣获“年度风云男人”的桂冠。据报道，有些妇女甚至患上一种“迷恋普京综合征”，她们热衷于收集和保存有关普京的一切画像和资料。33 岁的女会计伊利纳·沃尔克娃称，普京很有男人的魅力，可以称得上是俄罗斯最好的领袖之一。在这位会计的办公桌上摆着普京的相片，皮包里放着装有普京身着海军制服的肖像的吊坠。

俄罗斯妇女认为普京的魅力在于：他与一般的俄罗斯男人有着显著的区别，他不像其他男人那样喝酒，个人素质良好。普京不酗酒，不抽烟，这在俄罗斯的成年人中间是比较少见的。一些妇女说，总统的眼睛看上去充满智慧而又认真，而且他的微笑也很迷人。一些年轻的女孩认为，她们喜欢普京是因为普京具有一个真正总统和真正男人所具有的品质，她们幻想着她们将要嫁给的男人也会具有这些品质。23 岁的经理索斯科娃说，普京是“责任”和“有目标”的代名词。她说：“跟这样的男人在一起有安全感，他总是说到做到。”

一些专家分析了妇女对普京欣赏的原因：男人一般在逻辑的基础上采取决定，而女性则常常凭直觉做决定。女性认为，男人应该是可靠的、健康的、有力的、聪明的、可信的、无陋习并能承担家庭责任的。对于很多妇女来说，普京是理想男人的化身，因为他具有所有这些品质。

有心理学家们指出，普京的“朝气蓬勃”也是他使妇女倾倒的原因之一，无论何时出现在公众面前，他总是显得容光焕发，精力充沛，阳刚之气十足。尽管普京每天睡得很晚，但却起得很早。洗漱完毕后，普京先在晨光下做 30 分钟运动操，然后再练上一会儿柔道，接下来，还要再游泳 20 分钟。在一个多小时的锻炼之后，他即驱车去克里姆林宫。也许正是由于普京注意锻炼身体，他才能在一天里始终保持着旺盛的精力，而他身上的充沛精力和勃勃生机也暗示和激励着俄罗斯人，使他们在普京的身上看到了彼得大帝、伊万三世、亚历山大二世等伟人的影子，也看到了自己明媚的未来。

但许多妇女认为，她们对普京总统的热爱并不是只出于这一原因。23 岁的人力资源经理库涅斯托娃说，她对普京产生好感的主要原因是“他作为总统很有成绩”“使她对自己的国家再次感到自豪。”她说：“看到他在海外代表我们的国家让我感到自豪，感谢上帝，我们终于有一个看起来非常棒的国家元首。”曾学过德语的库涅斯托娃认为普京流利的德语也使他非常具有吸引力，她说：“他 2001 年在德国议会用德语发表的演说给我留下了深刻的印象，我当时对我的国家深感自豪。”阿利娜说，她尊重总统，是因为普京给年轻人树立了好榜样。她说：“我知道许多年轻男孩都去学柔道，而不是去吸毒，这是因为普京喜欢柔道运动。我喜欢他身上的一些品质，这是一个体面的总统和男人应该具备的。如果我能够嫁给一位具有这样品质的男人，我将会很高兴的。”

2 普京热

冷静、果敢的俄罗斯总统普京，以其优异的政绩和无法抵挡的个人魅力在俄罗斯大地形成一股“普京热”。进入俄罗斯，特别是来到莫斯科，人们可以见到俄罗斯人对普京的崇拜。

目前，任何同普京有关的商品，在俄罗斯都成了畅销品。有普京肖像、半身像、蜡像以及带有普京形象的挂毯、地毯、挂历、面具、玩偶、彩蛋、背心、钟表等，以普京形象制作的套娃，也摆满莫斯科的大街小巷，使人目不暇接。普京的肖像不仅出现在报刊上、商店里、公共场所和书摊上，还出现在官员的办公室和老百姓的家里。

有的食品店烤制了带有普京形象的圆形大蛋糕，还有人干脆把普京的形象作为文身刺在身上。各种事物竞相以普京名字命名。俄罗斯南部小镇红萨德的神父决定筹建一座普京大教堂，已获得地方政府的批准。在伊尔库茨克地区，原来的“列宁农庄”被重新命名为“普京农庄”。在车里雅宾斯克市，出现了一家“普京酒吧”，生意十分红火。这家面积不大的酒吧里挂满了普京的画像，摆满了普京雕像，贴满了总统发表过的各种文稿，陈列着国内外出版的有关普京的各种传记，就连酒具和餐具也统统印有普京的头像，俨然一个普京收藏博物馆。此外，还摆放着一套柔道服——因为普京喜欢柔道，盘子里的饼干印上普京名字的缩写字母，一种饮料被命名为普京的昵称“弗拉基米尔”。还有一些旅行社特意安排与普京名字相关的旅游项目，例如普京故居游等。

普京还获得不少意外的荣誉和桂冠。2001 年 1 月，全俄民意调查协会宣布，普京在民意调查中被评为 2000 年“年度人物”。2001

年12月，一个全俄民意调查中心宣布，普京被评为“年度风云男人”。媒体还把普京称为“幽默大师”。

普京的形象、政绩和个人品质，在俄罗斯公众的心目中留下无限美好的印象和魅力。俄罗斯《消息报》2002年3月26日在评论普京当选总统两周年时发表文章说：“总之，你总能从他身上找到自己喜欢的地方。他集力量与智慧于一身，完全符合俄罗斯民众心目中那种完美领袖的形象。”俄罗斯《独立报》同日的文章则说：“普京在领导国家的两年中，其非凡形象和个人魅力始终存在。民意测验表明，70%的俄罗斯人毫无理由地喜欢普京。”

普京本人对此的态度如何呢？据报道，普京本人曾多次表示反对个人崇拜。普京抱怨说，“真拿这没有办法”。2000年12月，普京在庆祝圣诞节的电视讲话中说：“不要为我树碑立传！”他诚恳地说，他以个人的名义，希望人们停止为他写书立传以及在街头制作他的雕像，这样做对他自己没有好处，对国家也没有好处。普京说：“我感到自己不是什么救世主，而是俄罗斯一名普通公民。”所以，他不希望自己被民众当作“偶像”来崇拜。普京表态说，他不能禁止人们崇拜他，但请求大家不要这么干。同时他也表示理解，“既然存在国旗和国歌等国家的象征，那么在某种程度上总统也是国家的一个象征……作为最高权威……人们会赞成画像等形式。但是任何事情都要适可而止。”但普京的这种谦逊态度并未制止崇拜现象的蔓延和升级。

“普京热”的出现绝非偶然。这个性格内向、办事干练沉稳、有一双深蓝色眼睛的中年人，在当选总统之初，人们并不怎么看好：短小的身材，无表情的面孔，没有显示出他具有总统的素质和才干。但以铁腕政策对付车臣武装，这是他威望提高的重要一环；他很会和各种人打交道，没有明显的意识形态，办事务实，从而赢得了各派的支持；他善于把自己平民化，缩小总统和普通人之间的距离，当上总统后，他的口才也有了很大提高，在许多场合，他的幽默常常引人捧腹大笑，而在另一些场合，他的言语则显得很犀利。这些都使他在公众中的威望不断提高。

崇拜普京在俄罗斯确已成为一种流行的社会现象。这种社会现象的出现同俄罗斯特定的时代条件密切相关。苏联解体后，俄罗斯的政局动荡不安，经济每况愈下，社会发生分裂，道德文化出现滑坡，综合国力急剧下降，国际地位一蹶不振。因此，人们普遍希望有个“铁腕人物”来拯救国家，尤其期望出现一位彼得大帝式的“伟大领袖”。此时，普京临危受命，而且不负众望。

2001 年 3 月 6 日，普京做了一个新举动：做客互联网，在网上与全世界的网民聊天。除了国事，普京还聊家常，包括最喜爱的明星，妻子的生日怎么过等。普京选择互联网这个新领域本身就说明了普京是年轻的、能够接受新事物的新一代领导人。

2003 年 12 月 18 日，普京给全国人民提前送上了一份新年厚礼：他像前两年那样玩起了真人秀，坐到话筒前，认认真真地戴好耳机，然后一板一眼地回答起全国各地听众打进的热线电话。通过俄罗斯电视台、“ORT”电视台等几家电视台以及“马雅克”和俄罗斯电台两家电台的直播，他沉稳而有力的声音又一次传到了俄罗斯的每一个角落。

这是普京总统连续三年参加这样的公开交流活动。2002 年，负责组织这次活动的信息中心共接到了大约 80 万个电话，人们提的问题五花八门，人们最关心的问题集中在政治、车臣、经济等几大领域。这个电视真人秀节目既给克里姆林宫捞取了政治得分，也对民众产生巨大的影响。对于民众来说，这场电视秀使他们相信，总统就在他们身边，了解他们每一个人。

3　普京的保镖

自上任以来，普京已遭遇多次的死亡威胁，他不得不加强了自己的安全保卫措施。以前，普京度假时只带 15 名贴身保镖；可现在外出，据说其武装保镖人员达到了 150 人左右。

普京日常上下班时，只有数十人的卫队。他的车队由 5~7 辆专用车和 3~4 辆“ГИБДД”车组成。而普京出访时，总统卫队的人员就大大增加了。

普京的卫队基本上包括“随从”和“黑衣人”两部分。“随从”是最贴近总统身边的人，就是一般所说的“保镖”。他们通常身穿便服，但总是携带两件东西。一是 9 毫米手枪，这种手枪不装子弹时重 995 克，有效射击距离是 100 米，可一分钟 40 次连发。在 50 米距离时，可以击穿装甲背心，在 100 米距离时，可以击穿汽车。二是他们手中提的“口袋”和“公文包”，它们其实是折叠式防弹护板。遇到危险时，“随从”将它们轻轻一抖动，就成了普京总统身前的一堵防护墙。无论普京走到哪里，他们总是在他的四周。

苏联时期保卫人员总是一身的皮夹克，而现在总统卫队的穿着是一身的黑衣衫、深色西服、黑色风雨衣、黑色皮鞋。所以他们被称为“黑衣人”。他们总是乘坐吉普车，随身带有各式武器——冲锋枪、狙击步枪和手枪、自动反坦克火箭筒等。“黑衣人”总是全身披挂，手指永远放在扳机上。

总统本人由四层保镖护卫。第一层跟随在总统左右，通常是些身体强壮的小伙子，他们戴着耳机，提着文件包。他们的样子看起来阴沉而又具有挑衅性，好像在说：“看看，我们在这儿呢！”他们的任务是用身体为总统挡子弹。

第二层是身着便衣混在人群中的“普通人”。发现了可疑的面孔，他们也要做到不引人注意，要像小偷那样暗暗地下手。

第三层的护卫者的任务是要挡住人群，阻止杀手走近“目标”。

第四层是离总统最远的护卫人员，由狙击手组成。这些神枪手们一般潜伏在高层建筑上，时刻准备着向任何蓄意谋害总统的人开枪。

《共青团真理报》在索契（俄罗斯疗养胜地）工作的摄影师们就曾领教过这些神枪手的功夫。当时摄影师们正在为休假的总统摄影。在激烈地抢拍了一番后，摄影师们忽然发现大家的额头上都出现了激光瞄准镜映出的红点。“那种感觉我一辈子也忘不了！”一位目击者回忆当时的情景时还禁不住十分紧张。

这些保卫人员都是俄罗斯内务部队或者特种部队千里挑一精选出来的高手，个个身怀绝技。他们随同总统的车队行动，在总统车队三辆完全相同的防弹车中，只有一辆是普京的座车，其他两辆坐的是全副武装的保镖，当总统专车抵达目的地的时候，随行保镖会在两秒钟内从车里跳出来，跟随总统专车跑上一小段路，然后抢在总统专车停稳之前就站好各自的保护位置，其中一名保镖负责为总统打开车门，在打开车门的一刹那把总统让到自己的跟前，从而便于用自己的身体挡住可能射来的子弹；另外一些保镖则马上把普京总统团团包围在中间。万分危急的时候，他们将用自己的血肉之躯挡住射向总统的子弹。

总统卫队的负责人维克多·佐洛托夫刚开始负责普京的保卫工作时，俄罗斯联邦保卫局局长穆罗夫就对他说过：“总统是个充满自由精神的人。他只要认准了什么事情得去干，就一定去干。他是个好动的人，你们一定要时刻做好准备。”普京第一次到上海参加“上海合作组织会议”时，就是佐洛托夫带着卫队来保卫的。普京在上海的频繁活动使他领教了总统的快速频率，事后他感慨地说：“连鞋底都跑掉了，简直是紧张到家了。”由于普京生性好动，时常有“即兴外出”，保镖们事先无法做专门的准备，由于很难对总统要抵达的现场做好安全保障的准备工作，因此警卫任务明显地加重了。

如今在俄罗斯，保卫总统工作难度不断增大，不仅在于普京是个“好动的人”，总统喜欢运动，他去高山之巅滑雪时，卫队队员们也得凌空而下，他去大海游泳时，他们也得深入海水之中；另外还在于俄罗斯的局势异常的复杂和多变，尤其是车臣问题。从2000年2月到2002年1月，俄罗斯就正式报道了三次有人试图谋杀普京总统。第一次是在2000年2月24日索布恰克的葬礼上。由于普京坚决主张对车臣恐怖分裂分子持强硬立场，所以车臣恐怖分子把他列入暗杀目标。2月22日，车臣恐怖分子头目巴萨耶夫就通过互联网宣布对普京的追杀令，并且悬赏250万美元。这个追杀令上还写明了专供志愿杀手联络的电子信箱、传真号码，并且声称可以用阿拉伯语、英语或者俄语进行联系。普京参加圣彼得堡市长索布恰克的葬礼时，一家电视台和俄安全部门接到一个神秘的电话，声称要刺杀普京。果然，安全部门破获了一桩刺杀普京的阴谋。第二次是2000年8月18日在雅尔塔的独联体高峰会议上。第三次是2002年1月9日，据报道，来自伊拉克的公民罗斯塔姆要在普京访问巴库时刺杀他。所幸都是有惊无险，三次谋杀都没有得逞。但是，这仍使佐洛托夫更异常地警觉起来。佐洛托夫也就更频繁地对卫队队员说："一定要把杀手成功的几率降低为绝对的零！"

普京对安全工作系统的人是情有独钟的。2003年他大力强调和加强了国家的安全工作。12月20日是俄罗斯的"安全机构工作人员节"。这一天，他对安全机构的人员发表讲话说："对于我们一代又一代的安全机构工作人员来说，这一天是勇敢、忠诚和无私为祖国服务的事业的象征。现在时代变了，旧的概念和政治评价也不复存在了。但是，祖国的安全、对它的主权利益的保卫，特别是我们公民的安全，始终依然是你们工作的最主要的方向。"

俄罗斯军事专家伊戈尔·科罗特科透露说："普京总统身边的安全保卫比叶利钦时代要严多了，部分保镖已经配备了枪榴弹，而叶利钦总统的保镖充其量也就是装备自动武器。如果普京总统下次还到车臣，相信保卫人员将多达数百人。由于不断有人威胁要暗杀普京，所以他的保镖总是处于高度戒备状态中。"据说普京总统很反对前呼后拥的保镖队伍，因为他认为这样不便于跟普通人接触。现在看来，只要车臣恐怖分子不灭，普京的保镖恐怕只能是越来越多了。

4 朋友看普京

目标坚定，有追求的普京：

普京的中学同学索西娜说：“当我中学认识沃洛佳时，我就觉得他是个有所追求的人。他想要的东西就一定会努力争取到。在这方面他是幸运的。现在能看得出，他对自己很满意，也很幸福。”

瓦西里·鲍里索维奇——“劳动”集训队的队友说：“他能够明确地告诉你他想要什么。他从不做鲁莽的决定。对待人生，他有一套成熟的态度，一旦定下了某种目标，就要坚持不懈地实现它。……正是因为有了这样的人生信条，所以，沃洛佳练体育的时候，总是力争得到最大的成果。学习的时候，他努力做到名列前茅；工作的时候，他争取尽心尽力。”

普京的柔道教练拉赫林回忆了1965年时，普京初到摔跤队的样子：“沃洛佳初到运动队时，并没有显示出任何与众不同之处。后来我发现，他总想比别的孩子多练一些，想认真学习摔跤。看得出，他想搞体育的愿望是强烈的。”

“我发现他身上有不少了不起的品质：第一，智力好，这是他与生俱来的。第二，目标坚定。只要他给自己确立了目标，就一定要实现它，别看他当时只有13岁。第三，高效率的工作能力。每次训练他都能竭尽全力。”拉赫林教练认为，沃洛佳积极主动地追求明确的目标以及确定心理标尺这一过程发生在他十三四岁的时候。普京本人缔造了自己的性格和个性的完整。“正是他本人，不仅把自己教育、培养、造就成一名运动员，更重要的是把自己培养成了一个真正的、有个性的人。”

自制力强的普京：

普京交往近三十年的好朋友说他从没有看过普京喝醉酒，他自制力极强，从无过分之举。一位曾在20世纪80年代受普京控制、直接为普京提供情报的特工“M”，他对普京的印象经历了一个变化的过程：普京开始几乎很少说话，总是寻求建议。他还是一个典型的俄罗斯人，不怎么守时。可是，尽管普京初涉间谍领域的表现令人不满意，但不久普京发生了变化，“他渐渐变成非常有效的自我控制者，总是竭力地控制自己，越干越出色”。

M特工说：“他不饮酒，也不吸烟。他不贪财，也不好色。他总是在控制着自己的感情，他总是将秘密藏在心头。他想必也有弱点，可我不知道这个弱点是什么。”

瓦西里·鲍里索维奇——“劳动”集训队的队友眼里的普京是：“不论场上还是场下，普京都没有什么明显的情绪化表现。他是个很有韧性的人。他的韧性还是童年时形成的。”

普京的教练说：“他的耐力实在叫人惊叹，他总能让对手筋疲力尽。”

实干家普京：

普京的同学古罗夫说：“普京十分内敛，很少出风头，很少透露自己心中所想，但他是一个实干家。”

奥莉加·沃尔科娃说：“我和普京是一年级到八年级的同学……看见现在的普京，我总是很自信——关于他，我早些年就已形成的印象是完全正确的，即使和现在的他相比也是完全符合的。有时，我觉得他一点都没有变。与早些年一样，他注重行动，蔑视空谈。原来在学校时他就是这样。他的王牌依然是行动，而且外表上从来都是不苟言笑。……他从来都不是攻击型的人。不管是当时还是现在，我都有绝对把握对他做出如下评价：温和，朴实，甚至有点腼腆，性格坚定如钢。”

普京的柔道教练拉赫林说：“叶利钦在坦克上微笑挥手的镜头让人印象深刻，但普京不会这样做，他不爱出风头。”这就是普京给人的印象：少言寡语，十分腼腆。但普京的内敛与亲和，更突出了他的实干家形象。据俄媒体报道，以前许多官员见不到叶利钦或不敢见他，而现在很多人都能直接面见普京，他总是认真听取别人的意见。他穿着普通、四处视察的镜头已经深入人心了。

聪明而努力的普京：

普京在193中学的好友维克托·鲍里先科眼中的普京是一个勇敢、机灵、有活力又肯下功夫的人。他说："在普京当选总统后，这辈子我第一次走进教堂，点燃了一支蜡烛。这支蜡烛是为他而点燃的！祝愿他一切顺利！"

普京的德语老师薇拉·德米特里耶芙娜讲到普京时说道："他个头不高，非常活泼好动。课间休息从没见他好好走路——而是跑。给人的印象就好像他可以在一个课间跑遍学校的所有楼层。课堂上，沃洛佳也老是坐不住凳子，不是往窗外望望，就是朝课桌里看看。不过，普京脑子好使，记忆力特好。"

自主独立的普京：

维克托·鲍里先科说："普京总是很独立。不论在中学，还是在大学，他都绝对不依赖别人。他总是这样：看似和大家在一起，其实总是稍稍保持着距离。一些活动他也参加，不过，他又像个局外人一样，从第三者的角度观察这些活动。

在我看来，他从来没有对社会工作表现出积极参与的兴趣。我本人则非常喜欢这些：红领巾小分队啦，共青团工作啦，社会活动啦……普京则离这些活动远远的。他不争着当官儿。现在说这些自然没有人相信，不过，据我所知，他当年是千方百计逃避做社会领导工作的。"

维克托·鲍里先科还说，沃洛佳"不论对什么事情他总有自己的看法。他有时会把它说出来，也可能放在心里不说。不过，不管怎样，自己的观点是必不可少的"。

直率坦荡的普京：

普京的大学同学列昂尼德·波洛霍夫回忆说："据我个人的观察，我确信，社会工作也好，团的工作也罢，这个年轻人不会出卖朋友，不会挤对人，不会暗中使坏，也不会踩着别人的肩膀向上爬。对我而言，这比他纯正的俄语不知要重要多少。……普京绝对是一个可交之人。"

列昂尼德·波洛霍夫说，大学时的普京"不管开什么会议，他都能站起来，如实地发表自己内心里对某些事件的看法，普京喜欢直来直去，他不怕这样做，因为他坚信，人本来就应该这样生活、这样处世。不过，他也并不是总有话可说，他只是在自己认为该说话的时候才开口"。

维克托·鲍里先科说："在有些情况下，沃洛佳的立场是坚定的。主要是指他对待人际关系的伦理道德和他内心蕴涵的文化。想要靠武力迫使他放弃自己的价值标准那简直是妄想。他一贯坚持自幼就已经根植于心中的操行准则。"

5 世界看普京

在普京的领导下，俄罗斯应该会变得较为稳定，前景可以预测。美国和其他国家将会知道谁代表俄罗斯讲话，它们可以期望进行清楚明白的对话并得到直截了当的回答，但普京想让俄罗斯恢复世界大国地位的野心对于西方国家来说不那么讨人喜欢。

这位新总统可能会谨慎行事，不会在政策上有任何出人意料的倡议。普京给人的印象是，办事有条不紊、深思熟虑。他在赢得总统大选后的第一次讲话就告诉俄罗斯人不要期望问题能立刻解决。普京看来是一个带有明显的务实色彩的国家主义者。他强调，他渴望与西方国家建立友好关系，保持稳定，条件是莫斯科能够受到平等对待。

——美联社

《普京当选预示俄罗斯多年的混乱局面将变得明朗化》

俄罗斯新一代已经上台。民主的浪漫时期已经过去，我们进入了务实主义者的时代。普京在竞选中没有做出多少让步。这就是他的王牌——我原来怎样，现在还是怎样。看来我们要经历一段枯燥的政治时期，政治变得像家庭事务一样单调乏味。我们必须努力工作和生活。

——俄罗斯《消息报》

普京以其“言出必行”的作风赢得了俄罗斯选民的广泛支持，但他在维护国内政治稳定和发展经济方面仍面临诸多考验。为了把前总统叶利钦都不曾执掌的巨大权力集于一身，普京很可能实行强权统治，“真正同财团开战”，排除财团势力对他执政的干扰。与此同时，要把俄罗斯建成“强大的国家”，普京需继续实行市场经济改革。随着普京政权的诞生，俄罗斯似将推行突出其大国地位的外交。

——日本时事社《普京政府尝试建立新秩序》

普京将全力解决如下两个问题：一是发展经济，二是保障国家安全。为使俄罗斯恢复大国地位，普京需要同西方，特别是与美国对抗。

——美国斯特拉特福咨询公司
《大选之后看普京为俄罗斯制订的计划》

普京努力把自己塑造成一个能够恢复纪律、遏制犯罪、肃清腐败并使俄罗斯重新受到世界尊重的领导人形象，俄罗斯政治由乱到治，经济由降到升，人民生活改善，国际地位上升。其实，俄罗斯人从俄罗斯帝国诞生以来，从没有放弃自己的大国、强国意识，这种意识深深地扎根于俄罗斯人的心中。普京的成功使俄罗斯人自尊心得到极大的满足，因而获得人民的广泛尊重和拥护，支持率居高不下，始终保持在70%以上。

作为一个长期处在东德冷战第一线的克格勃间谍，普京在公开场合行事矜持、严肃、冷漠。凭着“酷男”形象，他利用了俄罗斯人中占主导的感到自尊心受伤害和愤慨的情绪。他赢得了有被侮辱感的军队的忠诚。有一点是明确的，那就是普京会有一个远大的政治前程。

——美国《华盛顿邮报》

这个国家在一个新世纪开始的时候选举了一位新总统；欧洲也有了一个新的欧盟委员会；很快又将产生一位美国新总统。因此，对于欧洲人来说，同这个国家进行一种新的接触的时机要比美国人重要得多。俄罗斯是欧洲大陆的一部分，在所有问题上——战略核武器问题除外——欧洲人在俄罗斯的发展方面应该发挥更大的作用。一个新的时代已经到来，我们应该履行我们的责任。

——英国《金融时报》

美国《商业周刊》曾发表文章《解读普京》。文章说，普京正变得越来越高深莫测。有时，这个俄罗斯总统看上去就像是苏联时期的独裁者转世：他限制媒体、废除地区选举，还插手邻国大选。在其他时候，他则表现得像一个敢作敢为的市场改革者。哪个普京才是真实的？在他第二个总统任期剩下的三年中，他性格的哪一面将占据主导？很难下定论。

——美国《商业周刊》

法国外长尤别尔·维德林说：普京“具有坚强的性格。我在他身上看到了一个受其国家伟大之想法左右的爱国者形象。他想让俄罗斯占据与之相称的位置，在世界上受到尊重。普京是一个聪明、聚精会神和机敏的交谈者。他不做记录。他对谈话反应活跃，会打断正在讲话的人，以显示清楚、准确和敏捷的思维以及对世态的看法。这是一个头脑冷静同时又投入的人”。

——法国《法兰西晚报》

在令人吃惊的选举活动中，普京得以向每一个选民及集团展示一面魔镜，其中每个集团都在镜子里看到了一个隐藏着的、支持他们自己愿望的人。从哲学观点看，普京主要有三种品质：现实主义、实用主义和爱国主义。以往任何一位俄罗斯领袖，在同自己的公民讲话时，从未如此坦诚相见。

——美国《波士顿环球报》

普京的名字初次被人们知道时，西方媒体常用“小个子”或“间谍”来指代他。德国媒体曾认为，由于普京曾经长期在德国工作和生活，他不同寻常，让人琢磨不透。“特务头子从来不在公众的眼光下做事。他们习惯用最有效和最低调的方式处理事情，无所谓是否会上报纸杂志的头条。”如今，仍有媒体批评他，但已没有人再小觑他。

无论从哪方面看，47 岁的普京都是一个非常能干、谨慎而又高明的人。一开始，没有人料到他具有如此出色的政治潜质。他坚定不移地在车臣作战，树立起说一不二的领导人形象，而这正是俄罗斯人当前梦寐以求的铁腕人物。普京是美国在未来几年里必须与之打交道的世界最重要的领导人之一。

——美国《纽约时报》

普京与叶利钦不同，普京几乎没有表现出外交的善意，因此，在俄罗斯与西方之间，对抗是明摆着的。虽然普京在美国副国务卿塔尔博特最近访问莫斯科期间呼吁批准第二阶段削减战略武器条约，但是，他没有表现出就反导弹防御问题进行谈判的愿望，并拒绝了西方对俄罗斯在车臣执行的政策的批评。这些行动对俄美关系来说不是一个好兆头。

——美国《波士顿环球报》

在普京时代处理美俄关系将是棘手的。未来的美俄关系充满了问号，这对美国来说不是一个令人高兴的事情。在俄罗斯今后的对外政策中军队将有很大的发言权，他们将不那么愿意听吆喝。

——美国《波士顿环球报》

“普京能否成功将取决于他如何评价过去，如何选择助手，如何确定自己的目标……普京是幸运的，因为他生活在一个与积弱的过去彻底决裂的社会，一个终于站起身、昂起头的社会。

——戈尔巴乔夫

他是一个有政治远见、深知自己该做什么的人。

——英国首相布莱尔

6 普京语录

“给我 20 年，还你们一个奇迹的俄罗斯。”

“谁不为苏联解体而惋惜，谁就没有良心；谁想恢复过去的苏联，谁就没有头脑。”

“政治和社会经济动荡、剧变和激进改革已使俄罗斯精疲力竭。只有幻想家或那些对俄罗斯和人民冷酷无情的政治力量才会呼吁再进行一次革命。无论打着什么样的招牌（共产主义的也好，民族爱国主义的或激进自由主义的也好），国家和人民都经受不住再一次翻天覆地的变革。现在国家的忍耐能力、生存能力以及建设能力都已处于枯竭的边缘。社会简直要崩溃，即从经济上、政治上、心理上和精神上崩溃。”

“我们明白自己该往哪里去，但应依据对历史的清醒认识。上世纪 90 年代的改革使国家摆脱了只有一个政治力量的统治。实际上，这是迈向自由和民主的第一步。这使我们有机会作为一个正常的文明的欧洲国家与欧洲乃至世界的所有国家建立联系。”

“俄罗斯唯一现实的选择是做强国，做强大而自信的国家，做一个不反对国际社会、不反对别的强国，而是与其共存的强国。”

“我们未来建立的社会和政府不会抑制任何一位俄罗斯公民的自由和民主。”

“一个伟大的国家在珍惜自己的自由的同时也会尊重别人的自由。害怕一个强大的俄罗斯是没有道理的，但应该尊重它。想欺负我们，那你可要自己小心了。”

“俄罗斯正处于其数百年来最困难的一个历史时期。大概这是俄罗斯近二三百年来首次真正面临沦为世界二流国家，抑或三流国家的危险。为了避免这一点，必须付出巨大的脑力、体力及道德力量。需要开展协调一致的建设性工作。任何人都无法代替我们完成这项任务。现在一切都取决于我们能否认清危险程度，能否团结起来，能否承担起长期而又艰巨的工作。”

“是的，俄罗斯已不再是帝国，但它并没有丧失自己作为一个伟大的大国的潜力。我们以后不会再向任何人发号施令，也不抑制任何人，因此，我们会有时间和精力处理自己的问题。新一代正面临着一个伟大的历史机遇——建立一个可以问心无愧地传给后人的俄罗斯。”

“我认为 90 年代的主要教训之一是，所有这些年来，我们一直在摸索着、盲目地前进，对全国性的目标和发展水平，以及如何使俄罗斯成为世界上一个发达、繁荣和伟大的国家，缺少一个明确的概念。在经济方面这一问题尤为突出，缺少一个为期 15~20 年或更长年限的远景发展战略。”

“我们处在这样一个阶段，即使最正确的经济和社会政策也会因国家权力机关和管理机关的软弱无力而在执行中变得一团糟。”

“我们只有把市场经济的原则与俄罗斯现实生活中的民主自然地结合起来，才能拥有一个有价值的未来。”

“我从来不搞政治普及化，从来不做出无法兑现的许诺。我不对自己和政府提出不切实际的任务。与此同时，我又认为，如果根据这些社会学家们的调查结果就认为，已经做了什么，已经没有什么再可以做了，那么，我和我的同事们就要犯不可饶恕的错误。”

“我不能保证明天会发生什么奇迹，那将是一个巨大的错误。俄罗斯人民都感到很累，生活对他们来说太沉重了，他们中有许多人对现状不满，所以对我也抱有很高的期望。”

“对于一个强大的国家来说，公民不能没有尊严感，整个国家不能没有民族自豪感。这些基础原则是看待我们对内对外政策的基础。我觉得，我们有能力调动国家的一切自愿，有能力调动社会的一切力量和俄罗斯全体公民的劳动热情。”

“我们要使国家成为强有力的、富有效率的国家。使其能够拥有公正的法院和清廉的官员，使其最终能够帮助那些没有能力自食其力的人。应该为年轻的、有工作能力的公民建立正常的发展条件了。如果谁希望，并且也有能力过上富裕的生活，那就让他去造福于自己和自己的国家。”

“我认为在许多国家，在任何情况下，也包括在俄罗斯，如今主要的是要确保稳定。能够确保这种稳定的只能是遵守法律。”

“对俄罗斯人来说，有着强大权力的国家不是什么不正常的事。恰恰相反，它是秩序的源头和保障，是任何变革的倡导者和推动力。”

“你们怎么不和拉登谈谈？为什么不把他请到布鲁塞尔或者白宫去谈判，问问他想要什么，然后给他想要的，让他安静地离开？”

“十年来我们尝试了每一种糟糕的设想，从拖欠债务到货币贬值，到休克疗法，现在只剩下一个办法了：通过真正的改革立法，以便得到真正的投资来建设真正的现代经济。因为在这个世界上，没有真正的经济基础，你什么也不是。因此我们现在要把精力集中到唯一要紧的队列——赚钱的队列。”

“国家手里握着一根橡皮警棍。这根棍子只能用一次，但它一下就会击中被击者的脑袋。我们只是牢牢地把它抓在手里，让人们不可小看它。等我们真被惹恼的那一天，我们会毫不犹豫地使用它，因为任何人都不能要挟国家！”

“法律面前人人平等，无论他是公司职员、政府官员……或者头号商人，无论他个人或公司账单上有多少亿美元。”

“我不想特意表现自己什么特色或者给自己贴上哪类标签。”

“柔道不是简单的体育运动，而是哲学。”

“我认为一个人不是由他说些什么来判断，而是应通过他是怎样去做的来进行判断。”

“‘不幸的90年代’曾经想做寡头的青年，现在都在选择做国家公职人员的道路。如果国家公职被看作养活自己的方式、而不是服务的话，那么即使揭穿一批‘小偷’，接替他们的将会是另一批‘小偷’。”

“俄罗斯需要一个繁荣和稳定的中国，同样的，我相信中国也需要一个强大和成功的俄罗斯。”

"即使是潘多拉魔盒打开之后，仍有某种东西留在里面，那是给全人类一个好念想的东西。留在魔盒里的是什么，是希望。"

"您以为我是来喝酒的吗，我喝了清酒，也喝了伏特加，和中国朋友喝伏特加，和日本朋友喝清酒。没事，上帝保佑，我暂时还能控制自己。清酒回莫斯科再喝。"

"我很嫉妒他（奥巴马）。嫉妒是因为他能干这些事（美国监听丑闻），而且他干了之后什么事也没有。"

"让他把钱追回来，立案调查，搞清楚，为什么钱花错了，让他们把供应商揪出来，这些人还能蒸发了不成？让他们去找，这是他们的职责。"

"难道我们也应该追随其后，像哈巴狗一样，一头陷入不可预知的后果吗？我们有自己的传统和文化，我们尊重我们的伙伴，同时也请我们的伙伴尊重我们的传统和文化。"

"有句名言说，知道得越多，就越觉得自己一无所知。我想，这对任何人来说都是适用的，包括我自己。"

"中国已经苏醒了。"

"维护俄罗斯国家利益是我的职责，我终生不忘。"

"不给俄罗斯退路的人，我们也不会给他留活路。"

图书在版编目（CIP）数据

别惹我：普京新传 / 曲铮编著 . —北京：东方出版社，2015.3
ISBN 978-7-5060-8378-2

Ⅰ . ①别… Ⅱ . ①曲… Ⅲ . ①普京－传记 Ⅳ .
① K835.127=6

中国版本图书馆 CIP 数据核字（2015）第 203686 号

别惹我：普京新传
BIE RE WO：PUJING XINZHUAN

编　　著：曲　铮
责任编辑：若　鱼　李文彧
出　　版：东方出版社
发　　行：人民东方出版传媒有限公司
地　　址：北京市朝阳区西坝河北里 51 号
邮　　编：100028
印　　刷：三河市中晟雅豪印务有限公司
版　　次：2015 年 9 月第 1 版
印　　次：2020 年 1 月第 4 次印刷
开　　本：710 毫米 ×1000 毫米　1/16
印　　张：16.25
字　　数：243 千字
书　　号：ISBN 978-7-5060-8378-2
定　　价：48.00 元
发行电话：（010）59320018